Kulinarische Pättkestouren
Fit und lecker durchs Münsterland

Verlag

Münster 2014

Copyright © PROdigit Verlag und Fotografie Münster
Hafenstraße 64, Haus 1, 48153 Münster
www.prodigit.de

Münster 2014

Titelfoto: Das Lewe-Leve-Tandem
Markus Lewe, Oberbürgermeister der Stadt Münster,
und Josef Horstmöller, Inhaber des traditionsreichen
Münsteraner Restaurants „Altes Gasthaus Leve"

Fotografie: Ralf Spangenberg, PROdigit Verlag und Fotografie, Münster
sowie die Städte, Gemeinden und Restaurants als Rechteinhaber

Videoproduktion: duema media, Münster
sowie die Städte, Gemeinden und Restaurants als Rechteinhaber

Layout: Adrienne Rusch, dieprojektoren.de
Grafische Assistenz: Melina Wächter

Lektorat: Susanne Kruse
Abschluss-Lektorat: Dr. Wolfgang Gasse

Printed in the EU

Alle Rechte vorbehalten.
Die vollständige und auszugsweise Speicherung und Vervielfältigung dieses Werkes (elektronisch, mechanisch, durch Fotokopie oder Aufzeichnung) ist nur mit ausdrücklicher Genehmigung des Verlages gestattet.

Für die in diesem Buch vorgestellten Fahrradtouren und Rezepte sind die Städte und Gastrobetriebe verantwortlich. Alle Angaben zur Streckenführung, Länge und Dauer sowie der Kalorienverbrauch basieren auf dem Fahrrad-Routenplaner NAVIKI. Der Verlag hat die zur Verfügung gestellten Daten nach bestem Wissen und Gewissen in das Buch übertragen. Sollten sich dennoch kleine Abweichungen ergeben, bitten wir um Verständnis.

ISBN 978-3-9813826-1-7

Vorwort

Bevor ich mich an den Leser wende, möchte ich den Landräten, den Bürgermeister/innen, den Köchen, den Gastronomiebetreibern und allen Co-Autoren ganz herzlich danken, denn ohne deren Zutun und Engagement würde es dieses Buch nicht geben. KulTouren ist weit mehr als ein Kochbuch und ein Reiseführer fürs Fahrrad – es ist eine kulinarische und kulturelle Entdeckungsreise durch das schöne Münsterland. Ein italienisches Sprichwort besagt, dass man eine Gegend und ihre Bewohner am besten „dal palato" (mit dem Gaumen) kennenlernen kann. In diesem Sinne wünsche ich Ihnen viel Spaß beim Lesen, bei der genussvollen Radtour und beim Nachkochen der Rezepte.

Ralf Spangenberg

Für das Buch KulTouren war der Fotograf Ralf Spangenberg zwei Jahre lang im Münsterland unterwegs – gleichsam wie ein moderner Kiepenkerl sammelte er Rezepte und die beliebtesten Fahrradtouren von Bürgermeister/innen, Landräten und anderen Persönlichkeiten des öffentlichen Lebens ein. Denn: Wer kennt die Geschichten, Anekdoten, Sagen und Pättkes der unterschiedlichen Städte und Gemeinden besser, als deren Spitzenvertreter?!

Die viel gerühmte Münsterländer Parklandschaft wird in diesem Buch gleich mehrfach beschrieben. Und das zu Recht. Das flache, überwiegend landwirtschaftlich geprägte Münsterland eignet sich wie kaum eine andere Region zum entspannten Radeln für die ganze Familie. Auch touristisch bietet es Überraschendes. Oder wussten Sie, dass am westlichen Rand des Münsterlandes, nahe der niederländischen Grenze in Gronau, das einzige Rock & Pop-Museum Europas steht? Oder hätten Sie erwartet, dass in Altenberge der größte Natur-Kühlschrank Deutschlands zu finden ist? Oder die größte Dichte an Kornbrennereien entlang der Zementroute bei Beckum? Bekannt über das Münsterland hinaus sind dagegen die zahlreichen Freilichtbühnen und die 100-Schlösser-Route, die in diesem Buch in Teilen von den vier Landräten der Kreise vorgestellt wird.

Weniger bekannt ist die wirtschaftliche Entwicklung des Münsterlandes durch große und mittelständische Unternehmen, die regional und weltweit tätig sind und in den vergangenen Jahren das Gesicht der Region entscheidend mitgeprägt haben. Lassen Sie sich überraschen, einige Touren führen direkt an diesen „Wirtschaftswundern" vorbei.

Dass das Münsterland auch kulinarisch Fahrt aufgenommen hat, belegen die Rezepte in diesem Buch. Frische und regionale Produkte werden von Meistern der Kochkunst zu Köstlichkeiten verarbeitet. Die vorgestellten Hotels, Gaststätten und Restaurants liegen nicht immer unmittelbar an den beschriebenen Fahrradrouten, manchmal ist ein kleiner Umweg nötig. Doch es lohnt sich, hier einzukehren – und zum Nachkochen laden 62 Rezepte ein.

Die 40 Fahrradtouren sind sehr detailliert beschrieben, besonders erwähnt werden Sehenswürdigkeiten wie Schlösser, Klöster, Kirchen, Museen und andere historische Gebäude. Umfangreiches Kartenmaterial zum Ausdruck findet der Leser auf der extra eingerichteten Internetseite unter www.naviki.de/kultouren. Hier findet sich auch eine App. Auf dem Smartphone installiert, ist sie eine speziell für Fahrradfahrer entwickeltes Navigationssystem, das sicher zum Ziel führt. Kleine Videoclips mit zusätzlichen Informationen über Städte, Gemeinden und Gastronomiebetriebe können über QR-Codes auf dem Smartphone abgespielt werden.

Haben Sie viel Freude an diesem einzigartigen Buch und genießen Sie das Münsterland, sportlich, kulturell und kulinarisch.

Martin Garske

Inhalt

Vorwort Ralf Spangenberg, Martin Garske 3

Münster
Die Fahrradhauptstadt
Lieblingsfahrradtour von Markus Lewe,
Oberbürgermeister der Stadt Münster 9

Westfälischer Pfefferpotthast
Altes Gasthaus Leve 13

Münsterländer Tiramisu
Grosser Kiepenkerl 14

Mit allen Sinnen radeln
Die wunderschöne Tour von NRW-Wissenschaftsministerin Svenja Schulze, Münster 17

Ochsenschwanz in der Kartoffelkruste
Alexianer 21

Kalbsfilet und Meerwasser-Riesengarnele
mit Kerbel-Risotto
Restaurant-Hotel Feldmann 22

Rund um Münster
Lieblingsfahrradtour von Hans Rath,
Präsident der Handwerkskammer Münster 25

Westfälischer Backschinken oder
„Die westfälische Landschildkröte"
Mühlenhof Freilichtmuseum Münster 29

Tatar von der Makrele, Rettich und Apfel
Restaurant „Gourmet 1895" im Kaiserhof 30

Kunst und Kultur trifft Freifrau und seltene Tiere
mit Matthias Löb, Direktor des LWL 33

Hülshoffer Fleischzopf à la Annette
Café-Restaurant Burg Hülshoff 38

Blue Cheeseburger
Club-Restaurant Heaven 41

Senden
Rund um Senden
Lieblingsfahrradtour von Alfred Holz,
Bürgermeister der Gemeinde Senden 43

Gebratenes Lachsforellenfilet mit Kürbis
auf Schnittlauch-Beurre-blanc
Hofcafé Grothues-Potthoff 46

Steak von der Rehbockkeule
Gaststätte „Venner Moor" 49

Seeteufelmedaillons im Schinkenmantel und Gambas
auf Barolosauce mit gebratenem Gemüse
Restaurant „Friesen Stube" 51

Lüdinghausen
Auf der Lüdinghauser Acht
Lieblingsfahrradtour von Richard Borgmann,
Bürgermeister von Lüdinghausen 53

Lammrücken mit Polenta
Restaurant „Mutter Siepe" 57

Gefüllte Wachtelbrust auf lauwarmem
Linsengemüse an Bärlauch-Joghurt-Dip
Landgasthof „Kastanienbaum" 58

Schlosstorte
Restaurant „Naundrups Hof" 61

Dülmen
Stadt der Wildpferde
Fahrradtour von Lisa Stremlau,
Bürgermeisterin der Stadt Dülmen 63

Heidschnuckenrücken mit Pumpernickelkruste
Hotel-Restaurant „Grosse Teichmühle" 67

Buntes Kartoffeltörtchen Pfifferlinge und
Austernpilze in Kräuterrahm, Salatbouquet
Restaurant-Café „Haus Waldfrieden" 68

Dorsten
Eine Tour durch Dorsten
Lieblingsfahrradtour von Tobias Stockhoff,
Bürgermeister von Dorsten 71

Sauerbraten vom Butt mit getrockneten
Sauerkirschen und Kohlrabi
Restaurant „Goldener Anker" 74

Tatar vom Matjesfilet
Restaurant „Zum blauen See" 77

Nottuln
Stevertal – Wasser erleben
Die Rundroute 117 mit Peter Amadeus Schneider,
Bürgermeister von Nottuln 79

Eissoufflee Grand Marnier
Restaurant „Die Steverburg" 83

Coesfeld
„An einem Kuhfeld gelegen"
Lieblingsfahrradtour von Heinz Öhmann,
Bürgermeister der Stadt Coesfeld. 85

Filet Wellington mit „Italian Twist"
Restaurant „Casino". 89

Mit dem Rad zu Burgen und Schlössern
Radtour von Konrad Püning,
Landrat des Kreises Coesfeld 91

Warmer Ofenschlupfer mit Rieslingschaum
Restaurant Freiberger 94

Reken
Die 5-Herzen-Touren
Unterwegs auf den 5-Herzen-Touren mit
Heiner Seier, Bürgermeister der Gemeinde Reken. . 97

Weiße Tomatenschaumsuppe mit Kräuterfilo
Restaurant (im) Berghotel Hohe Mark 101

Gefüllte Perlhuhnbrust mit getrockneten Tomaten,
Pinienkernen und Basilikum, Portweinsauce
Restaurant „Alter Garten". 102

Heiden
Rundum sympathisch
Lieblingsfahrradtour von Heiner Buß,
Bürgermeister der Gemeinde Heiden. 105

Wildschweinbraten von der Frischlingskeule
in Thymianbratensauce
Gasthaus „Grunewald" 109

Walnussparfait
Landhotel-Restaurant Beckmann. 110

Raesfeld
Rund um Raesfeld
Lieblingsfahrradtour von Andreas Grotendorst,
Bürgermeister der Gemeinde Raesfeld 113

Bentheimer Schweinefilet unter einer
Maronen-Cranberry-Kruste an einer Portweinjus
mit Mandelbroccoli und Kräuterkrusteln
Restaurant Wasserschloss Raesfeld 116

Billerbeck
Billerbeck immer im Blick
Mit Marion Dirks, Bürgermeisterin von Billerbeck . . 119

Steinbuttfilet mit Chorizo auf Blattspinat
an Champagnerschaum
Restaurant „Domschenke" 123

Damkalbsrücken im Crêpemantel
Restaurant Weissenburg. 124

Velen
*Im „Lebendigen Museum" wird erfahrbar,
wie unsere Großeltern gelebt haben*
Dr. Christian Schulze Pellengahr,
Bürgermeister der Stadt Velen. 127

Variation von Münsterländer Lamm
und Rind mit Birne, Bohne, Speck
SportSchloss Velen 130

Borken
Pättkestour rund um Borken
Lieblingsfahrradtour von Rolf Lührmann,
Bürgermeister der Stadt Borken 133

Kaninchenrückenfilet auf Spitzkohlgemüse
im Buchweizenpfannkuchen
Gasthof Enning 137

Borkener Waffeln mit heißen
Schattenmorellen und Vanilleeis
Hotel-Restaurant „Haus Waldesruh" 139

Unterwegs auf dem Westkurs der 100-Schlösser-Route
Radtour von Dr. Kai Zwicker,
Landrat des Kreises Borken. 141

Jakobsmuscheln mit Lachsmousse im Spinatmantel
Restaurant „Zur Barriere" 144

Rhede
Naturräume - Routen Nord und Süd
Lieblingsfahrradroute von Lothar Mittag,
Bürgermeister der Stadt Rhede. 147

Rosa gebratenes Rumpsteak an Schmörkes
mit Rucola-Schmand und Gemüsespießen
Restaurant Kamps 150

Steinfurt
Symphonie des Münsterlands
Eine Tour rund um den Erholungsort Steinfurt
von Bürgermeister Andreas Hoge 153

*100-Schlösser-Route –
Die Nordtour durch den Kreis Steinfurt*
Thomas Kubendorff, Landrat des Kreises Steinfurt. . 157

Ibbenbüren
Aha! Oho! Ibbenbüren! –
Wo das Herz der Stadt schlägt
Bürgermeister Heinz Steingröver lädt zu einer Tour d'Ibbenbüren 161

Rosa gebratener Lammrücken mit Kräuterkruste auf Paprika-Zucchinigemüse und Rosmarinkartoffeln
Hotel Leugermann 165

Vegetarische Roulade von Omas Pfannkuchen
Kaffeehaus „Lions" 166

Metelen
Kulinarische Reise
Die Aa-Vechte-Tour von Gregor Krabbe, Bürgermeister von Metelen 169

Schweinefiletrouladen
Hotel-Restaurant Stüer 172

Bunter Fitness-Salat mit Scampi und Streifen vom Roastbeef
Restaurant „Am Viehtor" 175

Gronau
Dinkel-Goorbach-Tour
Lieblingsradroute von Sonja Jürgens, Bürgermeisterin von Gronau 177

Tranche vom Ostsee-Dorsch mit Kräutern auf glasierten Kirschschwarzwurzeln und Biarritzer Kartoffelpüree
Restaurant Heidehof 181

Türmchen vom Rinderfilet mit Garnele auf Paprika-Risotto
Schepers Hotel-Restaurant 182

Lachsfilet mit Parmesan-Brotfladen und Safransauce
Hotel-Restaurant „Gasthof Driland" 185

Zander und knusprig-zarter Schweinebauch
Hotel-Restaurant Verst 186

Losser
Fietstocht Losser (dtsch. Version)
von Michael Sijbom, Bürgermeister der Gemeinde Losser 189

Fietstocht Losser (nl. Version)
van Michael Sijbom, burgemeester van de gemeente Losser 192

Dreierlei vom Bunten Bentheimer Confit von Schweinebäckchen, Filet vom Rücken im Heu gegart, Schaum und Chips von der getrockneten Mettwurst
Restaurant „De Oude Apotheek" 194

Ochtrup
Ochtruper Fietsen-Tour
Radtour von Kai Hutzenlaub, Bürgermeister der Stadt Ochtrup 197

Creme brulee vom Ziegenkäse mit Tomatenkompott
Althoff's Landgasthaus 201

Schichtarbeit
Restaurant „Chalet" 202

Saerbeck
Klimafreundlich unterwegs
Fahrradtour von Wilfried Roos, Bürgermeister von Saerbeck 205

Rehrücken mit Pumpernickelkruste an Holundersauce, dazu Orangen-Ingwer-Möhren und Steckrübenpüree
Restaurant Ruhmöller 209

Zanderfilet an Gurkenschaum mit Kartoffelwaffel
Traditionshaus Stegemann 211

Bauernkarre
Restaurant „Markt 23" 212

Riesenbeck
Schöne Aussicht in Riesenbeck
Eine Rundfahrt mit Constantin Freiherr Heereman von Zuydtwyck 215

Rinderfilet mit Apfelpüree
Parkhotel Surenburg 218

Recke
Natur erleben in Recke
Lieblingsfahrradtour von Eckhard Kellermeier, Bürgermeister von Recke 221

Lasagne vom Wolfsbarsch & Lachsfilet unter der Tomaten-Parmesan-Kruste an Safranschaumsauce
Restaurant Landhaus Bad Steinbeck 225

Tecklenburg
Von Brochterbeck zur Tecklenburg
Lieblingsradtour von Stefan Streit, Bürgermeister der Stadt Tecklenburg 227

Grüne Puy-Linsen mit gebratenem Zanderfilet
und grünem Spargel an Zitronen-Dill-Sauce
Hotel-Restaurant „Drei Kronen" 231

Warmer Rhabarberstreusel mit Joghurtmousse
Historische Gaststätte Franz 232

Telgte
Telgte - das trauliche Städtchen an der Ems
**Lieblingsfahrradtour von Wolfgang Pieper,
Bürgermeister der Stadt Telgte** 235

Skreifilet an Beurre blanc und sauren Butterlinsen
Heidehotel „Waldhütte" 239

Warendorf
Von Warendorf zu (R)adelssitzen in Sassenberg-Füchtorf
**Radtour von Dr. Olaf Gericke,
Landrat des Kreises Warendorf** 241

Wappenkuchen Rührkuchen mit
Quittengelee und Äpfeln
Wappensaal des Schlosses Harkotten 245

Geschmorte Ochsenbäckchen auf getrüffelter
Selleriecreme und Kartoffelkrapfen
Hotel „Im Engel" 246

Ostbevern
Biberroute – Der Biber weist mir den Weg
**Wolfgang Annen, Bürgermeister
der Gemeinde Ostbevern** 249

Zweierlei vom Rinderherz mit
Lavendeljus und Babyspinat
Gasthof Mersbäumer 253

Beelen
Schönes entdecken in und um Beelen
**Radtour mit Liz Kammann,
Bürgermeisterin der Gemeinde Beelen** 255

Sendenhorst
Die Natur erkunden
**Rund um Sendenhorst mit Heinrich Laumann,
Gründer der VEKA AG** 259

Gebratener Rehrücken unter der Walnusskruste
an Johannisbeer-Cassis-Sauce mit Wirsinggemüse,
Pfifferlingen und Kräuterschupfnudeln
Restaurant „Waldmutter" 262

Rheda-Wiedenbrück
Eine Stadtradtour durch Rheda-Wiedenbrück
mit Bürgermeister Theo Mettenborg 265

Jakobsmuscheln im Salamimantel mit
Noilly-Prat-Schaum auf Kaiserschotenstroh
und Aprikosenchutney
Ratskeller Wiedenbrück 269

Beckum
Von smaragdgrünen Seen und Zementriesen
**Beckums Bürgermeister Dr. Karl-Uwe Strothmann
auf den Spuren der Zementindustrie** 271

Gefüllte Pfannkuchenröllchen mit
Möhrengemüse und grünem Kartoffelstampf
**Gastronomie & Hotel bei Kliewe
im Westfälischen Hof** 274

Wadersloh
Unterwegs in Wadersloh
**Mit Bürgermeister Christian Thegelkamp
durch eine Landschaft voller Geschichte(n)** 277

Weißer Blumenkohl-Flan mit gebackenem
Ei und Sherry-Nussbutter
Ringhotel Bomke 281

Drensteinfurt
Rund um Drensteinfurt
**Lieblingsradtour von Carsten Grawunder,
Bürgermeister der Stadt Drensteinfurt** 283

Westfälisches Rindfleisch mit Zwiebelsauce
Hotel-Restaurant-Café Lohmann 286

Brot mit Dinkelmehl
Die Kornbrennerei Eckmann 289

Ahlen
Vielfältig und spannend
**Bürgermeisterroute per Rad durch Ahlen
mit Benedikt Ruhmöller,
Bürgermeister der Stadt Ahlen** 291

Barbarie-Entenbrust mit Sesam-Kruste auf
buntem Asia-Gemüse und Lila-Curry-Sauce
Restaurant „Haus Wibbelt" 295

Fahrradrouten im Münsterland im Überblick 296

Adressenverzeichnis der Restaurants 298

Tour

Länge: 35 km
Dauer: ca. 2 Std.
Verbrannte Kalorien: 477,7 Kcal

Die Fahrradhauptstadt

Lieblingsfahrradtour von Markus Lewe, Oberbürgermeister der Stadt Münster

Markus Lewe, Jahrgang 1965, ist verheiratet und Vater von fünf Kindern. Seit 2009 ist er Oberbürgermeister der Stadt Münster. Der gelernte Diplom-Verwaltungswirt war zuvor 10 Jahre lang Bezirksbürgermeister des Stadtbezirks Münster-Südost. Markus Lewe ist Münsteraner durch und durch und als solcher quasi mit der Leeze zur Welt gekommen. Kein Wunder also, dass er ein leidenschaftlicher Radfahrer ist, der nicht nur den täglichen Weg ins Büro bei Wind und Wetter mit seiner Leeze fährt.

Das Wetter ist herrlich. Die Sonne lacht von einem tiefblauen Himmel und die Temperatur ist angenehm: Genau das richtige Wetter für eine Radtour durch die wunderschöne Landschaft der Fahrradhauptstadt Münster. Die Auswahl an Touren durch Münster ist riesengroß. Münster ist nach Köln die flächenmäßig größte Stadt in Nordrhein-Westfalen. Von der Einwohnerzahl her liegt Münster auf Platz 10, ergo gibt es eine Menge Platz für Natur, und egal wo der Startpunkt einer Tour liegt: stets kann man schon nach ganz kurzer Zeit durch eine Landschaft fahren, die naturbelassen und wunderschön ist und die gleichzeitig zum Stadtgebiet gehört.

Heute habe ich mich für eine rund 35 Kilometer lange Tour entschieden, die mich in die wunderschöne Hohe Ward und ein Stück durch den Kreis Warendorf führt. Startpunkt ist die Radstation am Hauptbahnhof. Helm auf und los geht's. Am Gebäude der Sparda-Bank geht's durch die Bahnunterführung, links in die Bremer Straße und nach 100 Metern rechts ab in die Schillerstraße. Ab hier fahre ich geradeaus,

Der Prinzipalmarkt, Münsters „gute Stube"

dabei überquere ich den Hansaring, bis zur Dortmund-Ems-Kanal-Brücke. Weiter geradeaus geht es auf dem Lütkenbecker Weg (Radweg links) bis zur nächsten Brücke. Nach deren Überquerung biege ich links in den Fuß/Radweg ein. An der Kleingartenanlage „Lütkenbeck e.V." geht's rechts ab in ein eichengesäumtes Pättken, das direkt auf Haus Lütkenbeck zuführt. Haus Lütkenbeck ist eine ehemalige Wasserburg. Die Gebäude sind der Rest einer in den Jahren von 1695 bis 1720 errichteten Anlage.

Ich halte mich weiter links und erreiche nach 900 Metern die Heimat der Karnevalsgesellschaft Paohlbürger, den Paohlbürgerhof. Liebevoll saniert und gepflegt ist der historische Bauernhof aus dem Jahr 1872 ein echtes Schmuckstück, das zudem überregional bekannt ist, findet in ihm doch jedes Jahr das im WDR-Fernsehen übertragene Tennengericht statt. Seit 1970 muss lokal und bundesweit bekannte Prominenz vor den Kadi und sich für ihre Taten verantworten. Mit grandiosem Wortwitz versuchen die Angeklagten und ihre Verteidiger die Anschuldigungen des nicht minder gewitzten Staatsanwaltes zu entkräften. Das letzte Wort hat dann der Richter. Fast immer entwickelt sich ein humoristisches Spektakel, das nicht nur das Publikum im Paohlbürgerhof von den Stühlen reißt, sondern auch am Fernsehschirm unheimlich viel Spaß macht.

Im Nachbargebäude befindet sich das Westfälisch-Rheinische Karnevalsmuseum mit karnevalistischen Uniformen, Orden, Masken und Bildern aus Westfalen und dem Rheinland.

Ich fahre weiter auf die Schmittingheide, halte mich rechts und fahre nach etwa 30 Metern links ab in den Kaldenhofer Weg. Zunächst fahre ich weiter geradeaus, biege dann hinter der Bahnunterführung rechts ab und nach 300 Metern (Holzschranke) nach links in einen Waldweg, der auf ein Gehölz zuführt. Ich halte mich rechts und fahre dann 400 Meter schnurgerade durch das Gehölz auf das frühere Kaffeehaus Sebon zu.

Am Gasthaus geht's rechts vorbei. Nach 400 Metern auf einem schmalen, gewundenen Wiesenweg überquere ich den Gremmendorfer Weg. Ich fahre weiter auf dem Fuß/Radweg geradeaus und dann vorbei an einigen Einfamilienhäusern (rechts) bis zum Böddingheideweg. Hier biege ich links ab, und nach 200 Metern fahre ich rechts in den Bewinkel. Vorbei geht's an malerischen Pferdekoppeln und Feldern, und nach 500 Metern mündet der Weg am Gelände des Sportclubs Gremmendorf in eine asphaltierte Straße. Ich fahre geradeaus und nach einer Rechts-kurve links ab in den Angelmodder Weg. Die Route führt direkt in den idyllisch schönen Ortskern von Angelmodde-Dorf. Hier erreiche ich das Gallitzin-Haus. Das hier als „Niederhoffs Kotten" bekannte Haus wurde 1992/1993 von den Heimatfreunden Angelmodde mit viel Liebe zum Detail komplett saniert und ist seitdem eine Stätte der Erinnerung an die Fürstin von Gallitzin. Besucherinnen und Besucher finden hier Originalschriften, Karten und Bilder. Als kulturelle Begegnungsstätte mit Veranstaltungen, wie Konzerten, Vorträgen und Lesungen, ist das Gallitzin-Haus zudem eine beliebte Anlaufstätte für kulturell Interessierte nicht nur aus Angelmodde.

Das Grab der Fürstin von Gallitzin befindet sich an der Südseite der genau gegenüberliegenden schmucken romanischen Pfarrkirche St. Agatha. Mit ihrem gut erhaltenen kleinen Gewölbesaal in Bruchstein mit niedrigerem Chor, flach-runder Apsis und Westturm (Ende 12. Jahrhundert) ist sie ein typisches Beispiel für die in der Romanik übliche Stufung des Baukörpers. Nach 1,2 Kilometern schwenkt der Angelmodder Weg rechts ab in die Straße Haus Angelmodde. Nach 250 Metern durch ein Wohngebiet fahre ich kurz links ab in die Gallitzinstraße und dann sofort rechts auf den Radweg. Ich überquere die Werse. Sie entsteht in den Beckumer Bergen und mündet nach 67 Kilometern in Münster-Gelmer in die Ems. Die Werse ist mit ihrer wunderschönen Uferlandschaft eines der beliebtesten Ausflugs- und Erholungsziele der Münsteranerinnen und Münsteraner. Die Werse ist Heimatfluss mehrerer Kanusportvereine und aufgrund ihrer reichen Fischfauna zudem ein begehrtes Ziel für Angler. Der Werse Radweg, dem ich nun folge, verläuft auf 122 Kilometern durch das südliche Münsterland – mal direkt entlang des Flüsschens Werse, mal weiter abseits durch die von der Werse geprägte Landschaft. Er verbindet Quelle und Mündung der Werse und bietet eine Fülle an einmaligen landschaftlichen Reizen.

An der nun folgenden T-Kreuzung halte ich mich links und fahre auf dem befestigten Weg bis zur Weggabelung. Hier biege ich nach links in den Waldweg ein (rechts Sportplatz), biege nach 100 Metern erneut links ab, fahre über eine Holzbrücke und fahre durch bis zur Hiltruper Straße. Hier

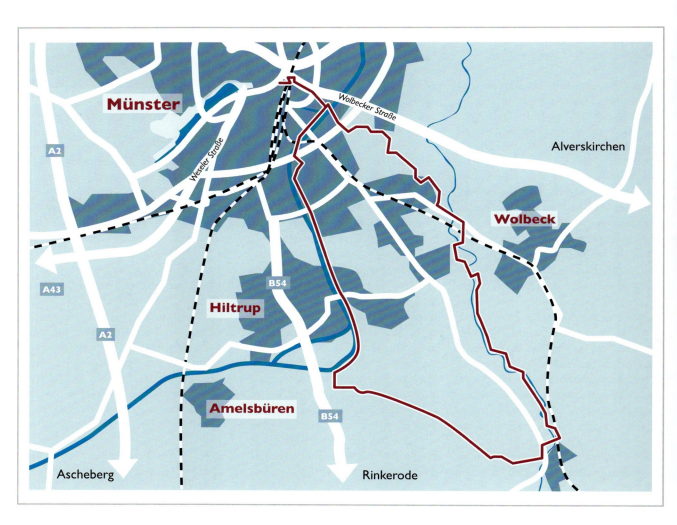

Zur Druckversion (1:25.000) www.naviki.org/kultouren

biege ich links ab, verlasse nach 200 Metern den Radweg, überquere die Hiltruper Straße und fahre ein kurzes Wegstück „bergab". Der anfangs asphaltierte Weg führt vorbei an Haus Dahl. Haus Dahl ist ein schmuckes Gebäude aus der Barockzeit, das eine Burgstelle, von der noch Insel und Gräftenring zeugen, markiert.

Am folgenden Bauernhof macht der Weg eine Links-Rechts-Kurve und geht dann über in ein schmales Pättken, das links der Werse verläuft. Nach 2,4 Kilometern überquere ich eine Landstraße. Ab hier verläuft der Radweg rechts des Gewässers, führt zwischendurch um ein Gehöft herum, folgt dabei der Beschilderung (rotes Rad auf weißem Grund) in Pfeilrichtung und erreicht nach 4 Kilometern den Ortsrand von Albersloh. (Ein Abstecher nach links bringt den Radler in das Ortszentrum.)

Die Route führt weiter nach rechts aus dem Ort heraus. Nach 100 Metern überquere ich die Münsterstraße nach links und biege sofort rechts in die Adolfshöhe ab. Vorbei an einem Sportgelände und Wohnhäusern mündet die Adolfshöhe nach 1,2 Kilometern in den Sunger. Hier biege ich rechts ab und fahre geradeaus auf dem breiten Hauptweg durch die Hohe Ward.

Die Hohe Ward ist Teil eines mächtigen Kiessandrückens eiszeitlichen Ursprungs. Übermäßige Nutzung in der Vergangenheit führte zur Verheidung und Ausbleichung der obersten Bodenschichten. Da Kiessand hervorragende Filtereigenschaften hat, wird hier seit Anfang des 20. Jahrhunderts und bis zum heutigen Tag ein Teil des münsterschen Trink- und Brauchwassers gefördert. Sinnbildlich hierfür ist das schöne Wasserwerk aus dem Jahr 1906. Heute ist die Hohe Ward überwiegend bewaldet. Deutlich sichtbar sind auf dem Weg durch die Hohe Ward die tiefen Spuren, die der Orkan Kyrill am 18. Januar 2007 hinterlassen hat, als er die Hohe Ward mit voller Wucht traf und einen großen Teil der Kiefernbestände zerstörte.

Nach 3,6 Kilometern überquere ich Bahngleise, bleibe weiter auf dem Hauptweg (rechts Hiltruper See) und biege nach weiteren 900 Metern rechts ab in die Trimm-Dich-Bahn. Vorbei geht's an Tennisplätzen (links), über den Parkplatz am Hotel Krautkrämer und dann rechts ab in einen Fuß/Radweg.

Der Hiltruper See, nach seinem ersten Pächter auch als Steiner See bezeichnet, ist ein durch Sandabbau entstandener See. Er liegt direkt auf dem Münsterländer Kiessandzug, der seit 1963 als Wasserschutzgebiet ausgewiesen ist. Seitdem gilt am Hiltruper See ein Badeverbot, obwohl bis dahin eine offene Seebadeanstalt betrieben wurde. Dennoch sind der Hiltruper See und seine Umgebung eines der beliebtesten Naherholungsgebiete Münsters, das durch zahlreiche Reit- und Wanderwege erschlossen ist.

Nach 2,2 Kilometern halte ich mich an der Kreuzung Osttor/Zum Hiltruper See links, und an der Kanalbrücke fahre ich nach rechts in die Kanalpromenade. Nach 3,3 Kilometern führt die Route um ein Betriebsgelände herum. Über die Eulerstraße geht's zurück auf den Radweg. Nach 1,5 Kilometern und Unterqueren der Schillerstraßen-Brücke verlasse ich den Radweg und fahre nach rechts über die Brücke und auf der Schillerstraße bis zum Bremer Platz. Ich halte mich links und biege nach 100 Metern rechts ab. Auf der Hamburger Straße geht's durch die Bahnunterführung zurück zur Radstation am Hauptbahnhof, dem Ausgangspunkt meiner schönen Tour.

◁ *Ein ganz neuer Blick auf Münster: Der neu gestaltete Hafen*

▲ *Der Aasee in Münster*

▽ *„Münster verwöhnt"*

▽ *Sparkassen Münsterland GIRO*

Westfälischer Pfefferpotthast

Altes Gasthaus Leve

Nach seiner Ausbildung zum Koch, die Frank Lembeck im Restaurant „Zum Vosskotten" in Greven absolvierte, führte ihn sein Weg in die Schweiz. Dort sammelte er in verschiedenen Restaurants umfassende Erfahrungen in der gehobenen Gastronomie.

Seit 2005 arbeitet Frank Lembeck im Restaurant „Altes Gasthaus Leve" in Münster, wo er 2008 die Küchenleitung übernahm. Hier verbindet er die zeitgemäße Kochkunst mit der westfälischen Tradition, der das Rezept für den Pfefferpotthast entstammt:

1. Das Fleisch in grobe Würfel schneiden und in heißem Schmalz hell anbraten.

2. Die fein geschnittene Zwiebel dazugeben und kurz mit andünsten. Mit Pfefferschrot und etwas Salz würzen. Mit der Brühe auffüllen. Die Lorbeerblätter und die Nelke hinzufügen und sachte weiter kochen.

3. Kurz vor Ende der Garzeit die in feine Streifen geschnittenen Möhren und den Lauch beimengen und mitgaren.

4. Mit Weißbrot abbinden und mit Salz und Pfeffer abschmecken. Nach Belieben mit Essig und Kapern verfeinern.
Zu dem Pfefferpotthast werden Petersilienkartoffeln und eingelegte Rote Bete serviert.

Zutaten für 4 Personen
800 g Rindfleisch zum Schmoren
(aus der Keule)
1 l Fleischbrühe
1 große Zwiebel
2 Möhren
1 Stange Lauch
Schweine- oder Butterschmalz
Salz
Pfefferschrot
3 Lorbeerblätter
1 Nelke
geriebenes frisches Weißbrot
ohne Kruste (Mie de Pain)
eventuell etwas Essig und Kapern

Münsterländer Tiramisu

Grosser Kiepenkerl

Klaus Friedrich Helmrich hat im Januar 2012 das Münsteraner Traditionslokal „Grosser Kiepenkerl" übernommen. Helmrich, Jahrgang 1955, ist von Haus aus Delikatessenhändler, seine Eltern begründeten die bekannte Butterhandlung Holstein, die er auch gastronomisch ausbaute. Gemeinsam mit Wilma von Westphalen sucht er nun den Gasthauscharakter des „Grossen Kiepenkerls" mit viel Liebe zu schärfen. Seine Prämissen lauten: Heimatküche, Fleisch von glücklichen Tieren, regionale Erzeuger und westfälische Rezepte.

Hier stellt er Ihnen sein Münsterländer Tiramisu vor:

1. Das Rosinenbrot in ca. 2–3 cm dicke Scheiben schneiden, die Hälfte in eine eckige Form legen und mit dem Muckefuck beträufeln.

2. Den Schichtkäse mit Schmand, Likör und Zucker glattrühren und in die aufgelöste Gelatine einrühren. Diese Creme abschmecken und zur Hälfte in der Form auf dem Brot verteilen.

3. Jetzt die zweite Hälfte des Brotes auf die Creme legen und die restliche Creme darauf verteilen.

4. Das Tiramisu etwa sechs Stunden durchkühlen lassen, anschließend mit groben Schokoladenraspeln bestreuen und portionsweise anrichten.
Als Beilage eignen sich saisonale Früchte mit Sauce oder Kompott.

Zutaten für 12 Portionen

1 Rosinenbrot, z. B. Gewürzrosinenbrot von Tollkötter
1 Tasse Muckefuck, z. B. Caro Kaffee
1 kg Schichtkäse
500 g Schmand
0,25 l Quittenlikör von der Brennerei Druffel, Stromberg
ca. 250 g Zucker
4 Blatt Gelatine
Schokolade

Tour

Länge: 44,35 km
Dauer: 2:57 Std.
Verbrannte Kalorien: 745,6 Kcal

Mit allen Sinnen radeln

Die wunderschöne Tour von NRW-Wissenschaftsministerin Svenja Schulze, Münster

Svenja Schulze, MdL, 1968 geboren, lebt mit ihrem Mann im Südviertel in Münster, ist direkt gewählte Landtagsabgeordnete und seit 2010 Ministerin für Innovation, Wissenschaft und Forschung in NRW.

Bei uns wird das Zweirad nicht nur für Ausflüge aus dem Keller geholt, es gehört ganz selbstverständlich zum Alltag. Dank der vielen gut ausgebauten Radwege und vieler Bevorrechtigungen ist das Rad nicht nur das umweltfreundlichste, sondern oft auch das schnellste Verkehrsmittel. Wenn es nicht gerade wie aus Eimern gießt, ist für meine Fahrten in Münster mein Rad die erste Wahl.

Ein paar meiner Lieblingsorte kann man wunderbar auf einem Rundkurs erreichen. Wenn ich mit Gästen von auswärts gemeinsam radel, holen wir ihnen die bequemen Leihräder aus der Radstation am Hauptbahnhof. Mit ihren über 3000 Stellplätzen ist sie das größte Fahrradparkhaus Deutschlands. Bereits 1999 und trotz anfänglicher Skepsis in Teilen der Stadtgesellschaft wurde sie eröffnet. Heute hat ihr Erfolg selbst die größten Kritiker verstummen lassen. Die Radstation ist ein Aushängeschild der Fahrradhauptstadt Münster und ist allein architektonisch schon einen Besuch wert.

Vom Hauptbahnhof sind es nur wenige Meter bis zur Promenade – dem Fahrrad-Highway Münsters. Exklusiv für Radler und Fußgänger führt sie auf der geschliffenen ehemaligen mittelalterlichen Stadtbefestigung einmal komplett um die Altstadt. Schnell erreichen wir den Aasee, ein Naherholungsgebiet, das bis an die Grenze der Altstadt reicht. Schon auf den ersten Blick stechen drei weiße, überdimensionale Billardkugeln ins Auge, die auf einer Wiese am Aasee liegen. Sie sind Teil der Skulpturenausstellung, die internationale Künstlerinnen und Künstler und ihre speziell hierfür geschaffenen Skulpturen im öffentlichen Raum zeigt. Claes Oldenburg platzierte 1977 die „Giant Pool Balls" am Aasee, nicht nur zur Freude der Münsteranerinnen und Münsteraner. Die Leserbriefspalten der damaligen Zeit waren voll von Kritik und Unverständnis. Die Skulpturen waren teils sogar Vandalismus ausgesetzt. So soll jemand 1977 versucht haben, die „Giant Pool Balls" in den Aasee zu rollen. Ein kundiger Blick auf die großen Betonkugeln lässt jedoch erahnen, dass diese Pläne zum Scheitern verurteilt waren. Zum Glück zieren die riesigen Billardkugeln wie viele andere Skulpturen immer noch das Stadtgebiet.

Entlang des Aasees, der Anfang des 20. Jahrhunderts vornehmlich aus Hochwasserschutzgründen angelegt und in den 70er-Jahren erweitert wurde, führt der Weg vorbei in Richtung Westen. Beim Blick auf den See entdeckt man oft die „Solaaris", die rein elektrisch betrieben und mit Solarzellen auf dem Dach von der Innenstadt bis zum Allwetterzoo auf der anderen Seeseite fährt. Ein Besuch im Münsteraner Zoo ist immer lohnenswert. Für unsere Radtour lassen wir ihn aber heute rechts liegen. Unmittelbar bevor die Aa in den Aasee fließt, durchquert sie eine breite, renaturierte Auenlandschaft bei Haus Kump. In dem geschützten Bereich entdeckt man mit etwas Glück und guten

Augen den einen oder anderen seltenen Vogel, der sich von den Spaziergängern oder Joggern nicht stören lässt.

Bevor es weiter in Richtung Mecklenbeck geht, lohnt sich noch ein Blick auf Haus Kump. Die frisch renovierte und behutsam ergänzte Hofanlage geht auf einen der ältesten Bauernhöfe des Münsterlandes zurück. Beeindruckend ist zum Beispiel der alte Getreidespeicher aus dem Jahre 1549. Die unter Denkmalschutz stehende Anlage wird heute vom Handwerker-Bildungszentrum unter anderem als Tagungshaus genutzt. Von hier aus führt der Weg weiter durch den Stadtteil Mecklenbeck

◄ „Schauraum" in Münster: Zentraler Treffpunkt der Veranstaltung ist der „Rote Platz" im Rathausinnenhof

▲ Ein herrlicher Ausblick auf den Hiltruper See

und jenseits der Bahn in Richtung Süden vorbei an Wiesen und Feldern in Richtung Amelsbüren. Auf Haus Kannen sollte man sich die Zeit für eine Pause nehmen. Denn die Einrichtung des Alexianer-Krankenhauses, eine Fachklinik für Psychiatrie und Psychotherapie, hält ein paar angenehme Überraschungen bereit. Dazu gehört der Sinnespark. Er lädt dazu ein, alle sechs Sinne – das Sehen und Hören, das Tasten, Fühlen und Riechen sowie das Gleichgewicht zu fordern. An 15 Stationen – vom Labyrinth bis zum Barfußpfad – wird die Sensibilität getestet. Gerne schaue ich auch in der Gärtnerei Sinnesgrün vorbei, wo man unter anderem Heil- und Kräuterpflanzen kennen lernen und kaufen kann. Wer etwas Zeit mitbringt, muss sich jetzt nicht entscheiden, ob er lieber noch das Kunsthaus Kannen mit seiner Ausstellung zeitgenössischer Malerei (www.kunsthaus-kannen.de) oder lieber eine kleine Stärkung im Café Sinnespark genießen möchte.

Wieder im Fahrradsattel geht es auf der gegenüberliegenden Seite des Dortmund-Ems-Kanals in Richtung Hiltrup. Direkt am Wasser führt der bequeme Radweg kreuzungsfrei und nahezu ohne jede Steigung an Amelsbüren vorbei nach Hiltrup. Hier lässt es sich so bequem und flott radeln, dass man aufpassen muss, dass man nicht an seinem Ziel vorbei fährt. An der Westfalenstraße lassen wir den Kanal hinter uns und biegen ab in Richtung Hiltruper See. Nur wenige hundert Meter weiter südlich beginnt das Naturschutzgebiet Davert. Interessante Lehrpfade, auch für Schulklassen, bietet die NABU-Naturschutzstation von Haus Heidhorn aus an. Der NABU koordiniert von hier aus die Naturschutzarbeit in dem größten zusammenhängenden Waldgebiet des Münsterlandes.

Nördlich grenzt der Hiltruper See an. Auch er ist geschützt, findet man in der weitläufigen Heidelandschaft direkt am Ufer des Sees doch viele wertvolle Arten, zum Beispiel die Feldgrille, die es sonst kaum noch in NRW gibt. Auf ein Badevergnügen muss man dennoch nicht verzichten, denn unmittelbar in der Nähe befindet sich das Hiltruper Freibad. Wem eher nach kulinarischen Höhepunkten ist, der kommt im Hotel Krautkrämer – ebenfalls direkt am See gelegen – auf seine Kosten. Aber

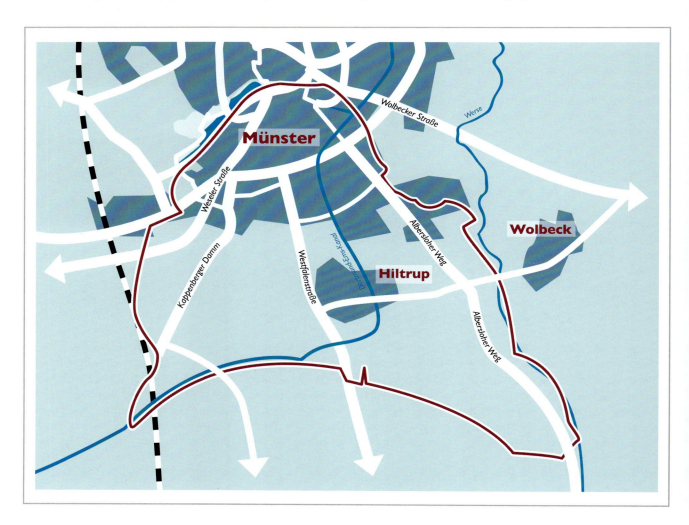

Zur Druckversion (1:25.000) www.naviki.org/kultouren

eigentlich soll so eine Radtour ja auch dem Kalorienabbau dienen. Meine Lieblingsseite für Fahrradrouten, naviki.org, hat berechnet, dass man auf dieser Tour insgesamt gut 700 Kilokalorien verbraucht – die kleinen Sünden in den Pausen sind da allerdings nicht mit eingerechnet.

Vom Hiltruper See aus geht es schnurgerade durch die Hohe Ward. Das Waldgebiet steht auf dem so genannten Münsterländer Kiessandrücken. Er ist ein Überbleibsel aus der Eiszeit und für Münster von großem Wert. Und zwar nicht, weil man in dem rund 30 Meter tiefen und 20 bis 40 Meter breiten Streifen jede Menge interessanter Steine oder Fossilien von Mammuten oder Haifischen findet, die die Gletscher mitbrachten. Vielmehr ist die Mischung aus feinem Sand und Kies hervorragend geeignet für die Filterung und Reinigung von Wasser. Das haben die Stadtwerke Münster schon früh erkannt und hier bereits Ende des 19. Jahrhunderts mit der Trinkwassergewinnung begonnen. Auf unserem Weg in Richtung Albersloh kommen wir am Wasserwerk Hohe Ward vorbei. Das denkmalgeschützte Jugendstilgebäude aus dem Jahre 1905 ist noch bis heute in Betrieb und liefert den Münsteranerinnen und Münsteranern frisches Wasser.

Am Ende unserer Fahrt über den Kiessandrücken kommen wir nach Albersloh. Direkt hinter der Brücke über die Werse befindet sich eine kleine Eisdiele, auf deren Terrasse sich auch an heißen Sommertagen ein kühles Plätzchen finden lässt. Wer nun das Verkehrsmittel wechseln möchte, kann sich aufs Wasser begeben. Denn von Albersloh aus bietet ein Kanuverleih Paddeltouren auf der Werse an.

Genauso gut lässt sich das Flüsschen auch vom Fahrrad aus genießen, denn die weitere Route folgt der Werse, die sich in weiten Bögen gen Norden schlängelt. Besonders reizvoll ist der Blick, wenn die vielen Wasserpflanzen auf der Werse blühen.

Wer bislang alle Möglichkeiten einzukehren ausgeschlagen hat, wird sich vielleicht im Strandhof niederlassen wollen, bevor die Route uns wieder in die Stadt führt. In dem direkt an der Werse gelegenen Restaurant und Café warten nicht nur Kaffee und Kuchen auf die müden Radler. Am kleinen Sandstrand im Sonnenstuhl kann man herrlich die Seele baumeln lassen.

Vom Strandhof aus folgen wir zunächst dem Verlauf der alten westfälischen Landeseisenbahn. Die Strecke, die seit 1903 von Warstein über Lippstadt und Beckum bis nach Münster führt, wird seit Mitte der 70er-Jahre nicht mehr im Personenverkehr betrieben. In Gremmendorf erinnert der „Pängel Anton", eine Dampflok aus dem Jahre 1902 an die Blütezeit der Eisenbahn. Eisenbahnfreunde können hier noch einen Blick in das kleine, aber liebevoll gepflegte Eisenbahn-Museum des örtlichen Karnevalsvereins werfen. Anschließend geht es, vorbei an Kleingartenanlagen und dem Haus Lütkenbeck, über die Schillerstraße zurück zum Hauptbahnhof. Auch auf dieser Strecke erkennt man die besondere Fahrradfreundlichkeit Münsters. Ein großes Schild weist darauf hin: Dies ist eine Fahrradstraße. Bereits 1990 wurde dieses Modellprojekt umgesetzt. Auf Fahrradstraßen hat der Radverkehr Vorrang vor allen anderen Verkehrsmitteln. Die Erfahrungen in Münster waren so gut, dass das Beispiel auch in anderen Städten kopiert wurde und dass letztlich auch seit 1997 die Fahrradstraße in der Straßenverkehrsordnung vorgesehen ist. Nicht umsonst wird Münster immer wieder zur Fahrradhauptstadt ernannt. Wer sich selbst aufs Rad schwingt und eine Tour durch die Stadt macht, wird das unterschreiben.

◀ Die „Giant Pool Balls" von Claes Oldenburg am Aasee in Münster

▲ Aasee in Münster

▽ Alexianer-Krankenhaus

▽ Ziege am Sinnespfad

Ochsenschwanz
in der Kartoffelkruste

Alexianer

Das Alexianer, im Süden von Münster gelegen, ist bekannt für die Pflege und Betreuung behinderter Menschen. Weniger bekannt ist, dass das Alexianer gerade auch mit Hilfe dieser betreuten Personen einen exzellenten Catering-Service für Jedermann anbietet. Unter der meisterlichen Anleitung von Thomas Hankmann werden auch für diesen Bereich kulinarische Spezialitäten zubereitet. Thomas Hankmann rührte zum Start seiner Karriere als Koch in den Töpfen des Restaurants „Vosskotten" bei Greven. Weitere Erfahrungen sammelte er im Ratskeller und in der Pleistermühle in Münster sowie im Restaurant Pottkieker in Telgte, bevor er dann die Stelle als Chefkoch im Partyservice antrat. Wenn Sie durch das folgende Rezept auf den Geschmack kommen, denken Sie bitte daran, dass eine Terminabsprache zwingend notwendig ist.

1. Zuerst wird ein Ochsenschwanzragout zubereitet, wobei das Fleisch zunächst von der Sauce getrennt wird. Den Ochsenschwanz an den Wirbeln durchtrennen (oder vom Metzger teilen lassen). Salzen, pfeffern und von allen Seiten in dem heißen Öl anbraten. Herausnehmen, die geviertelten Zwiebeln kurz anbraten, das Tomatenmark zugeben und weiterschmoren. Mit dem Madeira ablöschen und einkochen lassen. Nach und nach den Rotwein zugeben und wieder einkochen. Den Ochsenschwanz und das Gemüsebouquet einlegen und mit Wasser (oder Rinderfond) bedecken und im Ofen ca. 2 Stunden gar schmoren. Das Fleisch muss sich vom Knochen lösen, wobei die dünneren Stücke schneller gar sind.

2. Das Fleisch ausstechen und beiseite stellen. Den Fond passieren, auf ca. ½ Liter einkochen, mit etwas angerührter Stärke binden und eventuell noch etwas salzen.

3. Das Schweinenetz gut wässern und auf der Arbeitsfläche dünn ausbreiten. Das Fleisch grob zerkleinern, die angeschwitzten Pilze, die Schalotten und die glatte Petersilie fein schneiden und mit dem Fleisch mischen.
Die Kartoffeln schälen, in dünne Scheiben schneiden und zu einer Rosette von etwa 15 cm Durchmesser auf dem Schweinenetz auslegen. Die Füllung etwa 1 cm dick aufstreichen und mit einer zweiten Kartoffelrosette belegen.

4. Das Schweinenetz dünn darüberschlagen, sodass man ein vollständig von Kartoffeln umhülltes Päckchen erhält. In der Pfanne von jeder Seite 8–10 Minuten langsam braten. Die Sauce getrennt dazu reichen.

Zutaten für 4 Personen
1 Ochsenschwanz (ca. 1,5 kg)
250 g Zwiebeln
1 Gemüsebouquet,
bestehend aus:
1 Möhre
1 Stangensellerie
½ Stange Lauch
½ Bund Petersilienstielen
2 Thymianzweigen
2 EL Tomatenmark
1/8 l Madeira
¼ l kräftiger Rotwein
Öl
Salz
frisch gemahlener Pfeffer
300 g Pilze
(Steinpilze eignen sich am besten, da sie am aromatischsten sind, ersatzweise Champignons oder Pfifferlinge)
2 Schalotten
½ Bund glatte Petersilie
mehrere große,
festkochende Kartoffeln
1 Schweinenetz

Kalbsfilet und Meerwasser-Riesengarnele
mit Kerbel-Risotto

Restaurant-Hotel Feldmann
Christian Feldmann, 1969 in Münster geboren, machte seine Ausbildung zum Koch im Parkhotel Schloss Hohenfeld in Münster-Roxel. Im Hotel „Nassauer Hof" in Wiesbaden und im Restaurant „Die Ente vom Lehel" verfeinerte er seine Kochkunst unter der Leitung von Hans-Peter Wodarz noch weiter. Anschließend wurde das eigene, seit 1935 familiär geführte, Restaurant-Hotel Feldmann in Münster seine Wirkungsstätte.

Zutaten
4 Kalbsmedaillons (je 150 g)
4 Meerwasser-Riesengarnelen mit Kopf und Schale
2 Schalotten in kleinen Würfeln
100 g Risottoreis
100 g Kerbel
½ l Rinderkraftbrühe
100 ml Weißwein
50 g Parmesan
50 g Butter
Olivenöl
1 Rosmarinzweig
1 Thymianzweig
Salz
Pfeffer

1. Die Schalotten in etwas Olivenöl anschwitzen, den Risottoreis dazugeben und ebenfalls kurz dünsten, dann den Weißwein zugeben und einköcheln lassen. Unter ständigem Rühren die heiße Brühe nach und nach zugeben, bis eine cremige Masse entsteht, und die Reiskörner glasig sind, aber noch etwas Biss haben (ca. 20 Minuten).

2. Den Kerbel mit etwas kalter Brühe im Zerhacker fein pürieren und unter das Risotto rühren. Mit Salz und Pfeffer abschmecken und zum Schluß Butter in Stücken sowie geriebenen Parmesan unterheben.

3. Die Kalbsfilets in einer Pfanne kurz in Olivenöl anbraten und bei 140 °C acht Minuten im Ofen garen. Mit Salz und Pfeffer würzen.

4. Bei den Riesengarnelen die Schale am Schwanz vorsichtig entfernen und an der Oberseite etwas einschneiden, damit der Darm entfernt werden kann. Mit kaltem Wasser abwaschen und trockentupfen. In Olivenöl braten, einen Rosmarin- und einen Thymianzweig zufügen und mit Salz und Pfeffer würzen. Die Garnelen sind nach ca. fünf Minuten fertig.

5. Das Risotto auf vorgewärmte Teller geben, das Kalbsfilet anlegen und die Riesengarnelen auf das Filet setzen.

6. Wer möchte, kann dazu noch eine Sauce aus reduziertem braunen Kalbsfond und gerösteten Pinienkernen reichen.

Tour
Länge: 26,18 km
Dauer: 1:44 Std.
Verbrannte Kalorien: 454,82 Kcal

Mehr über das Sehenswerte rund um Haus Kump erfahren Sie im Video

Rund um Münster

Lieblingsfahrradtour von Hans Rath, Präsident der Handwerkskammer Münster

Hans Rath blickt auf 30 Dienstjahre als Bezirksschornsteinfeger zurück – die Jahre vom Lehrling zum Meister empfindet er als prägend. Seit dem 20. Januar 2000 ist er Präsident der Handwerkskammer Münster. Er vertritt damit zurzeit etwa 27 000 Betriebe, in denen 150 000 Mitarbeiter beschäftigt sind und circa 16 000 Lehrlinge ausgebildet werden. Privat steht die Familie im Mittelpunkt. Die zahlreichen Ehrenämter, die er ausübt, sieht er als Verpflichtung gegenüber unserer Gesellschaft.

Meine Lieblingsradtour führt mich von Kinderhaus, wo ich seit 1964 sehr gerne wohne, durch die schöne Stadt Münster. Vom Mehringweg über den Rektoratsweg zur Gasselstiege in Richtung Innenstadt fahre ich vorbei am Gebäude der Berufsfeuerwehr der Stadt Münster auf der linken Seite. Ich streife die Grevener Straße und fahre auf die Steinfurter Straße. Angekommen an der Promenade fahre ich am Schloss vorbei zu meinem besonderen Highlight – zu „meiner" Linde auf der Promenade vor dem Schloss. Symbolisch spendete ich 1000 Euro für den Baum Nr. 4 und konnte so einen wichtigen Beitrag zur Wiederaufforstung der Promenade leisten, nachdem der Sturm Kyrill im Jahr 2007 circa 250 Bäume umgerissen hatte. Ich war damals Vorstandsvorsitzender der Stiftung Bürger für Münster und habe viele weitere Mitbürger gewinnen können, das Gleiche zu tun. Die Weiterfahrt führt mich über die Promenade und über die Weseler Straße zur Handwerkskammer Münster. Dort ist meine Wirkungsstätte. Die Kammer an der Bismarckallee hat einen attraktiven Standort inmitten der Stadt. Wir bieten dort als „Rathaus des Handwerks" Dienstleistungen für die Handwerksbetriebe an.

Bilden – Beraten – Fördern: Das ist unser Auftrag, den wir gerne erfüllen. Ich fahre die Bismarckallee hinunter, am Aasee vorbei und über die Torminbrücke. Vor dem Franz-Hitze-Haus biege ich ab und fahre zum Mühlenhof-Freilichtmuseum. Dort bin ich der Zweite Baas. Das Mühlenhof-Freilichtmuseum ist eine Einrichtung, die weit über die Stadt Münster hinaus bekannt ist. Ich fahre den Aasee entlang und erreiche Haus Kump, das „jüngste Kind" der Handwerkskammer Münster. Die Anlage wurde restauriert und zum Teil neu errichtet. Zu der Anlage gehören fünf bedeutende Gebäude. Besonders zu erwähnen ist der Speicher aus dem Jahr 1648. Urkundlich erwähnt wird dieses Gebiet erstmals im 9. Jahrhundert, als die erste Ansiedlung erfolgte. Die Handwerkskammer Münster hat die Anlage erworben, um hier ein Gestaltungs- und Medientransferzentrum sowie ein Fachwerkkompetenzzentrum entstehen zu lassen.

Haus Kump ist ein uralter Gräftenhof mit wunderbaren Grünanlagen. Dort haben wir unser Bildungsangebot erweitert. Hier sowie in allen anderen Gebäuden der Handwerkskammer Münster wollen wir das Gefühl vermitteln, dass Lernen auch Spaß machen kann. Von Haus Kump fahre ich in Richtung Mecklenbecker Straße, überquere diese und biege in die Echelmeyerstraße ein. Auf der Echelmeyerstraße sind auf der rechten und der linken Seite die Gebäude

◀ *Das fürstbischöfliche Schloss im westfälischen Münster*

▲ *Der Spökenkieker – geschaffen vom münsteraner Bildhauer Rudolf Breilmann – im Mühlenhof in Münster bekommt hier charmante Unterstützung von Lotta Baum aus Senden*

des Handwerkskammer Bildungszentrums. Tausende von Lehrlingen, Gesellen und Meistern bereiten sich dort auf Prüfungen vor und erweitern ihre theoretischen und praktischen Kenntnisse. Zu den Bildungseinrichtungen gehört die Akademie für Gestaltung, die Akademie für Unternehmensführung, das Zentrum für Umweltschutz und das Paul-Schnitker-Haus (Demonstrationszentrum für Bau und Energie). Dieses ist eine Besonderheit, denn dort werden neueste Erkenntnisse über Energieeinsparung und modernes Bauen vermittelt. Aus- und Weiterbildung hat für uns einen besonders hohen Stellenwert, um qualifizierte Fachkräfte heranzubilden. Ich fahre weiter auf den Kerkheideweg zur Mersmannstiege. Dort befinden sich weitere Lehrwerkstätten der Handwerkskammer Münster, z. B. die KFZ-Werkstätten. Dann fahre ich weiter, überquere die Brücke über den Kappenberger Damm und bin am Duisbergbusch. Dort höre ich schon die Zuschauer im Preußenstadion. Als Dauerkarteninhaber ist es eine besondere Freude, bei Heimspielen dabei zu sein, um die Atmosphäre zu genießen. Von dort fahre ich über die Hammer Straße durch das Gewerbegebiet auf der gegenüberliegenden Seite in Richtung Halle Münsterland. Ich komme an der Halle Münsterland vorbei, ihr gegenüber liegt das Stadthaus 3 am Albersloher Weg, ein Gebäude, das im Besitz der Stadtwerke Münster ist, aber von der Stadt Münster genutzt wird. Dort steht die historische Straßenbahn, die in Münster 1954 das letzte Mal gefahren ist. In 10-jähriger Kleinarbeit ist aus einer „Rostlaube" ein Schmuckstück geworden. Daran haben viele aktive Ehrenamtliche und Sponsoren einen großen Anteil. Im September 2013 ist diese Straßenbahn zu dem jetzigen Standort gebracht worden. Ein Besuch lohnt sich – der Eindruck, den man bekommt, vermittelt einen Blick in die Geschichte und lässt die heutige Verkehrssituation deutlich werden. Schade, dass es heute keine Straßenbahn mehr in Münster gibt. Vom Stadthaus 3 fahre ich in Richtung Bahnhof und halte am Hotel Kaiserhof an, der von Peter und Anne Cremer nach umfangreichen Renovierungsarbeiten betrieben wird. Peter Cremer zeigt mit Stolz seine Gemälde von Münsteraner Künstlern. Von dort geht es weiter zur Promenade

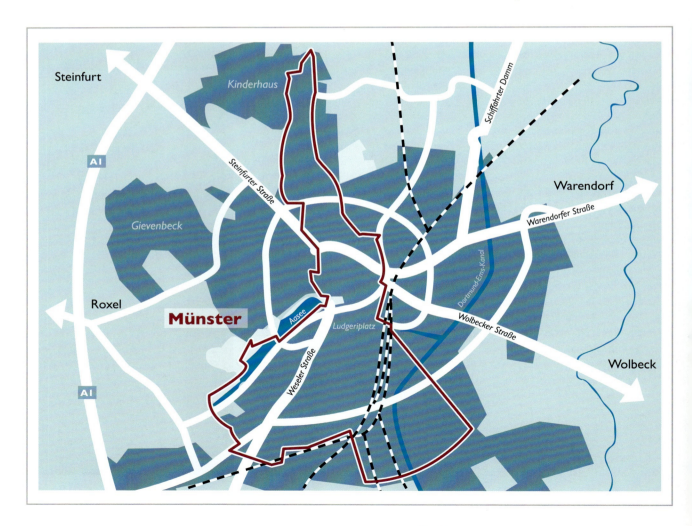

Zur Druckversion (1:25.000) www.naviki.org/kultouren

in Richtung Zwinger. Vorher sehe ich durch eine Lichtung mit einem Blick die Justizvollzugsanstalt. Sie soll einen neuen Standort bekommen, und dabei wird eine Umnutzung dieses Gebäudes unumgänglich sein. Ich hoffe, es wird nicht abgerissen, weil es ein historisches Gebäude ist. Ich überquere die Kanalstraße und gelange in das Kreuzviertel. Viele Patrizierhäuser säumen den Straßenrand. Es ist ein sehr schönes Viertel, und ein Abstecher lohnt sich immer. Am Evangelischen Krankenhaus vorbei komme ich dann auf die Salzmannstraße. Ich nähere mich langsam dem Ziel – Kinderhaus. Auf dem Weg dorthin liegen noch das Katharinenkloster und die Kirchengemeinde St. Josef Kinderhaus mit einer einzigartigen Friedhofsanlage, die sich direkt in der Nähe der Kirche befindet. Aber auch das Leprosenhaus ist direkt an der Kirche und hat seine besondere Bedeutung. Es war während des Mittelalters das Haus für Aussätzige, für „die armen Kinder Gottes", wie die Leprakranken auch genannt wurden – daraus lässt sich der Name Kinderhaus ableiten. Kinderhaus ist ein wunderschöner Stadtteil, um dort zu wohnen – man ist gleichzeitig im Grünen und dicht an der Stadt. Wer Kinderhaus einmal richtig kennen gelernt hat, wohnt sehr gerne dort. Ich habe mich mit meiner Familie entschieden, dort zu wohnen und wohnen zu bleiben, weil ich es mir ersparen wollte, neue Nachbarn und neue Vereine zu suchen und die persönliche Umgebung zu verlassen. Ich singe seit über 50 Jahren im Männerchor Cäcilia 1890 Kinderhaus e.V. und tue das mit meinen Sangesbrüdern zur Ehre Gottes und zur Freude der Menschen.

Ich fahre am Pfarrzentrum vorbei, biege in den Rektoratsweg ein, überquere die Straße Am Burloh und bin am Ziel, Mehringweg 7, von dem ich auch gestartet bin. Nach der Lieblingsradtour freuen sich meine Frau und ich sehr, mit der Familie auf unserer Terrasse eine Weinschorle zu trinken.

◀ Der Aasee ist ein künstlich angelegter Stausee in Münster

▲ „Haus Kump" (ein Bauwerk aus dem 16. Jahrhundert und damit das älteste Speichergebäude in Münster)

◀ Die liebevoll von münsteraner Handwerksmeistern restaurierte historische Straßenbahn, die in Münster 1954 das letzte Mal gefahren ist

▼ Hans Rath in der historischen Straßenbahn

Westfälischer Backschinken
oder „Die westfälische Landschildkröte"

Mühlenhof Freilichtmuseum Münster
Der Küchenmeister und Fleischer Jürgen E. Reck wurde im ostfriesischen Ort Bunde geboren. Er absolvierte bei Fleischermeister Erwin Kröger seine Ausbildung zum Fleischer. Während des Wehrdienstes erlernte er den Beruf des Kochs.
Nach der Meisterprüfung vor der IHK zu Dortmund besuchte er die Hotelfachschule in Emden, die er als Staatlich geprüfter Betriebswirt im Hotel- und Gastgewerbe abschloss.
Nach einer Tätigkeit in der Gastronomie auf der Nordseeinsel Langeoog trat er die Stelle des Betriebsleiters im Mühlenhof Freilichtmuseum Münster an. Jürgen E. Reck stellt Ihnen hier eines seiner Rezepte vor:

1. Legen Sie den Schinken mit der Schwarte nach oben auf ein tiefes Backblech und gießen Sie etwa 0,5 l Wasser an. Dann geben Sie den Schinken für etwa 2 ½ Stunden bei 160 °C in den Backofen.

Tipp: Mit einer Kerntemperaturnadel können Sie den Garzeitpunkt überwachen und kontrollieren. Im Kern sollte das Fleisch 71 °C haben.

2. Wenn die Kerntemperatur erreicht ist, erhöhen Sie die Temperatur auf 250 °C. Backen Sie den Schinken bis die Schwarte kross und knusprig ist.
Tipp: Bestreuen Sie die Schwarte vor dem Überbacken mit einer Gewürzmischung aus Salz, Pfeffer und Paprika, um eine ansprechende Farbe zu erreichen.
Lassen Sie das Fleisch nun kurz bei geschlossenem Ofen entspannen.

3. Nun können Sie das Fleisch tranchieren und für Ihre Gäste portionieren.

4. Als Beilagen empfehle ich Sauerkraut, Salzkartoffeln, Kartoffelgratin oder einfach nur Bauernbrot. Wichtig ist aber immer ein mittelscharfer Senf.
Guten Appetit!

Zutaten für 6 Personen
3 kg Schweineschinken ohne Knochen (Unterschale, Nuss und Hüfte) mit Schwarte, rautenförmig eingeritzt
0,5 l Wasser
Gewürzmischung aus Salz, Pfeffer und Paprika

(Wenden Sie sich bitte an Ihren Fleischer und lassen Sie den Schinken mit einer Pökelsalzlake pökeln. Bestellen Sie das Fleisch mindestens 24 Stunden vor, damit es gut durchziehen kann.)

Tatar von der Makrele, Rettich und Apfel

Restaurant „Gourmet 1895" im Kaiserhof
Nach Stationen in Sternerestaurants, wie dem „Valkenhof" in Coesfeld und dem „Hof zur Linde" in Münster, wurde André Skupin Küchenchef in den Restaurants „Gabriel's" und „Gourmet 1895" im Kaiserhof, Münster. Für seine exquisite Kochkunst im Restaurant „Gourmet 1895" wurde er 2013 und 2014 selbst mit einem Guide-Michelin-Stern ausgezeichnet.
André Skupin stellt Ihnen hier eines seiner Rezepte vor:

1. Zubereitung der Marinade: Alle Zutaten ohne den Rettich aufkochen und abschmecken. Den Rettich schälen und zurechtschneiden.
Zusammen mit dem Rettich vakuumieren und 15 Minuten bei 80 °C sous vide garen.

2. Zubereitung der Makrelen: Die Makrelen filetieren und von Haut und Tran befreien. Mit dem Messer in sehr feine Würfel schneiden.
À la minute mit Salz, Cayenne und Yuzu würzen. Einen Spritzer fruchtiges Olivenöl zufügen und abschmecken.
Obenauf etwas Bottarga di Mugine hobeln.

3. Zubereitung des Salats: Die Stiele des Pak Choi mit der Marinade (s.o.) marinieren und kurz garen. Dann aus den Blättern einen Salat herstellen.

Als Garnitur dienen Radieschen, Apfelwürfel und Kapuzinerkresse-Blüten sowie -Blätter.

Zutaten für 4 Personen
Für die Marinade:
100 g Rettich
100 ml Mineralwasser
20 g Zucker
Salz
40 g weißer Balsamico
2 Schalotten
schwarzer Pfeffer
1 Lorbeerblatt

Für das Tatar:
2 Makrelen von ca. 300 g
Salz, Cayenne, Yuzu-Frucht
1 Spritzer fruchtiges Olivenöl
Bottarga di Mugine

Für den Salat:
Pak Choi
Radieschen, Apfelwürfel
Kapuzinerkresse-Blüten
Kapuzinerkresse-Blätter

Tour

Länge: 25,5 km
Dauer: 1:40 Std.
Verbrannte Kalorien: 377,63 Kcal

Kunst und Kultur

trifft Freifrau und seltene Tiere – mit Matthias Löb, Direktor des LWL

Der Jurist **Matthias Löb** leitet seit dem 1. Juli 2014 als Direktor den Landschaftsverband Westfalen-Lippe (LWL) mit 16 000 Beschäftigten. Als Höherer Kommunalverband erfüllt der LWL Aufgaben im sozialen Bereich, in der Behinderten- und Jugendhilfe, in der Psychiatrie und in der Kultur. Vor seiner Wahl zum LWL-Direktor war Löb, der 1996 nach seinem Studium in Münster und anschließendem Referendariat zum LWL kam, 18 Jahre lang in verschiedenen Funktionen beim LWL tätig, u. a. war er seit Ende 2010 für die Finanzen des Verbandes zuständig. Matthias Löb stammt gebürtig aus dem niedersächsischen Soltau, ist 50 Jahre alt, verheiratet, Vater einer Tochter und eines Sohnes und wohnt mit seiner Familie in Senden (Kreis Coesfeld).

Was zunächst in dieser Kombination höchst ungewöhnlich klingt, lässt sich auf dieser wunderbaren Radtour durch Münster und Umgebung leicht aufklären: Als Direktor des Landschaftsverbands, eines Kommunalverbands mit mehr als 16 000 Beschäftigten für die 8,2 Millionen Menschen in der Region, obliegt mir neben sozialen Aufgaben, wie der Behinderten- und Jugendhilfe oder der Psychiatrie, auch die Trägerschaft von 17 Museen, die über ganz Westfalen-Lippe verteilt sind. Das LWL-Industriemuseum mit seinen acht Standorten, die Archäologie mit den LWL-Museen in Haltern, Herne und Paderborn, die Stiftung Kloster Dalheim oder unsere beiden LWL-Freilichtmuseen in Hagen und Detmold sind beliebte Ziele, die jedes Jahr mehr als 1,2 Millionen Besucherinnen und Besucher anziehen.

Eine meiner Lieblingstouren ist ein Ausflug in unsere beiden Münsteraner Schmuckstücke, das LWL-Museum für Kunst und Kultur und das LWL-Museum für Naturkunde mit Planetarium. Anschließend geht es weiter in das landschaftlich reizvolle Münsterland mit einem Besuch von Burg Hülshoff, dem Familiensitz der Freifrau Annette von Droste zu Hülshoff, und dem Rüschhaus.

Ich starte beim Landeshaus, dem Sitz der Hauptverwaltung des LWL, am Freiherr-vom-Stein-Platz. Als Verband, der Gutes unternimmt, haben wir selbstverständlich für die umweltfreundliche Fortbewegung Dienstfahrräder zur Verfügung. Ich fahre auf die Mauritzstraße. An der ersten Fußgänger- und Radwegampel überquere ich die Straße und fahre ein kleines Stück geradeaus. Zu meiner Rechten liegt die Stadtbücherei. Hinter dem Gebäudekomplex biege ich auf den Alten Steinweg ab. Kurz darauf sehe ich bereits die Fassade des Krameramtshauses auf der rechten Seite und links die Lambertikirche mit ihrem imposanten Chor. Ich fahre einmal links um die Kirche herum, und schon liegt der Prinzipalmarkt vor mir, der jedes Jahr viele Besucherinnen und Besucher anzieht. Gegenüber vom Rathaus biege ich rechts auf den Michaelisplatz. Schnell werfe ich noch einen Blick auf den Wochenmarkt, der immer samstags und mittwochs vor der Kulisse des restaurierten St.-Paulus-Doms regionale Genüsse bietet. Linkerhand sehe ich schon die Spitze des Neubaus des LWL-Museums für Kunst und Kultur. Nach fünfjähriger Bauzeit entwickelt es sich zu einem neuen Anziehungspunkt für die Region und darüber hinaus. Kunst und Kultur haben einen Rahmen gefunden, der auch internationale Kunstliebhaber überzeugt. Nach einem Entwurf des Architekturbüros Staab entstand ein visionäres Museum, das ab September geöffnet ist und am 8. November 2014 gleich mit einer faszinierenden Ausstellung an den Start geht: „Das nackte Leben" – die erste große

◀ Die Lichtinstallation „Son et Lumière" zum 750-jährigen Jubiläum des St.-Paulus-Dom in Münster

▲ Relaxen und Freizeitvergnügen, den Sommer genießen am Aasee in Münster

33

LWL-Naturkundemuseum in Münster. Ein beliebtes Fotomotiv sind die beiden Triceratops direkt am Eingang des Museums

Ausstellung im neuen Museum widmet sich der figurativen Malerei in London mit Arbeiten von Francis Bacon, Lucian Freud, Frank Auerbach, Leon Kossoff, David Hockney und Richard Hamilton. Rund 100 Arbeiten von fünfzehn Künstlern zeigen in großem Umfang den künstlerischen Dialog auf, der in London ab den 1950er Jahren begann und über drei Jahrzehnte andauern sollte.

Besonders wichtig war uns, dass das Gebäude barrierefrei ist und auch Menschen mit Behinderungen die Ausstellungen besuchen können. Der Neubau zeichnet sich durch seine lichtdurchflutete und innovative Gestaltung aus. Ich stelle mein Rad ab und gehe durch die Höfe, eine der markanten architektonischen Ideen, die dazu einladen, vom Domplatz zum Aegidiimarkt zu gehen. Ein Blick ins Innere lässt erkennen, dass großräumig geplant wurde und macht neugierig auf die Ausstellungen und kulturellen Veranstaltungen, die hier künftig stattfinden werden.

Mit dem Rad geht es weiter – links in die Pferdegasse bis zum Aegidiimarkt. Dort biege ich in die Aegidiistraße ein und folge ihr bis zur Straßenkreuzung am Aasee. Auf der rechten Uferseite führen verschiedene Wege in Richtung Zoo und LWL-Museum für Naturkunde mit Planetarium an der Sentruper Straße, meinem zweiten Ziel. Ich nehme mir kurz Zeit, um mir an dem Weg, der direkt am Wasser entlang führt, noch einige Skulpturen, wie z. B. die drei berühmten, riesigen Billard-Kugeln,

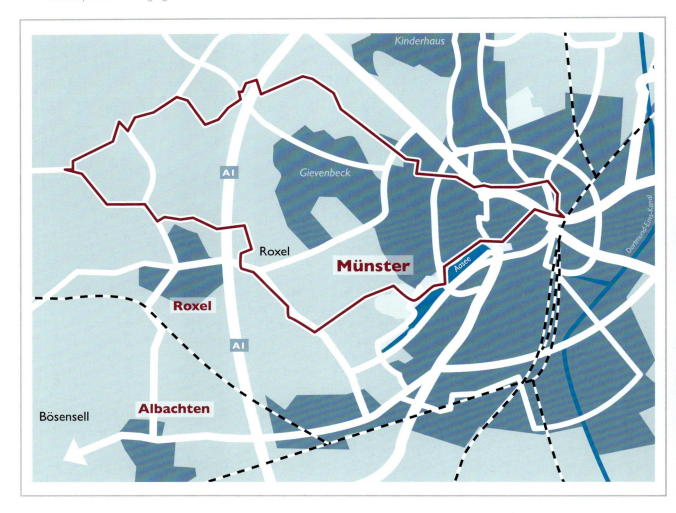

Zur Druckversion (1:25.000) www.naviki.org/kultouren

Projektion im Planetarium Münster

anzusehen, die Claes Oldenburg 1977 für die erste Skulptur-Ausstellung in Münster geschaffen hat, und die zu einem Wahrzeichen Münsters wurden.

Am Museum angelangt, werde ich schon auf dem Vorplatz von zwei Triceratops-Modellen begrüßt. Sie weisen als lebensechte Nachbildungen auf die Ausstellung zu den Dinosauriern und anderen Tieren der Urzeit hin, die im September 2014 neu eröffnet wird. Wie immer tummeln sich davor Kinder und Erwachsene und nutzen die beliebten Dinos als Fotomotive. Mich zieht es gleich in das 1892 gegründete Museum, das rund 4200 Quadratmeter an Ausstellungsfläche sowie einen Museumshof mit etwa 3500 Quadratmetern aufweist.

Imposante Geweihe, prächtige Gefieder, virtuose Gesänge und betörende Düfte erwarten mich im Inneren des Gebäudes, das für die Zeit der Ausstellung zum Schlafzimmer der Natur geworden ist. Nach den beiden Publikumsmagneten, den Ausstellungen zur Bionik und zu den Walen, gibt es zurzeit die Sonderausstellung „Sexualität als Motor der Evolution", die seit der Eröffnung auch schon wieder über 166 000 Menschen besucht haben, und die noch bis zum 19. Oktober 2014 läuft.

Hier ist zu sehen, warum Sex die beliebteste Art der Fortpflanzung ist und warum das „schöne Geschlecht" oft nicht das weibliche ist. Man erklärt mir, wie Männchen ticken und was Weibchen wollen und wie sie trotz unterschiedlicher Interessen am

Der Neubau des LWL-Museums für Kunst und Kultur in Münster mit der Lichinstallation „Silberne Frequenz" von Otto Piene

Ende doch zusammen finden. Ich entdecke das skurrile Paarungsverhalten der Bettwanze, staune über die Verführungskünste des Laubenvogels und erfahre, was ein Liebespfeil ist. Nach so viel Interessantem aus Wissenschaft und Forschung hilft ein Blick in den überwältigenden Sternenhimmel des „schärfsten" Planetariums Europas, um die Liebe wieder mit träumerischen Augen zu sehen. Das Planetarium mit einem Kuppeldurchmesser von 20 Metern bietet 260 Zuschauern Platz. Das Fulldome-Projektionssystem, sechs digitale Bildprojektoren, 24 PCs zur Datenübertragung und Bildzusammensetzung, eine Bildauflösung von 35 Megapixeln, 60 Meter dreifarbige LEDs, die Laserprojektionsanlage und der einmalige Zeiss-Sternenprojektor machen die Shows und Veranstaltungen im Planetarium zu einem unvergesslichen Erlebnis.

Es fällt schwer, sich von den faszinierenden Bildern aus dem Weltall zu trennen. Aber ich möchte noch die früheren Wirkungsstätten der Droste – Burg Hülshoff und Haus Rüschhaus – sehen. Weiter geht es links entlang der Sentruper Straße, bis ich schließlich auf einer kleinen Anhöhe rechts in den Dingbängerweg abbiege, bis er in die Roxeler Straße mündet. Diese überquere ich und folge dem Radweg links die Straße herunter nur etwa 100 Meter, um dann rechts in die Bredeheide einzubiegen. An der ersten Weggabelung wende ich mich nach links und werde kurz danach mit einem schönen Blick über den Stadtteil Roxel belohnt. Vor den Häusern fahre ich rechts am Sackgassenschild vorbei und biege in einen Radweg ein. Dem Weg folgend, gelangt man auf den Stodtbrockweg. Links weiter, vorbei an einer großen Eiche, geht es zur Havixbecker Straße. Hier zeigt mir ein Schild schon, wohin es mich führt: Burg Hülshoff. Vom LWL-Museum für Naturkunde bis zur Burg benötige ich ungefähr 50 Minuten.

Ich trete ein in den weitläufigen, teilweise denkmalgeschützten Park von Burg Hülshoff, dem Geburtsort der Dichterin Annette von Droste zu Hülshoff (1797–1848), die hier die ersten 30 Jahre ihres Lebens verbrachte. Die wunderschöne Parkanlage ergänzt die historische Wasserburg, die idyllisch auf zwei Inseln inmitten einer Wasseranlage thront. Die Bausubstanz des bereits im 11. Jahrhundert urkundlich erwähnten Anwesens mit Herrenhaus und Vorburg stammt aus dem 15. Jahrhundert. Ich befinde mich an einem authentischen Literatur- und Kulturort, der durch die Gründung der Annette-von-Droste-zu-Hülshoff-Stiftung der Öffentlichkeit erhalten bleiben wird. Die Stiftung konnte unter Federführung des LWL im Jahr 2012 ins Leben gerufen werden. Neben dem Erhalt von Burg Hülshoff und Haus Rüschhaus ist es ein wesentliches Ziel der Stiftung, auf Burg Hülshoff einen interdisziplinären und innovativen Kultur- und Literaturort mit überregionaler Strahlkraft zu etablieren.

Mein Fahrrad habe ich am Eingang des Parks abgestellt. Nun nähere ich mich der Hauptburg gemütlich zu Fuß.

Auf der Treppe zur Burg Hülshoff erwartet mich bereits die „Annette". Wer jetzt an übernatürliche Erscheinungen glaubt, liegt völlig falsch. Wenn man möchte, werden die Führungen von einer Gästeführerin übernommen, die sich zeitgemäß im Stil der Droste kleidet und mit vielen überraschenden Episoden aus dem Leben der berühmten Dichterin aufwarten kann.

So erfahre ich, dass Annette ihr erstes Gedicht, das sie im Alter von sieben Jahren verfasste, zunächst unter einem Balken auf dem Dachboden vor ihrer Familie versteckte, da sie es nicht lesen sollte.

Im Café-Restaurant von Burg Hülshoff, das seinen Gästen, sowohl im Gewölbekeller der Hauptburg, als auch im malerischen Innenhof Platz zum Verweilen bietet, genieße ich regionale Spezialitäten. Ich erfahre, dass die Familie Droste zu Hülshoff von jeher Wert auf die Zubereitung guter Speisen legte. So wundert es mich nicht, dass im umfangreichen Archiv der Familie auch

Kochbücher zu finden sind. Das historische Rezept für einen „Hülshoffer Fleischzopf à la Annette" sei an dieser Stelle verraten:

Man schneide von 3 Pf. rohem Kalbfleisch 5 zoll lange, 1 zoll breite und ½ zoll dicke Stücke, schneide in 3 Lange Striemen, doch so, dass am Ende beisammenbleiben. man flechte ein dreiflechtiges Zöpfchen, binde das Ende mit einem Faden zu, lasse in einem Casserol 6 lot Butter mit dem Saft einer halben Zitrone schmelzen, lege die Zöpfchen hinnein und lasse sie darin weiss passieren. Dann giesse man ½ Kümpchen Brühe darauf, lasse das Ganze ½ Std. kochen, mit 4 Eidottern, 1 lot Mehl und Wein legieren, Sardellenbutter, Champignons und Zitronensaft darauf geben. Man richte mit Croutons an, auch mit Escalop, gefüllt mit Farce oder Semmelknödeln.

Frisch gestärkt nehme ich die letzte Station in Angriff: Haus Rüschhaus in Münster-Nienberge. Auf dem Weg nehme ich Landschaften und Höfe wahr, die die Droste zum Gegenstand einiger ihrer Texte und Dichtungen machte. Nach etwa fünf Kilometern erreiche ich Haus Rüschhaus, auf das eine wunderschöne Allee zuführt. Das denkmalgeschützte Haus wurde durch den berühmten Barockbaumeister Johann Conrad Schlaun erbaut und ist in seiner Mischung aus Bauernhaus und Herrensitz eine architektonische Besonderheit. Das Haupthaus wird von zwei sich anschließenden Stallgebäuden und einer Gräfte flankiert. Es ist ein weiteres Kleinod, das von der Droste geprägt wurde. Hierher zog sie mit Mutter und Schwester im September 1826 – nach dem unerwarteten Tod ihres Vaters – und verbrachte 20 Jahre ihres Lebens auf dem Anwesen, das sie „Schneckenhäuschen" nannte. Hier verfasste sie u.a. „Die Judenbuche", ihr wohl bekanntestes Werk. Heute erinnert Haus Rüschhaus als Museum an das Schaffen der Dichterin. Seinen eigenen Reiz besitzt auch der Garten, der nach den Plänen Schlauns als Barockgarten rekonstruiert ist. Ein Besuch lohnt sich unbedingt!

Dann heißt es Abschied nehmen, denn ich muss den Rückweg in die Innenstadt antreten, der ungefähr eine Stunde dauert. Ein kleiner Weg am Rüschhaus und seinem Wassergraben vorbei führt mich über die Autobahnbrücke, dann links auf die Straße „Am Gievenbach" bis zum Horstmarer Landweg. Ich halte mich rechts und gelange, der Straße folgend, zurück in Münsters Innenstadt. Die Arbeit ruft wieder, es bleiben schöne Erinnerungen an eine wunderbare Radtour.

◀ *Der barocke Garten von Haus Rüschhaus*

▾ *Haus Rüschhaus: Hier hielt sich die bekannte Dichterin Droste zu Hülshoff gerne auf*

Hülshoffer Fleischzopf
à la Annette

Café-Restaurant Burg Hülshoff

Die Familie Droste zu Hülshoff hat von jeher die Zubereitung guter Speisen gepflegt und legt auch heute noch ihr besonderes Augenmerk auf die Qualität der Gerichte, die in ihrem Café-Restaurant in Havixbeck angeboten werden.

Küchenchef Kai Speckhardt, geboren in Darmstadt, entdeckte bereits während eines Schulpraktikums sein Interesse am Kochen. Nach dem Umzug der Familie nach Havixbeck begann er seine Ausbildung im Café-Restaurant Burg Hülshoff. Seine zurückhaltende Art und der Wunsch, Menschen eine Freude zu bereiten, begeisterte Freifrau Jutta von Droste zu Hülshoff ebenso wie sein verantwortungsbewusster Umgang mit den ihm anvertrauten Produkten. Nach Stationen zur beruflichen Weiterentwicklung, u. a. in Berlin, Hotel KroneLamm in Bad Teinach-Zavelstein, führte ihn die Treue zum Ursprung seines beruflichen Werdegangs zu Burg Hülshoff zurück. Kai Speckhardt stellt Ihnen hier seine Version eines alten Familienrezeptes vor:

1. Das Kalbfleisch in drei gleichmäßig lange, nicht zu dicke Streifen schneiden, würzen und zu einem Zopf flechten. Die Enden mit den Scheiben vom Frühstücksspeck umwickeln und in Mehl wenden. Eine Bratpfanne erhitzen und das Butterschmalz darin heiß werden lassen.

2. Den Fleischzopf hineinlegen und sofort wenden. Die Hitzezufuhr etwas reduzieren und den Zopf etwa ¼ Stunde braten (die Bratzeit richtet sich nach dem Umfang des Zopfes), dabei öfter wenden und das Bratfett darüber schöpfen.

3. Den Zopf nach dem Braten auf einem Abtropfgitter etwa 5 Minuten warm halten und ruhen lassen.

4. Die Jus oder den Fond in die Pfanne geben und auf die Hälfte einkochen lassen, die Kräuter dazugeben und die Sauce mit Salz und Pfeffer abschmecken.

5. Den Hülshoffer Fleischzopf auf einer vorgewärmten Platte anrichten und die Sauce rund um den Zopf gießen.

Dazu passen tournierte Kartöffelchen und gedünstete Gemüse, wie Broccoli, Blumenkohlröschen und glasierte Karotten.

Zutaten für 4 Personen
1 kg Kalbfleisch vom Rücken
Scheiben vom Frühstücksspeck
Butterschmalz
330 ml Kalbsjus oder Kalbsfond
(ersatzweise aus dem Glas)
1 EL gemischte Kräuter, gehackt
(Thymian, Petersilie, Basilikum)
Salz
weißer Pfeffer, frisch gemahlen
Mehl

Blue Cheeseburger

Club-Restaurant Heaven

Chefkoch André Bertelmann sammelte berufliche Erfahrungen im Hotel Krautkrämer in Münster, im Heidehotel Waldhütte in Telgte und im Parkhotel Wienburg in Münster, bevor er an seine frühere Wirkungsstätte, das Club-Restaurant Heaven in Münster, zurückkehrte – nicht mehr als Souschef, sondern als Chef de Cuisine. Hier stellt Ihnen André Bertelmann sein Blue-Cheeseburger-Rezept vor:

1. Remoulade: Eigelb, Senf und Zucker in einer Schale verrühren. Mit einem Schneebesen nach und nach erst das Rapsöl, dann das Olivenöl und zum Schluss das Wasser unterrühren. Kapern, Sardellen und Petersilie sehr fein hacken und unter die Masse heben. Zuletzt den Schnittlauch in feine Ringe schneiden, die Gewürzgurke und die rote Zwiebel in feine Würfel schneiden und alles ebenfalls unter die Masse heben.

2. Heaven-Tomatensauce: In einem Topf die Zwiebeln in Butter bei geringer Hitze anschwitzen. Wenn die Zwiebeln eine leichte Bräune erreicht haben, den Zucker hinzugeben und karamellisieren lassen. Jetzt mit Cola, Sojasauce und Balsamico ablöschen. Die Strauchtomaten klein schneiden und im Topf ca. 20 Minuten mitköcheln lassen, dazu nach und nach mit Gemüsebrühe aufgießen.
Anschließend das Tomatenmark hinzugeben und alles mit einem Pürierstab kräftig durchmixen. Zum Schluss durch ein feines Sieb passieren und würzen.

Empfehlung: Bereiten Sie die Sauce 1–2 Tage vorher zu.

3. Rotes Zwiebel-Balsamico-Chutney: Rote Zwiebeln in Streifen schneiden und bei geringer Hitze in einem Topf mit Butter glasig anschwitzen. Danach mit Zucker karamellisieren und mit Portwein und Balsamico ablöschen. Alles einkochen lassen, bis der Sud gebunden ist.

4. Patties: 800 g Rinderschulter frisch wolfen und auf 160 g portionieren.

5. Zusammenbauen des Burgers: Buns, so werden die weichen runden Brötchen in Amerika genannt, die man unbedingt für einen guten Burger braucht. In diesem Fall nehme ich ein mit Oliven und getrockneten Tomaten gebackenes Weizenbrötchen. Bun toasten, danach die untere Seite mit Lollo rosso, Frisée und Rucola belegen. Jetzt erst Remoulade und Tomatensauce auf den Burger laufen lassen, dann mit Gewürzgurken belegen.
Nebenbei das Rinderpatty in einer Grillpfanne 2 Minuten von jeder Seite braten. Nach dem Braten das Patty mit dem Blauschimmelkäse und dem Zwiebel-Balsamico-Chutney überbacken und mit auf den Burger legen.
Die obere Seite des Buns mit Remoulade und Tomatensauce bestreichen und dann mit Tomatenscheiben auslegen. Noch einmal Tomatensauce über das überbackene Patty geben und den Burger zusammenbauen.

Zutaten für 5 Personen

Für die Remoulade (200 ml):
2 Eigelb, 10 g Dijonsenf, fein
70 ml Rapsöl, 20 ml Olivenöl
10 ml Wasser, 4 g Kapern
4 g Sardellen, 40 g Gewürzgurke
30 g rote Zwiebel, 20 g Schnittlauch
20 g Petersilie, 5 g Zucker

Heaven-Tomatensauce (500 ml):
40 g Zwiebeln, 30 g Zucker
20 g Butter, 100 ml Cola
50 ml Sojasauce
20 ml dunkler Balsamico
250 ml Gemüsebrühe
250 g Strauchtomaten
40 g Tomatenmark, 10 g Salz

Zwiebel-Balsamico-Chutney:
200 g rote Zwiebeln, 20 g Butter
40 g Zucker, 200 ml roter Portwein
50 ml dunkler Balsamico

Für die Patties:
800 g Rinderschulter (mind. 20 % Fett)

Für die Burger:
5 Buns, ½ Kopf Lollo rosso
50 g Friséesalat 100 g Rucola
200 ml Remoulade
500 ml Heaven-Tomatensauce
150 g Gewürzgurken, in Scheiben geschnitten
800 g Rinderschulter (mind. 20 % Fett)
200 g Blauschimmelkäse
200 g rotes Zwiebel-Balsamico-Chutney
200 g Strauchtomaten, in Scheiben geschnitten

Tour
Länge: 43,05 km
Dauer: 2:52 Std.
Verbrannte Kalorien: 741,72 Kcal

Mehr über das Sehenswerte in Senden erfahren Sie im Video

Rund um Senden

Lieblingsfahrradtour von Alfred Holz, Bürgermeister der Gemeinde Senden

Alfred Holz, Jahrgang 1956, ist ein Kommunalpolitiker mit Diplom. Dies erwarb er 1981 nach seinem Studium an der Westfälischen Verwaltungsakademie.

Der gebürtige Lüdinghausener war zuvor schon als Kreisinspektor im Kreis Coesfeld tätig. Zum 1. September 1981 wechselte er zur Gemeinde Senden und leitete dort das Sozialamt und ab 1992 das Hauptamt.

Zum 1. Oktober 1999 wählten ihn die Bürgerinnen und Bürger zum Bürgermeister der Gemeinde Senden. Dieses Amt führt er bis heute mit großer Freude und Leidenschaft!

Ich freue mich, eine Tour vorzustellen, bei der jede Menge Natur erlebt werden kann. So starte ich an der idyllischen Stever, einem kleinen Flusslauf, der den ganzen Ortsteil Senden durchzieht. Ausgangspunkt ist der Busbahnhof. Hier habe ich im „Radladen Pedale" die Möglichkeit, ein Fahrrad auszuleihen.

Ich folge den Wegen entlang der Stever, gekennzeichnet als 100-Schlösser-Route, durch den Sendener Bürger- und Königspark in Richtung Schloss Senden. Wenn ich am Ende rechts abbiege, kann ich um das Wasserschloss aus dem 15. Jahrhundert herumfahren und einen Blick in den Innenhof der sanierungsbedürftigen Anlage werfen. Der steile Dreistaffelgiebel des schlichten Herrenhauses ist das älteste erhaltene Beispiel dieser architektonischen Form, die typisch für das Münsterland ist.

Ich entscheide mich aber, am Ende links abzubiegen und gelange so zum Dortmund-Ems-Kanal. Am Kanalufer fahre ich links durch die Schatten spendende Lindenallee bis zur Bakenstraße.

Jetzt folge ich der Ausschilderung des Radverkehrsnetzes über die Münsterstraße in den Ortskern. Hier habe ich die Qual der Wahl, in einem der gemütlichen Cafés zu frühstücken. Ich entscheide mich aber, noch ein klein wenig weiter zu fahren. Zunächst geht's rechts ab in die Wilhelm-Haverkamp-Straße, dann geradeaus über die Ampelkreuzung bis ich nach 200 Metern das Hofcafé Grothues-Potthoff erreiche und bei herrlichem Sonnenschein ein Frühstück auf der Außenterrasse genieße.

Entlang des Radweges an der K 4 fahre ich nur wenige Meter weiter und biege rechts ab in den Weg mit der Bezeichnung „Dorfbauerschaft 106". Ich quere den Kanal über die Tomberger Brücke. Sofort hinter der Brücke, auf der linken Seite, fällt mein Blick auf den Yachthafen Tomberge. Dieser ist mit drei öffentlichen Wasserwander-Rastplätzen ein beliebtes Ziel für Bootstouristen. An der nächsten Wegegabelung, beim bekannten Gräftenhof Schulze Tomberge, fahre ich rechts und die nächste Straße direkt links. Über die zweite Straße rechts nehme ich dann Kurs auf Ottmarsbocholt.

Am Ende des Wirtschaftsweges biege ich scharf links ab und fahre nach rund 500 Metern rechts über einen geschotterten Weg Richtung Venner Straße. Es geht geradeaus weiter an Haus Wallbaum vorbei bis zur Clemens-Hagemann-Straße. Von

◣ *Naturlehrpfad im Bürgerpark*

▲ *Das Schloss Senden liegt an der Stever, die die Gräfte des Schlosses speist* hier aus mache ich einen Abstecher zum alten Speicher Ottmarsbocholt an der Dorfstraße. Er verbindet Kultur, Geschichte und Brauchtum miteinander und ist heute Domizil des kleinen Heimatmuseums. Direkt nebenan im Backhaus veranstaltet der Heimatverein Ottmarsbocholt regelmäßig Brotback-Tage. Aber nicht nur dort ist's schmackhaft. Auf der Dorfstraße und an der sehenswerten Kirche St. Urban laden einige Lokale zum Verweilen ein.

Auf dem Radweg F 3 setze ich nun meine Fahrt über den Davertweg in Richtung Naturschutzgebiet Davert fort. Die Davert ist das größte Laubwaldgebiet des Münsterlandes und eines der größten EU-Vogelschutzgebiete. Nach etwa 5 Kilometern erreiche ich den Mittelpunkt des kleinsten Ortsteils der Gemeinde Senden, die Kirche St. Johannes in der Venne. Einzigartig in Westfalen ist die aus dem Jahre 1621 stammende Holzdeckenbemalung dieser kleinen Kirche. Auf der anderen Straßenseite lädt der gemütliche Biergarten des stilvoll westfälischen Hotels und Restaurants „Venner Moor" zum Verweilen ein.

Weiter geht's auf dem Radweg F 3 südlich am Naturschutzgebiet Venner Moor vorbei. Am kleinen Parkplatz habe ich die Möglichkeit, mein Rad abzustellen und auf „federnden" Wegen durch die urwüchsige Landschaft des etwa 148 Hektar großen Hochmoores zu spazieren. Ich entscheide mich aber, noch etwas weiter zum Dortmund-Ems-Kanal zu fahren und parke mein Rad nahe der Infotafel am Naturschutzgebiet, um so den Bohlenweg entlang der Wasserflächen des Moores zu erreichen. Ich atme tief durch und genieße das angenehme Klima, bevor es weiter geht in Richtung Bösensell.

Zunächst fahre ich entlang des Dortmund-Ems-Kanals, dann überquere ich die nächste Brücke – auch bekannt als Venner Brücke – und biege direkt links ab. Dann fahre ich die zweite Straße rechts und folge der Kennzeichnung des Radverkehrsnetzes NRW – nach einem Kilometer gleichzeitig auch Radweg F 2 – bis zum Bahnhof in Bösensell. Hier nutze ich jetzt den Radweg der Bahnunterführung und fahre weiterhin

Zur Druckversion (1:25.000) www.naviki.org/kultouren

auf dem F 2, bis ich den Ferienhof Große Hellmann erreiche. Das gemütliche Nostalgie-Café und der Biergarten laden zur Rast mit ofenfrischem Kuchen nach alten Rezepten und Münsterländer Schnittchen aus selbstgebackenem Bauernstuten ein. Es ist Sonntag, ich habe Glück, dieser Betrieb ist nämlich nur an Wochenenden geöffnet.

Es geht weiter auf dem Radweg F 2, vorbei an der sehenswerten Kirche St. Johannes aus dem Jahre 1350 mit ihrem romanischen Westturm, vorbei an einigen schönen Baumberger Sandsteinbauten und an dem Platz mit der Skulptur des Landpfarrers. Pfarrer Julius Beck war von 1937 bis 1961 Pfarrer in Bösensell und richtete während des 2. Weltkriegs ein Lazarett für Kranke und Verwundete im Pfarrhaus ein.

Über die Espelstraße gelange ich zum Radweg entlang des Helmerbaches. Dieser gemütliche Weg führt bis zum Rand des Gewerbegebietes. Nun fahre ich in die Straße "Im Südfeld", dann immer geradeaus durch die Bauerschaften Brock und Bredenbeck bis zum Flüsschen Stever.

Ich biege links ab und radle entlang der Stever unter grünen „Blattdächern" zum Ausgangspunkt am Busbahnhof zurück.
Am liebsten würde ich mich jetzt im „cabrio Senden", dem Freizeit-Allwetterbad erfrischen, in der Sole entspannen und im Bistro etwas Leckeres speisen –, da ich diesmal jedoch keine Schwimmsachen dabei habe, entscheide ich mich, eines der Sendener Restaurants aufzusuchen. Nun habe ich die Wahl: Die Friesenstube ist bekannt für ihre erstklassigen Fischgerichte. Bei Niemeyer's 1886 steht Gutbürgerliches auf der Speisekarte und ein gemütlicher Biergarten lädt ein.
Wer die italienische, griechische oder chinesische Küche bevorzugt oder nur einen Snack, ein kühles Getränk oder ein leckeres Eis möchte, wird in den Lokalen im Ortskern nach Herzenslust genießen können.

◀ *Radweg am Schloss Senden*

▲ *Allwetterbad „cabrio" Senden*

◀ *„Die Amazone" von dem Künstler Paul Mersmann †1975*

▼ *Yachtclub Tomberge Senden e.V.*

Gebratenes Lachsforellenfilet
mit Kürbis auf Schnittlauch-Beurre-blanc

Hofcafé Grothues-Potthoff

Marco Granitza, Jahrgang 1981, absolvierte seine Ausbildung in der renommierten Küche von Schloss Wilkinghege in Münster. Es folgten fünf weitere Stationen, national und international, bis er am 1. August 2013 die Stelle des Chefkochs im Hofcafé Grothues-Potthoff in Senden antrat.
Bei dem Rezept, das er Ihnen hier vorstellt, setzt er vorwiegend auf heimische Produkte.

1. Bleichsellerie putzen und in Würfel schneiden. In Geflügelfond mit Sahne weich kochen und zu Püree verarbeiten. Staudensellerie putzen, schneiden und in Salzwasser blanchieren. Kürbis putzen, in Würfel schneiden und in einem Sud aus Weißwein, Geflügelfond, Salz und Zucker weich kochen. Die eine Hälfte zu Püree verarbeiten, die andere Hälfte zusammen mit dem Staudensellerie in Butter glasieren und auf einem Teller anrichten.

2. Für die Beurre blanc Zwiebelwürfel anschwitzen, mit Weißwein ablöschen, mit Sahne auffüllen und einkochen lassen. Mit kalter Butter binden und mit Salz, Pfeffer und Schnittlauch abschmecken.

3. Lachsforellenfilet in geklärter Butter auf der Haut anbraten und bei schwacher Hitze gar ziehen lassen.

4. Rote-Bete-Saft abschmecken, aufkochen und aufschäumen.

Alles anrichten und ausgarnieren!
Guten Appetit!

Zutaten für 4 Personen

4 Lachsforellenfilets (140 g)
400 g Bleichsellerie
200 g Staudensellerie
600 g Kürbis
2 Zwiebeln
Schnittlauch
2 dl Weißwein
1 dl Sahne
1 dl Geflügelfond
1 dl Rote-Bete-Saft
200 g Butter
Zucker
Salz
Pfeffer

Steak von der Rehbockkeule

Gaststätte "Venner Moor"
Die Gaststätte Venner Moor wird erstmals 1763 erwähnt. Seit 1982 wird sie von Familie Brüse geführt. Heute sorgen Martina und Bernd Brüse für das Wohlergehen ihrer Gäste. Bernd Brüse stellt Ihnen hier eines seiner Rezepte vor:

1. Die Rehbockkeule auslösen und das Fleisch in Steaks schneiden (ca. 90 g pro Steak, 2 Steaks pro Person). Die zerkleinerten Knochen und das restliche Fleisch mit Röstgemüse (Zwiebeln, Sellerie und Möhren) im Bräter mit Öl anbraten und tomatisieren.
Nun mit einem vollmundigen Rotwein ablöschen, aufkochen lassen und dann mit Wasser ablöschen. Das Lorbeerblatt, die Nelken und die Wacholderbeeren hinzufügen, köcheln lassen, den Fond passieren und reduzieren lassen.

2. Die Schalotten schälen und vierteln, in der Kasserolle in Olivenöl dünsten, dann mit dem Fond auffüllen, mit Pfeffer und Salz abschmecken und mit einer Mehlschwitze abbinden.

3. Den Spitzkohl in schmale Streifen schneiden, blanchieren, abschrecken, anschließend in Butter zubereiten, mit Salz und ein wenig Muskatnuss abschmecken.

4. Die Steaks kurz scharf anbraten, anschließend mit Salz und Pfeffer aus der Mühle würzen. Mit dem Rosmarinzweig dekorieren.

5. Dazu empfehlen wir wahlweise Spätzle oder Rosmarinkartöffelchen.

Guten Appetit!

Zutaten für 4 Personen
Für die Steaks und den Fond:
ca. 2 kg Rehbockkeule mit Knochen
ca. 250 g Röstgemüse
(Zwiebeln, Sellerie, Möhren)
6 EL Olivenöl
10 Pfefferkörner
1 TL Tomatenmark
400 ml Rotwein
1 Lorbeerblatt
5 Nelken
4 Wacholderbeeren
8 mittelgroße Schalotten
1 EL Mehl, 4 EL Butter
Pfeffer aus der Mühle
Salz aus der Mühle
1 Rosmarinzweig

Für den Kohl:
2 Köpfe Spitzkohl
1 EL Butter
1 Messerspitze Muskatnuss, gemahlen
Pfeffer, Salz

Seeteufelmedaillons im Schinkenmantel
und Gambas auf Barolosauce mit gebratenem Gemüse

Restaurant „Friesen Stube"
Im westfälischen Senden kocht der in Münster geborene Siegfried Kropp seit 1984 alles „rund um den Fisch". Zusammen mit seiner Frau Hildegard realisierte er den Traum, ein Fischrestaurant zu eröffnen. Dank seiner Kochkunst ist die Friesenstube weit über die Stadtgrenze von Senden hinaus bekannt. Hier stellt Ihnen Siegfried Kropp eines seiner Rezepte vor:

1. Die Seeteufelmedaillons mit Schinken umwickeln. In Olivenöl von allen Seiten anbraten. Rosmarin und Salbei zugeben. Mit Salz und Pfeffer würzen. Im Backofen bei 140 °C 10 Minuten garen.

2. Die Gambas bei schwacher Hitze mit Knoblauch in einer Pfanne braten, salzen und pfeffern. Für die Sauce rote Zwiebeln in Olivenöl andünsten, mit Barolo und Fischfond auffüllen. Nelken und Lorbeer zugeben und auf 1/3 einkochen.
Mit Salz und Pfeffer würzen, absieben und mit Butter aufschlagen.

3. Die Blumenkohlröschen, die Fingermöhren und die Kirschtomaten in Salzwasser bissfest blanchieren. Anschließend in Butterfett goldbraun anbraten. Mit Muskat, Salz und Pfeffer abschmecken.

4. Zum Anrichten die schräg halbierten Seeteufelmedaillons auf einem Saucenspiegel platzieren die Gambas anlegen und mit dem Gemüse garnieren.

Zutaten für 4 Personen
600 g Seeteufelfilet
4 Scheiben luftgetrockneter westfälischer Schinken
Olivenöl
Rosmarin
Salbei
4 Gambas
Knoblauch
4 rote Zwiebeln
0,2 l Barolo
0,2 l Fischfond
4 Nelken
2 Lorbeerblätter
Butter
8 Blumenkohlröschen
8 Fingermöhren
12 Kirschtomaten
Butterfett
Salz
Pfeffer
Muskat

Tour
Länge: 37,08 km
Dauer: ca. 2 Std. 30 Min.
Verbrannte Kalorien: 549,1 Kcal

Auf der Lüdinghauser Acht

Lieblingsfahrradtour von Richard Borgmann, Bürgermeister von Lüdinghausen

Richard Borgmann (geb. 1956 in Gelsenkirchen) hat Rechtswissenschaften an der Universität Bochum studiert. Nach beruflichen Stationen beim Westfälisch-Lippischen Landwirtschaftsverband Münster und in den Städten Troisdorf und Rhede erfolgte 1992 die Ernennung zum Stadtdirektor der Stadt Lüdinghausen. 1999 wurde er von den Bürgerinnen und Bürgern erstmalig zum Bürgermeister der Stadt gewählt, die Wiederwahl erfolgte in den Jahren 2004 und 2009. Richard Borgmann ist verheiratet und Vater von zwei Söhnen und einer Tochter.

Die Lüdinghauser zeichnen sich durch ihre Bescheidenheit aus. Und diese Bescheidenheit möchte ich zum Anlass nehmen, Ihnen die Lüdinghauser Acht vorzustellen. Die Idee zu dieser Fahrradtour und ihre Umsetzung haben wir einem Lüdinghauser Bürger, dem Vorsitzenden des Biologischen Zentrums, Herrn Dr. Rolf Brocksieper zu verdanken. Mit dieser besonderen Radtour hat er sich aktiv in die mittlerweile weltweit anerkannte Cittaslow-Bewegung eingebracht. Aufgrund der besonderen Lebensqualität wurde Lüdinghausen in das internationale Netzwerk der wenigen deutschen Cittaslow-Städte aufgenommen. Diese Lebensqualität gilt nicht nur für die Stadt selbst mit ihrem gewachsenen Zentrum und den beiden Wasserburgen, sondern vor allem auch für die Landschaft um Lüdinghausen, die idealerweise mit dem Fahrrad erkundet werden kann. Gästen, die dies noch nicht erleben durften, zeige ich diese wunderbare Landschaft gern auf einer Radtour durch und um die Stadt. Rund 42 Kilometer Radweg und etwas Kondition genügen, um sich selbst davon zu überzeugen. Die Form der Routenführung war namensgebend für die Tour: die Lüdinghauser Acht.

Wir starten an der Fahrradstation direkt vor der Gräfte von Burg Lüdinghausen, der historisch bedeutsamen Renaissancewasserburg mit Ursprüngen im 12. Jahrhundert. Heute wird sie als soziokulturelles Zentrum und durch die Volkshochschule genutzt.

Für mich liegt der Start gleich vor meinem Arbeitszimmer im Rathaus. Der Weg führt uns von dort über den geschichtsträchtigen Kapitelweg, an dem heute die Bronzebüsten von Persönlichkeiten stehen, die in der Geschichte eine besondere Verbindung zu Lüdinghausen hatten. Schon nach 500 Metern begrüßt uns die Burg Vischering, eine der ältesten Wasserburgen und die Vorzeigeburg des Münsterlandes. Diese Ringmantelburg des Fürstbischofs von Münster wird erstmals 1271 erwähnt. Die Burg ist ein Magnet für Besucher aus aller Welt und lädt nicht nur durch die Schönheit und Ursprünglichkeit der alten Burganlage mit ihren Gräften und uralten Bäumen ein, sondern gleichermaßen durch die wunderschöne Natur, in die sie malerisch eingebettet ist. Heute wird die Burg als Kulturzentrum des Kreises Coesfeld genutzt. Sie beherbergt Veranstaltungsräume und das Münsterlandmuseum.

Über die naturhaften Flößwiesen fahren wir nun entlang der Stever aus der Stadt, begleitet von einer kilometerlangen Ahornallee, in die Aldenhöveler Bauerschaft. Eine alte Apfelallee ist hier Zeitzeuge der historischen bäuerlichen Kulturlandschaft. Verschlungene Pättkes führen uns zur dritten Wasserburg, der Burg Kakesbeck. Die alten Mühlräder der Burg wurden bis zu ihrer Regulierung noch von der Stever angetrieben, nun umfließt der Fluss die Burg im Bogen. Sie ist heute in Privatbesitz und wird in mühsamer Arbeit wieder aufgebaut und neuen Nutzungen zugeführt.

Am weiteren Weg durch die Bauerschaften Elvert und Berenbrock liegen eine wunder-

Die neu gestalteten Anlagen hinter der alten Mühle in Lüdinghausen laden zur Rast ein

Die Zwillinge Ritski und Gerd Bracht und Matthias Fleige auf dem Sommerfest in Lüdinghausen

bare Birkenallee und alte Buchenwälder. Zum Klutensee führt uns eine Allee mit alten Eichen – der Klutendamm. Unmittelbar an der Strecke liegt dort eine besondere Einrichtung, das Biologische Zentrum Kreis Coesfeld e.V. mit seiner sehenswerten Garten- und Erlebnislandschaft. Hier wird Umweltbildung zum Anfassen praktiziert, die der ganzen Region zugute kommt.

Auf dem weiteren Weg zeigt sich die moderne Gartenlandschaft des heutigen Lüdinghausen von ihrer besten, wohnlichen Seite, bevor uns die historisch gewachsene Gartenlandschaft der alten Ackerbürgerstadt und die Gräftenwelt der Burg Lüdinghausen wieder empfangen.

Nach 22 Kilometern ist hier das Ende der ersten Etappe erreicht. Für alle, die mit guter Kondition ausgestattet sind, beginnt an der Burg Lüdinghausen die Route in die südlich der Stadt gelegene Landschaft und nach Seppenrade.

Auch hier führen uns schmale Pfade aus der Stadt hinaus. Mit dem Kranichholz erwartet uns ein mit alten Buchen und Eichen bestandener Wald, der seine besondere Pracht im Frühjahr mit endlosen Blütenteppichen des weißen Buschwindröschens zeigt.

Kurz bevor wir den Dortmund-Ems-Kanal überqueren, sehen wir rechts den Hof Grube mit dem ältesten Bauernhaus Norddeutschlands, dessen Wurzeln rund 1000 Jahre zurückreichen. Auch dieses Gebäude befindet sich in privater Hand und wird zurzeit umfangreich renoviert.

Der Weg auf die Seppenrader Höhe führt uns recht steil bergauf – hier ist für das Münsterland unerwartet viel Kondition erforderlich. Für die Anstrengung belohnt uns eine schöne alte Kastanienallee. Oben erwartet uns im Naturschutzgebiet Seppenrader Schweiz eine ebenso überraschende Landschaft mit steil abfallenden Hügeln, tief eingeschnittenen Kerbtälern und weiten Blicken in das Münsterland. Der einnehmenden Wirkung dieser Landschaft kann sich wohl niemand entziehen. Die Strecke in Richtung Seppenrade bringt uns einem neuen typischen Element dieser Landschaft nahe, den vielen Obstwiesen, die das Landschaftsbild hier prägen. Sie sind ein schöner und für den Naturschutz wichtiger Bestandteil der alten bäuerlichen Kul-

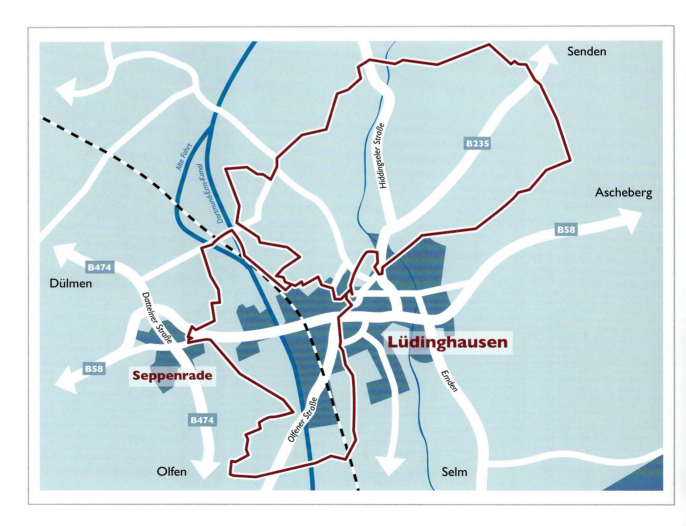

Zur Druckversion (1:25.000) www.naviki.org/kultouren

turlandschaft. Manche dieser Obstwiesen werden zu Naturschutzzwecken gepflegt und von Texelschafen beweidet, die auch die Speisekarte im Ort bereichern.

Eine Besonderheit in Seppenrade ist der von den Bürgern geschaffene und gepflegte wunderbare Rosengarten. Er ist weit über die Region hinaus bekannt und lädt in den Sommermonaten zum Besuch und zum Verweilen ein.

Die berühmteste Attraktion Seppenrades aber ist der weltgrößte (!) Ammonit mit beachtlichen Maßen – einem Durchmesser von 180 cm, einer Dicke von 40 cm und einem Gewicht von 3,5 Tonnen. Gefunden wurde er 1895 in einem kleinen ortsnahen Steinbruch. Nach seinem Fundort erhielt er den wissenschaftlichen Artnamen „seppenradensis". Das Original steht heute im Naturkundemuseum in Münster, aber die gleich große Nachbildung können wir im Ort besichtigen. Der Abstieg in das flache Münsterland beschert uns noch einmal wunderbare Ausblicke und ursprüngliche Feldwege. Es geht vorbei am Naturschutzgebiet Plümer Feld, einer ehemaligen Abgrabung, die heute der Natur gehört und auch Lebensraum des seltenen Laubfrosches ist. Wenn der Dortmund-Ems-Kanal überquert ist, führen verschiedene und schon bekannte Wege zurück in die Stadt zum Startpunkt der Rundreise.

Die Tour führte uns durch die einzigartige Burgen-, Alleen- und Gartenlandschaft Lüdinghausens und durch eine der liebens- und lebenswertesten Landschaften des Münsterlandes. Körper und Seele profitierten gleichermaßen von unserer Reise. Mit der verdienten Erfrischung und Stärkung können wir uns nun in der Altstadt in bestem Ambiente belohnen. Meine Lieblingsstrecke, die Lüdinghauser Acht, kann auch als Flyer mit Karte, vielen Bildern und Erläuterungen über das Büro von Lüdinghausen Marketing oder beim Biologischen Zentrum kostenfrei bezogen werden. Den GPS-Track finden Sie hinter dem QR-Code auf der Seite links. Es hat mir sehr viel Freude bereitet, Ihnen auf so angenehme Weise einen kleinen Teil von unserer so wunderschönen Stadt zeigen zu können.

Viel Spaß auf der Lüdinghauser Acht wünscht Ihnen der Bürgermeister von Lüdinghausen.

❮ *Eine Partie Boule vor der Kulisse der Burg Lüdinghausen*

⬆ *Blick auf die Kirche in der Altstadt*

❮ *Burg Lüdinghausen*

⬇ *Burg Vischering*

Lammrücken
mit Polenta

Restaurant „Mutter Siepe"
Die Geschichte des Hauses „Mutter Siepe" in Seppenrade beginnt im Jahr 1840.
Heute wird das Restaurant in der vierten und fünften Generation von Walter und Tuula Siepe (seit 1971) und Timo und Christine Siepe (seit 2002) geführt. Die eigene Schafzucht betreibt Walter Siepe seit den 1970er Jahren. Nach seiner Ausbildung im Giebelhof in Ottmarsbocholt erweiterte Chefkoch Timo Siepe seine Kenntnisse in Finnland und in der Schweiz. Hier stellt er Ihnen eines seiner Rezepte vor:

1. Den Lammrücken mit Salz und Pfeffer würzen und in Olivenöl anbraten. Knoblauch und Thymian dazugeben und etwa 6–8 Minuten im Ofen bei 180 °C garen.

2. Die Milch mit Salz, Pfeffer und Muskat aufkochen. Die Polenta unter ständigem Rühren mit der Milch mischen. 10 Minuten köcheln lassen, danach auf einem Blech auswallen und kalt werden lassen. Nach dem Ausstechen mit etwas Olivenöl beidseitig anbraten.

3. Die Lammjus mit Rotwein aufkochen, etwas reduzieren und abschmecken. Alles anrichten und die Zwiebelsprossen als Dekoration dazulegen.

Familie Siepe wünscht guten Appetit und gutes Gelingen!

Zutaten für 4 Personen
2 kg Lammrücken, filetiert
0,05 l Olivenöl
1–2 Knoblauchzehen
1–2 Thymianzweige
0,3 l Lammjus
0,1 l Burgunder Rotwein

Für die Polenta:
500 ml Milch
0,15 kg grobe Polenta
1 Messerspitze Butter
1 kleine Zwiebel
Salz
Pfeffer
Muskat
Zwiebelsprossen

Gefüllte Wachtelbrust
auf lauwarmem Linsengemüse an Bärlauch-Joghurt-Dip

Landgasthof „Kastanienbaum"
Christian Zink war bereits mit 19 Jahren Küchenchef, sammelte Erfahrungen im In- und Ausland, unter anderem im La Mère Poulard in Le Mont-Saint-Michel und im Mövenpick in Wuppertal. Er kochte für Staatsgäste, Minister und für die Bundeskanzlerin. Nach 12 Jahren im Casino in Coesfeld suchte er eine neue Herausforderung. Der Landgasthof Kastanienbaum in Lüdinghausen, geführt von Familie Entrup, mit seinem geschmackvollen Ambiente und seinem wunderschönen Biergarten ist seine neue Wirkungsstätte. Hier stellt Ihnen Christian Zink eines seiner Rezepte vor:

1. Die vier ausgelösten und entbeinten Wachteln (am besten vom Metzger) plattieren, nebeneinander legen, salzen und pfeffern, mit einer dünnen Schicht Geflügelfarce bestreichen, blanchierte und abgetupfte Mangoldblätter daraufsetzen, wieder mit der Farce bestreichen und die Brunoise fein darübergeben. Das Ganze zu einer Roulade aufrollen und in gebutterte und gesalzene Aluminiumfolie einrollen sowie fest anziehen. In der Pfanne jede Seite ca. 1 ½ Minuten ohne Fett blind anbraten, dann bei 160 °C im Backofen 12–15 Minuten garen.

2. Die abgekochten Linsen (leicht al dente) in Olivenöl und gewürfelten Schalotten anschwitzen, mit Salz, Pfeffer und Balsamico sowie Zucker abschmecken – leicht süßsauer. Den in Scheiben geschnittenen Zwiebel-Lauch leicht mit anschwenken.

3. Joghurt mit gehacktem Bärlauch verrühren und mit Salz und Pfeffer sowie mit etwas Zucker abschmecken, je nach Gusto.

4. Das lauwarme Linsengemüse in der Mitte anrichten, die zu Kaminen geschnittenen Wachteln daraufsetzen und den Dip rund um den Teller dressieren.
Guten Appetit!

Zutaten
- 4 Wachteln
- 200 g Geflügelfarce
- je 40 g rote, grüne und gelbe Linsen
- 4 Mangoldblätter
- 10 g Gemüsebrunoise (Möhren, Lauch und Sellerie)
- 100 g Joghurt
- 2 EL pürierter Bärlauch
- Salz
- Pfeffer
- 100 ml klarer Balsamico
- 3 Stangen Zwiebel-Lauch
- 50 g Butter
- Olivenöl
- 3 Schalotten
- Zucker
- Alufolie

Schlosstorte

Restaurant „Naundrups Hof"

An der alten B 474 Richtung Dülmen gelegen, finden Sie kurz vor dem Ortsende des Rosendorfes Seppenrade das Restaurant Naundrups Hof. Das Restaurant in einem ehemaligen Bauernhof wurde vor einigen Jahren komplett renoviert und erstrahlt in münsterländischem Glanz – roter Klinker mit schwarz-weißem Fachwerk.
Die Speisekarte hält viele Köstlichkeiten bereit, unter anderem die hier von Inhaberin Doris Peick vorgestellte Schlosstorte. Bedenken Sie beim Backen die wahrhaft fürstlichen Ausmaße der Torte ...

1. Beide Biskuitböden zubereiten und in zwei gleiche Scheiben schneiden.

2. Den Mürbeteigboden zubereiten und mit Preiselbeeren bestreichen, eine helle Biskuitscheibe auflegen und ebenfalls mit Preiselbeeren bestreichen. Darauf 1 cm geschlagene Sahne geben.

3. Eine dunkle Biskuitscheibe auflegen und mit Aprikosenmarmelade bestreichen. 1 cm geschlagene Sahne aufgeben, mit einer hellen Biskuitscheibe belegen, mit Preiselbeeren und 1 cm Schlagsahne bestreichen.

4. Darauf die letzte, dunkle Kuchenscheibe legen und mit Aprikosenmarmelade bestreichen.

5. Die so geschichtete Torte von oben und an den Seiten mit Sahne bestreichen.

6. Das Marzipan dünn ausrollen, eine Scheibe ausschneiden und obendraufflegen.

7. Den Marzipandeckel mit flüssiger Schokolade bestreichen und dekorieren.

Zutaten

Für den Mürbeteigboden (28 cm Durchmesser):
- 200–250 g Mehl
- 100–125 g Zucker
- 100–125 g Butter
- 1 TL Backpulver

Für die Biskuitböden, hell und dunkel:
- 3 Eier
- 75 g Zucker
- 60 g Mehl
- 1 TL Backpulver
- 1 TL Kakaopulver

Für die Füllung:
- ¼–½ l Sahne
- 1 Gläschen Preiselbeeren
- 1 Gläschen Aprikosenmarmelade
- 250–300 g Marzipan
- 100 g Zartbitter-Kuvertüre

Tour
Länge: 38,25 km
Dauer: 2:32 Std.
Verbrannte Kalorien: 566,46 Kcal

*Mehr über
Dülmen erfahren
Sie im Video*

Stadt der Wildpferde

Fahrradtour von Lisa Stremlau, Bürgermeisterin der Stadt Dülmen

Lisa Stremlau (SPD) ist seit 2009 Bürgermeisterin von Dülmen. Davor war sie fast 40 Jahre lang als Lehrerin tätig. Ob auf dem Weg ins Rathaus oder in ihrer Freizeit: Lisa Stremlau ist immer gern mit dem Fahrrad unterwegs!

Herzlich willkommen in Dülmen, der Stadt der Wildpferde! Gerne nehme ich Sie heute mit auf eine abwechslungsreiche Radtour für die ganze Familie, die Sie natürlich auch zu unseren weltbekannten Vierbeinern im Merfelder Bruch führen wird. Los geht unsere rund 40 Kilometer lange Rundroute am Dülmener Bahnhof. Sollten Sie kein eigenes Fahrrad dabei haben, können Sie hier an unserer Fahrradstation Räder und sogar Pedelecs ausleihen. Außerdem bekommen Sie hier auch unsere detaillierten Radwanderkarten, zum Beispiel für die Route R 7, die wir uns heute vorgenommen haben.

An der Ausfahrt vom Bahnhofsgelände finden Sie bereits das erste grüne Schild mit der gelben Kennzeichnung R 7. Die Schilder werden Ihnen auf der gesamten Route den Weg weisen. Schon nach wenigen Minuten sehen Sie linker Hand die Heilig-Kreuz-Kirche, in der Sie die Grabstätte der seligen Anna Katharina Emmerick besichtigen können. Auch für Architekturinteressierte ist das moderne Kirchenschiff mit der großen Glasrosette, das in den 1950er Jahren wieder aufgebaut wurde, auf jeden Fall einen Besuch wert! Auf dem Weg zum 250 Hektar großen Wildpark, der ganz in der Nähe des Stadtzentrums mit seinen Cafés und Geschäften gelegen ist, passieren Sie die beliebten Wohnmobilstellplätze und den großen Kinderspielplatz am Vorpark. Ein Spaziergang oder eine kleine Radtour durch den Wildpark ist für mich immer wie ein erholsamer Kurzurlaub: Reizvoll angelegte Eichen-, Buchen- und Mischwälder, weitläufige Wiesen, zwei Teiche, kleine Tümpel und eine Vielzahl von Tieren, die sich dort frei bewegen, wie z. B. Heidschnucken, Damwild und sogar prächtige Rothirsche, lassen sich dort beobachten. Der umfriedete Park, der sich im Besitz des Herzogs von Croÿ befindet, wird heute noch genauso bewirtschaftet wie bei seiner Gründung vor rund 150 Jahren. Am westlichen Rand des Wildparks gelegen ist das Restaurant „Haus Waldfrieden", das mit seiner gehobenen westfälischen Küche, großzügigen Räumlichkeiten und einer abwechslungsreichen Außenanlage mit Streichelzoo und Spielplatz den idealen Ort für eine stärkende Rast auf unserer Tour bietet (www.haus-waldfrieden.de).

Weiter geht es durch die Bauerschaft Börnste zum Merfelder Bruch, wo die berühmtesten Dülmener zu Hause sind – die Wildpferde des Herzogs von Croÿ. Die Wildpferdebahn mit ihren knapp 400 Wildpferden besteht seit 1316 und ist die einzig verbliebene auf dem europäischen Kontinent. Das ganze Jahr über bewegen sich die Tiere in dem 360 Hektar großen Wald-, Moor-, und Heidegebiet und sind dabei von der Geburt bis zum Tod sich selbst überlassen. Lediglich in harten Wintern mit Frost und Schnee wird etwas Heu zugefüttert. Planen Sie auf Ihrer Tour genügend Zeit ein, um diese außergewöhnlichen Tiere in ihrem natürlichen

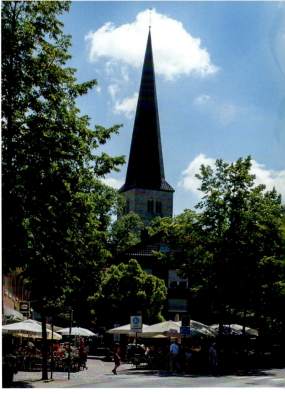

◀ *Der traditionelle Wildpferdefang in der Wildpferdebahn im Merfelder Bruch*

▲ *Dülmener Innenstadt*

Lebensraum zu bewundern! Ein Besuch in der Wildpferdebahn ist von März/April bis zum 1. November bei schönem Wetter an den Wochenenden und an Feiertagen zwischen 10 und 18 Uhr möglich. Außerdem bietet Oberförsterin Friederike Rövekamp unter der Woche geführte Touren zu den Pferden an, die bei Schulklassen und Reisegruppen aus nah und fern besonders beliebt sind. Am Wochenende sind Führungen über den Dülmen Marketing e.V. buchbar.

Nur einmal im Jahr, am letzten Samstag im Mai, verwandelt sich die ansonsten ruhig und abgeschieden gelegene Wildpferdebahn im Merfelder Bruch in einen spannenden Veranstaltungsort. Beim traditionellen Wildpferdefang erleben rund 15 000 begeisterte Zuschauer hautnah mit, wie die Herde in die Arena prescht, und wie die mutigen Fänger die einjährigen Hengste von Hand herausfangen. Ein unvergessliches Erlebnis, nicht nur für Pferdenarren! Alle Informationen zu Führungen, Eintrittskarten und Preisen finden Sie im Internet unter www.wildpferde.de.

Nach einem ausgedehnten Besuch bei den berühmten Vierbeinern radeln wir weiter nach Merfeld, einem der sieben Ortsteile Dülmens, der bereits auf eine rund 1100-jährige Geschichte zurückblicken kann. Rund 2 000 Menschen leben hier. Im Herzen des Ortes, direkt an der St.-Antonius-Kirche, befindet sich der Von-Galen-Park, den die Merfelder im Jahr 2010 weitgehend in Eigenleistung umgestaltet haben.

Ein Klettergerüst und zahlreiche weitere Spielgeräte bieten hier vor allem den kleinen Radlern Gelegenheit zum Toben und Spielen. Wer mit einem E-Bike oder Pedelec unterwegs ist, hat die Möglichkeit, den Akku an der grünen E-Bike-Ladestation „aufzutanken", die gegenüber der Grundschule am Parkrand zu finden ist.

Wer seine eigene Verpflegung im Gepäck hat, ist auf dem Grillplatz Merfeld, der ebenfalls direkt an der R 7 gelegen ist, genau richtig. Tische und Bänke, zwei Grillgelegenheiten und ein Abenteuerspielplatz für Kinder stehen dort zur Verfügung – einem ausgiebigen Radler-Picknick steht also nichts im Wege!

Die herrliche Strecke führt Sie anschließend weiter vorbei am Naturschutzgebiet

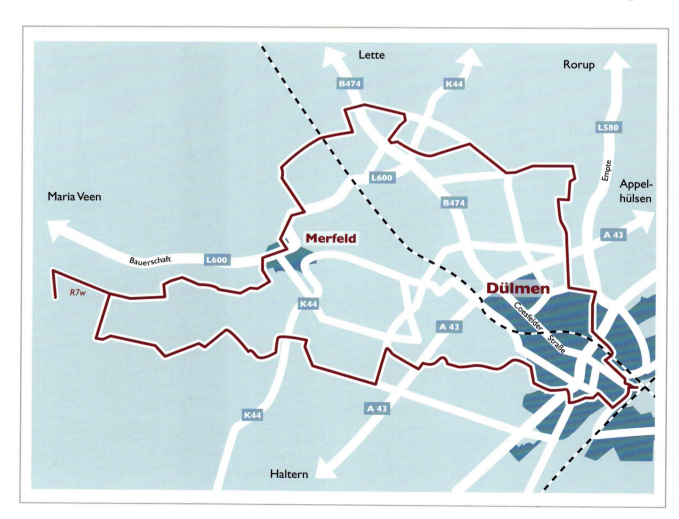

Zur Druckversion (1:25.000) www.naviki.org/kultouren

Wildpferdebahn im Merfelder Bruch

Enteborn – seltene Tier- und Pflanzenarten fühlen sich hier besonders wohl. Radler, die im Mai oder Juni unterwegs sind, können in der Bauerschaft Welte zudem einen ganz besonderen Anblick genießen – den märchenhaften Rhododendronpark der Baumschule Rüskamp. Der farbenprächtige Blütenzauber reicht von dunkelstem Violett über kräftiges Rot bis hin zu zartem Rosa und leuchtendem Gelb. Sollten Sie bis hierher noch keine größere Rast eingelegt haben, finden Sie ganz in der Nähe die Gaststätten „Odysseus" und „Road 62".

Weiter geht es durch die typisch münsterländische Parklandschaft mit ihren Feldern und kleinen Wäldern in Richtung der Bauerschaft Leuste. Vorher lohnt sich noch ein kleiner Abstecher rund einen Kilometer Richtung Norden ins Naturschutzgebiet Welter Bach, wo durch intensive Naturschutzmaßnahmen eine intakte Bachauenlandschaft entstanden ist. Viele Vogelarten, wie z. B. der Eisvogel und die Bekassine, nutzen das Gebiet als Rast- und Brutplatz sowie als Nahrungsrevier. Von einer Aussichtskanzel aus lässt sich außerdem eine Herde von urtümlich-imposanten Galloway-Rindern beobachten.

Folgen Sie anschließend unserer Strecke R 7 weiter, passieren Sie an der Nordlandwehr unser beliebtes Freizeitbad „düb", das mit seiner spannenden Wassererlebniswelt und dem großen Relax-Bereich Angebote für die ganze Familie bereithält. Wie wäre es nach der langen Radtour noch mit einem Sprung ins erfrischende Nass des Außenbeckens (www.dueb.de)? Aus Richtung Norden nähern Sie sich dann wieder der Dülmener Innenstadt und der Fahrradstation am Bahnhof, unserem Anfangs- und Endpunkt.

Habe ich Ihr Interesse an einer abwechslungsreichen Radtour rund um Dülmen geweckt? Dann wenden Sie sich doch einfach an den Dülmen Marketing e.V.: www.duelmen-marketing.de. Hier erhalten Sie alle Informationen zum Fahrradverleih, zu Radwanderkarten, Hotels und Freizeitangeboten in Dülmen. Wir freuen uns auf Sie!

Die Tour führt auch durch den wunderschönen Wildpark von Dülmen

Das Freizeitbad „düb" in Dülmen

Heidschnuckenrücken
mit Pumpernickelkruste

Hotel-Restaurant „Grosse Teichsmühle"
Angela Brockmann, Jahrgang 1959, geboren in Settrich bei Aachen, begann ihre Ausbildung zur Köchin 1979 im Stevertal. Ihre Prüfung bestand sie 1981 mit Auszeichnung. Im Anschluss kochte sie mit Begeisterung im Hotel Plaza in Hamburg und im Hotel Krautkrämer in Münster. Es folgte eine weitere Auszeichnung, „Jüngste Küchenmeisterin im Münsterland". Dann übernahm sie das elterliche Restaurant Grosse Teichsmühle in Dülmen, das sie bis heute leitet. Hier stellt Ihnen Angela Brockmann eines ihrer Rezepte vor:

1. **Heidschnuckenrücken:** Rosmarin und Thymian klein hacken, die Carrés gut damit einreiben und mit Salz und Pfeffer aus der Mühle würzen.

2. **Pumpernickelkruste:** Alle Zutaten gut zusammen verkneten, mit Salz und Pfeffer würzen und kalt stellen (kann vorbereitet und nach Belieben verwendet werden). In dünne Scheiben schneiden, auf das Fleisch legen und dieses bei starker Oberhitze überbacken.

3. **Glasierter Hokkaidokürbis:** Den Kürbis waschen, zerteilen, entkernen und in kleine Würfel schneiden. In einer Pfanne etwas klare Butter erwärmen und den Kürbis langsam schmoren lassen, Honig hinzugeben, mit dem Saft einer Orange vorsichtig ablöschen, mit Salz und Pfeffer aus der Mühle würzen und einige kalte Butterstückchen zugeben. Nun nur noch etwas ziehen lassen und zur Heidschnucke anrichten.

4. **„Schieben in de Pann" – Bratkartoffeln nach altem westfälischen Rezept:** Die Kartoffeln schälen, in sehr dünne Scheiben schneiden und trockenlegen. Die Zwiebeln pellen und in feine Streifen schneiden. Nun Butterschmalz oder Schweineschmalz in einer Pfanne erhitzen und die Kartoffelscheiben zuerst heiß anbraten und goldbraun werden lassen. Nun die Zwiebelstreifen zugeben, mitbraten und bei reduzierter Hitze langsam gar ziehen lassen. Mit Salz und Pfeffer würzen. Glatte Petersilie grob hacken und dazugeben, einmal durchschwenken und zur Heidschnucke anrichten.

Zutaten für 4 Personen
Für den Heidschnuckenrücken:
halbierte Lammrücken von der Heidschnucke (ca. 500 g pro Person)
Rosmarin
Thymian
Pfeffer aus der Mühle
Salz aus der Mühle

Für die Pumpernickelkruste:
250 g Butter (Zimmertemperatur)
400 g Toastbrot (entrindet und fein zerbröselt)
200 g Pumpernickel (klein gehackt)
100 g Rosmarin
100 g Preiselbeeren

Hokkaidokürbis
Honig
Saft einer Orange

Buntes Kartoffeltörtchen
Pfifferlinge und Austernpilze in Kräuterrahm, Salatbouquet

Restaurant-Café „Haus Waldfrieden"
Das Restaurant-Café Haus Waldfrieden in Dülmen, idyllisch gelegen am Rande des Wildparks der Herzöge von Croy, mit einem Wintergarten und einer weitläufigen Terrasse ist ein familiär geführter Betrieb, in dem den ganzen Tag durchgehend warme Speisen serviert werden. Hier hat Alexander Stroth schon seine Ausbildung absolviert. Er ist dem Haus treu geblieben und hat sich als Koch eine leitende Position erarbeitet. Von ihm stammt das folgende Rezept:

1. Für die gelbe Schicht das Eiweiß aufschlagen. Die restlichen Zutaten vermischen und mit Salz und Muskat abschmecken. Eiweiß unterheben und die Masse in einer Pfanne in 3 gleich große Böden goldgelb backen.

2. Für die orangefarbene Füllung die gekochten Karotten pürieren und die restlichen Zutaten hinzufügen. Danach die Masse mit Salz, Muskat und Zucker abschmecken.

3. Für die grüne Füllung den Spinat mit etwas Butter, Knoblauch und Zwiebeln anschwitzen. Danach die Masse pürieren und die restlichen Zutaten hinzugeben.

4. Eine viereckige Kastenform mit Butter bestreichen. Die hellen Böden passend zuschneiden und die Form mit dem ersten Boden auslegen. Danach eine der beiden Füllungen auf dem hellen Boden verteilen und mit dem nächsten hellen Boden bedecken. Dann die zweite Füllung darauf verteilen, mit dem letzten Boden abschließen und kurz andrücken. Zum Schluss alles bei 145 °C Umluft 45 Minuten backen.

5. Zwiebeln mit der Hälfte der Butter anschwitzen und mit Brühe ablöschen. Die Sahne hinzugeben und mit Salz, Pfeffer und Muskat abschmecken. Mit den Kräutern und der restlichen Butter pürieren. Die Pilze mit etwas Butter kurz scharf anbraten und würzen.

Zutaten für 4 Personen
Kartoffeltörtchen:
Gelbe Schicht
200 g gestampfte Kartoffeln
100 ml Sahne, 2 Eigelb, 2 Eiweiß
50 g Speisestärke
70 g Mehl, 25 g Butter
1 TL Backpulver, Salz, Muskat

Orange Schicht
100 g gestampfte Kartoffeln
100 g geschälte, gekochte Karotten
3 Eigelb, 30 g Speisestärke
30 g Hartweizengrieß
Salz, Muskat, Zucker

Grüne Schicht
120 g gestampfte Kartoffeln
80 g Blattspinat, 3 Eigelb
30 g Speisestärke
30 g Hartweizengrieß
5 g Zwiebel, Salz, Muskat,
Knoblauch, Cayennepfeffer

160 g Pfifferlinge (geputzt)
160 g Austernpilze (geputzt)
35 ml Sahne, 70 ml Fleischbrühe
20 g Butter, 5 g Zwiebel
Salz, Pfeffer, Muskat, Kräuter (Rosmarin, Thymian, Schnittlauch, Petersilie)

Tour
Länge: 40,7 km
Dauer: 2:42 Std.
Verbrannte Kalorien: 602,75 Kcal

Eine Tour durch Dorsten

Lieblingsfahrradtour von Tobias Stockhoff, Bürgermeister von Dorsten

Tobias Stockhoff, Jahrgang 1981, wurde am 15. Juni 2014 zum Bürgermeister der Stadt Dorsten gewählt. Als Ratsmitglied hat der Diplom-Physiker zuvor bereits seit über 10 Jahren die Geschicke seiner Stadt mitbestimmt. Der Schwerpunkt seiner politischen Arbeit lag hierbei im Bereich der Wirtschaftspolitik.
Tobias Stockhoff ist in Dorsten aufgewachsen und fühlt sich sehr verbunden mit seiner Heimatstadt.

Als neuer Bürgermeister der Stadt Dorsten freue ich mich darauf, Sie mitzunehmen auf eine Radtour durch die flächengrößte Stadt des Kreises Recklinghausen. Nein, wir werden nicht 100 Kilometer entlang der Stadtgrenze radeln: Ich möchte mit Ihnen vielmehr ausgewählte Bereiche nördlich der Lippe „erfahren" und Ihnen dabei einige reizvolle Einblicke ermöglichen, die zeigen, dass Dorsten auch Brücke zum Münsterland und Tor zum Ruhrgebiet ist.
Wir treffen uns am Busbahnhof und steuern die über 100 Jahre alte Evangelische Johanneskirche am Platz der Deutschen Einheit an, der an die Altstadt grenzt.
Die neu gestaltete Wall- und Grabenanlage nimmt den Verlauf der mittelalterlichen Stadtbefestigung auf.
Hier steht das Jüdische Museum Westfalen, das weit über die Region hinaus bekannt ist. Auf unserem Weg zum Marktplatz passieren wir auf der Recklinghäuser Straße zahlreiche gut sortierte Fachgeschäfte.
Vorbei an der im Zweiten Weltkrieg völlig zerstörten und wieder aufgebauten Pfarrkirche St. Agatha erreichen wir den Marktplatz und das Alte Rathaus. Im ausgehenden Mittelalter als Stadtwaage genutzt, diente es zeitweilig als Rathaus, als Heimatmuseum und nach Kriegsende auch als Gaststätte. Als Ort der Begegnung steht es heute allen Bürgerinnen und Bürgern offen und ist als Standesamt sehr beliebt. In den Sommermonaten zieht die Außengastronomie am Markt viele Besucher an. Nicht nur für mich ist der Marktplatz die „gute Stube" unserer Stadt.
Über den Marktplatz gehen wir rechts in die Lippestraße und vorbei am Franziskanerkloster zum Lippetor, einem der drei Tore der 1251 zur Stadt erhobenen Villa Durstine. Einige Schritte weiter stehen wir vor dem Restaurant „Zum goldenen Anker". Hier ist der bekannte Fernseh- und Sternekoch Björn Freitag zu Hause. Seine pfiffige und doch exquisite Küche hat ihn bekannt gemacht.
Wir queren die Straße und fahren hinter der Kanalbrücke links, um auf die andere Seite des Wesel-Datteln-Kanals zu gelangen.
Der Treidelpfad ist gut ausgebaut. Nach etwa anderthalb Kilometern biegen wir zur Lippefähre rechts ab. Das zwischen Lippe und Kanal gelegene Bildungs- und Freizeitzentrum „Maria Lindenhof" mit dem Gymnasium, der VHS, der Stadtbibliothek, dem Stadtarchiv, dem Erlebnisbad „Atlantis", der Eissporthalle, dem Wohnmobilstellplatz und dem Yachthafen bleibt hinter uns. Mit der Kurbelfähre Baldur gelangen wir schnell an das nördliche Lippeufer. Früher bestand hier eine Fährverbindung für Bergleute. Die Fähre ist von April bis Ende

September in Betrieb, eine Alternativroute führt über die Lippedeiche.
Ganz in der Nähe unterhielten die Römer mehrere Marschlager auf ihrem Weg in das „freie" Germanien (Siedlung Kreskenhof). Nachdem wir die Baldurstraße überquert haben, fahren wir auf unserem Radweg am alten Hammbach entlang, über die Pliesterbecker Straße hinweg und ein kurzes Stück auf der stark befahrenen Borkener Straße (B 224). Linker Hand liegt der Blaue See, ein reizvolles Wasserreservoir, das wir im Süden umrunden.
Wir sind schon nahe beim Hervester Bruch. Das Naturschutzgebiet entwickelte sich aus einem um 1900 trockengelegten Lippearm, der als Weideland von Hervester Bauern genutzt wurde. Bergsenkungen haben über die Jahrzehnte zur Bildung neuer Feuchtgebiete und offener Wasserflächen geführt, verdrängte Tier- und Pflanzenarten konnten wieder heimisch werden. Seit 10 Jahren lassen sich hier Störche nieder, auch Heckrinder

Blick auf die Johanneskirche

– Nachfahren der ausgestorbenen Auerochsen – leben hier.

Wenn wir vom Blauen See aus links in die Bismarckstraße einbiegen, ihr bis zum Riedweg folgen und weiter auf der Gälkenheide fahren, die in den Wedenhof übergeht, müssen wir die Eisenbahnlinie queren und der Straße An der Wienbecke folgen, um die erste Beobachtungskanzel im Naturschutzgebiet zu erreichen.

Der Weg führt durch eine eindrucksvolle Naturlandschaft. Hinter der Brückenrampe schwenken wir rechts in die Alte Hervester Straße ein und dann nach kurzer Strecke in den Brauckweg. Den zweiten Beobachtungspunkt erreichen wir kurz hinter der Unterführung der Hervester Straße.

Wer jetzt eine kleine Pause machen möchte, sollte den Abstecher nach Dorf-Hervest nicht scheuen. Rund 1500 Meter südlich laden Biergärten der Gasthöfe Einhaus und Grütering ein. Sehenswert: Die älteste Kirche unserer Stadt, St. Paulus, die vor mehr als 850 Jahren auf einer kleinen Anhöhe im Grenzbereich der Lippeauen flutsicher erbaut wurde.

Wieder zurück auf der Hervester Straße, fahren wir weiter über den Brauckweg, den Böntenweg und biegen am Ende links in den Orthöver Weg ein, dem wir bis Wulfen folgen.

Der Stadtteil Wulfen gehört neben Rhade und Lembeck seit der kommunalen Neuordnung (1975) zu den „münsterländischen" Gebieten unserer Stadt und wird maßgeblich von der Landwirtschaft geprägt. Der Orthöver Weg führt zur Ortsmitte, wir queren die Dülmener Straße (B 58), fahren hinter der St.-Matthäus-Kirche mit ihrem über 800 Jahre alten Taufstein auf die Bahnlinie zu und biegen rechts in die Kippheide ein, Richtung Barkenberg. Die „Neue Stadt Wulfen" (Barkenberg) wurde zwischen 1965 und 1970 als städtebauliches Modellprojekt erbaut, in dem architektonische Visionen Wirklichkeit wurden und erlangte so internationale Anerkennung.

Vor der Brücke fahren wir zum Wulfener Markt. Dort folgen wir dem Napoleonsweg in nördlicher Richtung, lassen das Gemeinschaftshaus und den See linker Hand liegen und biegen an der evangelischen Kirche links ab. Der Weg führt zum

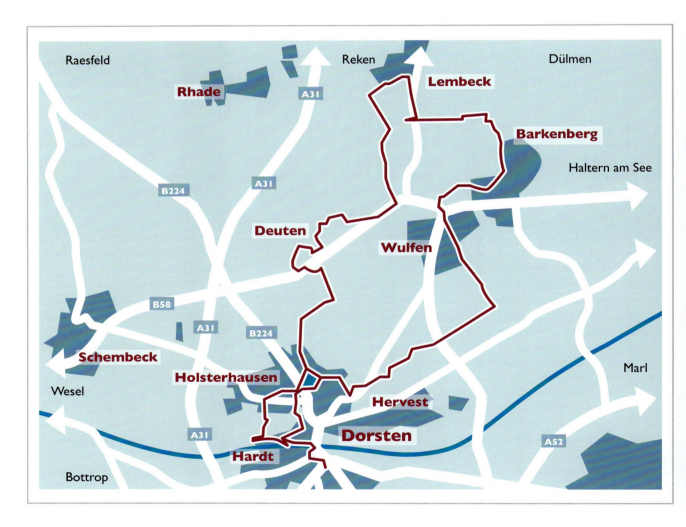

Zur Druckversion (1:25.000) www.naviki.org/kultouren

Feuerwachturm auf den Galgenberg, mit circa 120 Metern die höchste Erhebung im Stadtgebiet. In dem Gebiet der landschaftlich reizvollen Hohen Mark sind viele Wander- und Radwege angelegt.

Nach wenigen Metern über die Maiberger Allee kann man linker Hand auf dem Waldweg bis zum Midlicher Mühlenbach durch das hübsche Wiesental fahren.

Hinter der Bahnlinie Dorsten–Coesfeld radeln wir durch die Kippheide und über einen sandigen Heideweg auf Schloss Lembeck zu. Das Haus ist im Besitz der gräflichen Familie von Merveldt. Es zählt zu den schönsten Wasserschlössern im Münsterland und wurde zwischen 1670 und 1692 nach dem Vorbild französischer Barockschlösser umgebaut. Sehenswert sind der Schlaunsche Saal, die Ausstellung über das Alltagsleben im Schloss sowie das liebevoll präsentierte Museum des Heimatvereins Lembeck. Gästen bietet das Schlosshotel mit Restaurant ein besonderes Ambiente.

Für die nächste Etappe halten wir uns linker Hand Richtung Lembeck, biegen jedoch vorher links in die Straße Am Hagen ein. Am Wassertretbecken können wir kurz rasten, um dann über den Lasthauser Weg und den Kirchweg nach Deuten zu gelangen.

Die von Kirchenbaumeister Dominikus Böhm geplante Herz-Jesu-Kirche wurde als einzige Kirche im Bistum Münster während des Zweiten Weltkrieges vom damaligen Münsteraner Bischof Clemens August Graf von Galen geweiht. Diesen modernen Kirchbau hatte Bischof Clemens August einige Jahre nach der NS-Machtergreifung anlässlich einer Firmfeier mit folgender Bemerkung über die damals bestehende Notkirche initiiert: „Was, das soll eure Kirche sein? Das ist ja ein Stall, ein Holzstall, ein Koddenschöppken. Euer Vieh wohnt besser als der Herrgott! Eine neue Kirche müsst ihr bauen!" Und die Deutener ließen sich nicht lange bitten und bauten eine Kirche, die bis heute auch von vielen Auswärtigen für ihre Hochzeit genutzt wird.

Von der Kirche aus folgen wir einem typisch münsterländischen „Pättken" hinter dem Kirchplatz zur Soerheide, fahren rechts weiter, passieren den Rhader Mühlenbach und biegen links hinter dem Heimathaus Deuten zur Tüshaus-Mühle ein. Die 1615 erbaute Mühle war bis 1972 in Betrieb und ist als technisches Kulturdenkmal einzigartig. Eine Francis-Turbine im Mühlenwehr produzierte hier bereits um 1910 Strom. Über Geschichte und Bedeutung berichtet die Geschichtsstation vor der Mühle und eine detaillierte technische Beschreibung im Innern.

Weiter folgen wir dem Weg Zum Vorweck bis zur B 58, die wir überqueren, um danach auf dem Tüshausweg weiter bis zum Abzweig der Gaststätte „Zur Heide" auf den Söltener Landweg zu gelangen. Wir sind jetzt ganz nah am Blauen See. Mit seinem Biergarten unter alten Eichen und dem Blick auf den See lädt das Restaurant „Zum Blauen See" von Thomas Püttmann zum Verweilen und Genießen ein.

Mit Kurs auf den Ortsteil Holsterhausen queren wir die Borkener Straße, fahren geradeaus weiter und biegen dann links in die Juliusstraße ein bis zur Hohenkampbrücke. Hier liegen die Lippeauen mit guten Radtrassen. Am Ende der Brücke halten wir uns rechts und fahren vorbei an „Maria Lindenhof". Wieder nehmen wir die rechte Abzweigung und erreichen so die Brücke auf der Höhe der Hafenstraße. Hinter der Brücke fahren wir auf den Treidelpfad und weiter bis zur „Marina".

Dorsten ist eine „Stadt am Wasser" und deshalb beschließen wir unsere Tour auch im Café der „Marina" mit einer Partie Boule.

Von hier aus finden Sie den Weg zum Ausgangspunkt unserer Radtour am Busbahnhof leicht zurück.

Ich habe mich sehr gefreut, Ihnen einen kleinen Eindruck von unserer Stadt zu vermitteln. Leider konnte ich Ihnen nur einen kleinen Ausschnitt präsentieren.

Wer noch mehr über Dorsten und seine Geschichte erfahren will, findet beim Verein für Orts- und Heimatkunde Dorsten e.V. sowie bei den Heimatvereinen in unseren Stadtteilen Antworten.

Auf Wiedersehen in Dorsten!

▲ *Badevergnügen an der Lippefähre*

▲ *Marktplatz in Dorsten*

▲ *Schloss Lembeck*

▲ *Tüshaus-Mühle*

Sauerbraten vom Butt
mit getrockneten Sauerkirschen und Kohlrabi

Restaurant „Goldener Anker"
Der 1973 in Gelsenkirchen geborene Björn Freitag absolvierte seine Ausbildung im Schachener Hof in Lindau am Bodensee und kochte anschließend in Wiesbaden und Frankfurt am Main. Nach dem Tod des Vaters 1997 übernimmt Björn Freitag mit 23 Jahren dessen Restaurant „Goldener Anker" in Dorsten. Er verwandelt das eher ländliche, im Münsteraner Stil gebaute Landgasthaus in ein Sternerestaurant: Er krempelt die Speisekarte völlig um und wird dafür u.a. mit einem Michelin-Stern ausgezeichnet. Seit 2004 kocht er in der Livesendung „daheim + unterwegs", seit 2009 für die „Servicezeit" und 2010 folgte die eigene Sendung „Der Vorkoster" im WDR. Neben seinen Aktivitäten im Fernsehen ist Björn Freitag außerdem Koch des Fußballklubs FC Schalke 04.

1. Für das Gemüse die Kartoffeln gründlich waschen und mit der Schale in kochendem Salzwasser 15 bis 20 Minuten weich garen.

2. Inzwischen die Kohlrabi putzen, schälen und erst in Scheiben, dann in kleine Rauten schneiden. Die Sahne in einen Topf geben, mit Salz und Muskatnuss würzen und aufkochen. Die Kohlrabi dazugeben und etwa 7 Minuten köcheln lassen.

3. Für die Sauce den Fond, den Essig und die Sahne in einem Topf mit den Gewürznelken aufkochen und kurz ziehen lassen. Die Gewürznelken wieder entfernen und die Sauce mit Salz und Pfeffer abschmecken.

4. Den Portwein mit den Sauerkirschen oder Rosinen in einem kleinen Topf aufkochen, vom Herd nehmen und ziehen lassen.

5. Die Kartoffeln abgießen, kurz ausdampfen lassen und pellen. Die Butter in einer Pfanne erhitzen und die Kartoffeln darin schwenken.

6. Für den Butt die Fischfilets waschen und trocken tupfen. Das Öl in einer Pfanne erhitzen und die Filets darin auf einer Seite kross braten, wenden und auf der anderen Seite kurz ziehen lassen. Mit Salz und Pfeffer würzen.

7. Die Sauce mit dem Stabmixer aufschäumen. Die Fischfilets mit den Kohlrabi, den Kartoffeln, der Sauce und den Sauerkirschen auf vorgewärmten Tellern anrichten und servieren.

Björns Tipp: Wenn man Fisch in Essig sauer einlegt, wird er zäh und ungenießbar. Ich möchte bei diesem Gericht nur die Sauerbratenaromen in der Sauce haben, deshalb wird sie schön säuerlich und mit vielen Gewürznelken zubereitet.

Zutaten für 4 Personen

Für das Gemüse:
12 kleine violette Trüffelkartoffeln
Salz, 2 Kohlrabi
150 g Sahne
frisch geriebene Muskatnuss
2 EL Butter

Für die Sauce:
100 ml Fischfond (aus dem Glas oder siehe S. 59)
1 EL Weißweinessig, 100 g Sahne
4 Gewürznelken
Salz, Pfeffer aus der Mühle

Für den Butt:
600 g Buttfilet (z. B. Stein-, Heil oder Glattbutt; ohne Haut)
2 EL Öl
Salz, Pfeffer aus der Mühle

Außerdem:
5 cl roter Portwein
4 EL getrocknete Sauerkirschen oder Rosinen

Tatar vom Matjesfilet

Restaurant „Zum blauen See"
Nach seiner Ausbildung zum Koch im Café Maus in Dorsten sammelte Thomas Püttmann berufliche Erfahrungen in Hamburg und auch in Frankreich. Doch es zog ihn wieder nach Dorsten zurück, wo er sich im Januar 1996 mit seinem Restaurant „Zum blauen See" selbstständig machte. Seither weiß man nicht nur in Dorsten seine Kochkunst zu schätzen.
Eines seiner Rezepte stellt Thomas Püttmann Ihnen hier vor:

1. Den Dill von den Stängeln zupfen und mit dem Messer sehr fein hacken.

2. Die Matjesfilets, die Zwiebel und die Gurke fein würfeln und mit dem gehackten Dill und dem Walnussöl vermischen. Danach mit Pfeffer aus der Mühle würzen.

3. Nun die Tatarmasse im Kühlschrank 10–15 Minuten durchziehen lassen. Dann die Masse in eine runde Form geben und anschließend auf einen Teller stürzen.

4. Mit Blattpetersilie und Salat ausgarnieren. Mit Schwarzbrottalern und Butterkugeln servieren.
Das Gericht eignet sich ausgezeichnet als Vorspeise.

Zutaten für 4 Personen
8 Matjesfilets
1 Bund Dill
1 rote Zwiebel
1 kleine Gewürzgurke
2 EL Walnussöl
Pfeffer aus der Mühle

Zum Garnieren:
Blattpetersilie
Salat

Schwarzbrottaler
Butterkugeln

Tour

Länge: 22,15 km
Dauer: ca. 1:30 Std.
Verbrannte Kalorien: 328,05 Kcal

Stevertal – Wasser erleben

Die Rundroute 117 mit Peter Amadeus Schneider, Bürgermeister von Nottuln

Peter Amadeus Schneider, Jahrgang 1956, studierte Schulmusik, Chorleitung und Oboe an der Folkwang-Hochschule in Essen. Anschließend leitete er die Musikschule in Leinfelden-Echterdingen. Nach dem Wechsel zum Nordkolleg Rendsburg und seiner dortigen Tätigkeit als Geschäftsführer und Direktor wurde er im Oktober 2004 Bürgermeister der Gemeinde Nottuln.

Rundroute 117 – ein eigentlich nüchterner Name für eine der schönsten Radrouten in den Baumbergen, wenn nicht sogar im gesamten Münsterland.

Diese Radroute ist mit ihren rund 22,4 Kilometern und nur etwa 57 Höhenmetern eine meiner Lieblingsrouten. Ich kann sie Radfahrern, die das Münsterland und die Baumberge erleben wollen, ganz besonders empfehlen. Nach zwei Stunden Fahrtzeit kommt man automatisch wieder zum Ausgangspunkt, vorausgesetzt, man widersteht den zahlreichen Verführungen, einen erholsamen, informativen und beeindruckenden Zwischenstopp einzulegen. Ausgeschildert ist die Rundroute im Radverkehrsnetz NRW mit der Routenbezeichnung 117 – zugegeben, etwas nüchtern, aber so baut sich nun mal das Radwegenetz im Münsterland auf. Alle Pfeilwegweiser an den wichtigen Abbiegungen sind mit dieser Ziffer gekennzeichnet. Auf den vielen Zwischenwegweisern zeigt der rote Pfeil auf weißem Grund, dass man noch auf der richtigen Spur ist.

Auswärtige parken das Auto am besten auf dem Parkplatz Buckenkamp (unbegrenzte, kostenfreie Parkzeit) und radeln dann einfach in Richtung Kirche. Es ist auch möglich, am Bahnhof im Nottulner Ortsteil Appelhülsen zu beginnen. Ich starte meine Lieblingstour immer auf dem Stiftsplatz in Nottuln.

Dieses einzigartige Ensemble von barocken Kuriengebäuden mitten im historischen Ortskern stammt von dem berühmten Architekten Johann Conrad Schlaun. Nach dem „Großen Brand" von 1748 hat Schlaun hier städtebaulich beeindruckende Spuren hinterlassen. Nehmen Sie sich vor allem kurz Zeit, einen Blick in die Pfarrkirche St. Martinus aus dem Jahr 1489 zu werfen. Die imposante Kirche aus Baumberger Sandstein zählt zu den schönsten Hallenkirchen in Westfalen und wurde in den vergangenen Jahren liebevoll komplett restauriert.

Doch nun geht´s los: Wir fahren von der St.-Martinus-Kirche in Nottuln in nördlicher Richtung und biegen dann rechts ab auf die Heriburgstraße. Auf der rechten Seite sehen wir den ältesten Profanbau Nottulns, einen Sandsteinspeicher aus der Zeit des Kirchenbaus im 15. Jahrhundert. Bei der nächsten Gelegenheit fahren wir links in den Buckenkamp. Diese Straße führt uns am Krankenhaus vorbei und aus Nottuln hinaus. Wir befinden uns jetzt auf der Route 117 und folgen dieser während der gesamten Fahrt. Nach einer kleinen Steigung fahren wir in die Bauerschaft Uphofen. Unser Weg ist gesäumt von einer Allee mit knorrigen Obstbäumen, die bis in das am Südhang der Baumberge liegende Stevertal hineinreicht. Im Tal angekommen, sehen wir auf der linken Seite hinter Hofanlagen die Stever entspringen. Aus Naturschutzgründen ist hier keine Besichtigung möglich, aber die Stever hat ja nicht nur eine Quelle, sondern wird von vielen Quellen im Tal gespeist. Schon nach kurzer Zeit erreichen wir weitere Steverquellen. Hier befindet sich eine große Infotafel zu den Quellen in den Baumbergen. Wir lassen kurz unser Rad stehen und gehen die Pfade hinunter ins Tal, denn wir müssen unbedingt zu den Quellen hinabsteigen. Hier können wir mit eigenen Augen beobachten, wie das Wasser in vielen Quelltöpfen aus dem Boden sprudelt – ein tolles Erlebnis!

Auf der bereits erwähnten Infotafel wird auch die Geschichte des Stevertals in ihren Anfängen geschildert. Schon in der Jungsteinzeit, genauer gesagt, in der Rössner und Michelsberger Kultur vor rund 6 800 Jahren, siedelten hier die ersten Menschen. Sie lebten von den Feldfrüchten der sehr fruchtbaren Böden im Stevertal.

St.-Martinus-Kirche in Nottuln

Weiter geht's nun parallel zur Stever durch das malerische Tal.

Die Route führt uns nach einigen hundert Metern zu einer größeren Straße. Wer hier links abbiegt und unsere Route verlässt, erreicht nach 500 Metern das Hotel Steverburg, eine ehemalige Jugendherberge, dessen schlossähnlicher Sandsteinbau an eine Burg erinnert – ein idealer Abstecher, um dort einzukehren.

Für alle anderen, die noch keine Pause einlegen wollen, geht's rechts nur ein ganz kurzes Stück über die Landstraße, um dann sofort wieder links über malerische Nebenstrecken ins Stevertal zu fahren. Die Stever begleitet uns auf der weiteren Tour. Hier lädt das Gasthaus Stevertal, unter anderem für Forellenspezialitäten aus eigener Zucht bekannt, zu einer Pause ein. Nahezu unbemerkt haben wir auf der kurzen Strecke schon zwei historische Mühlen passiert, an der Dritten, der Mühle Schulze Westerrath, machen wir einen kurzen Zwischenstopp. Auch an dieser Stelle finden wir eine Infotafel mit viel Wissenswertem zur Natur- und Kulturlandschaft des Stevertals. Die Mühle ist gerade frisch renoviert worden und kann auch besichtigt werden. Ursprünglich war das massive Mühlengebäude gar keine Mühle – genau genommen handelt es sich hier um einen der letzten mittelalterlichen Wohntürme im Münsterland.

Direkt auf der anderen Seite der Straße sehen wir den Speicher Schulze Tilling, ein wunderschönes Gebäude aus Baumberger Sandstein. Der Sandstein ist im Stevertal allgegenwärtig. Unsere Rundroute 117 führt uns auch teilweise über die Baumberger Sandsteinroute, den ältesten und bekanntesten Themenradweg in den Baumbergen. Auf den Höhen der Baumberge wird seit rund 1000 Jahren der goldgelbe Sandstein abgebaut, ein begehrtes Material für Gebäude und vor allem ein sehr beliebter Rohstoff für Steinmetze. Künstler schätzen besonders den weichen Kalksandstein, den man „wie Butter" schneiden kann.

Nach wenigen Kilometern, vorbei an wunderschönen, malerisch in die sanft hügelige Landschaft eingebetteten Bauernhöfen, erreichen wir den Hof Schulze Hauling-Schenking, eine mehrteilige Hofanlage mit einem imposanten Speicher aus dem

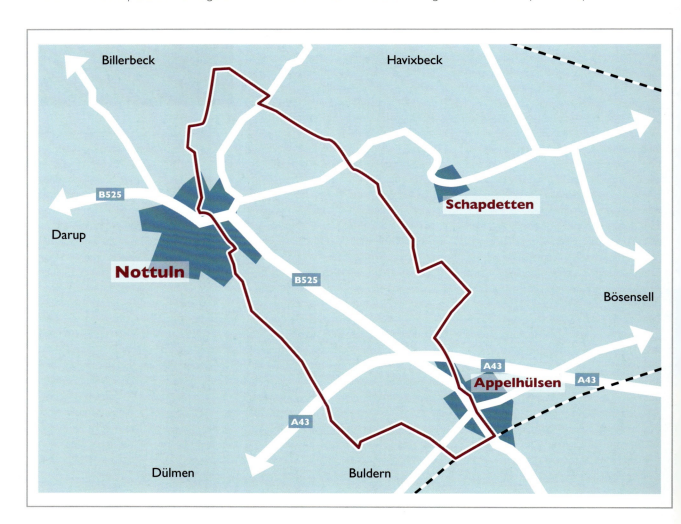

Zur Druckversion (1:25.000) www.naviki.org/kultouren

15. Jahrhundert. Weiter geht's, größtenteils parallel zur Stever, in Richtung Appelhülsen. In Appelhülsen angekommen, stehen die Pfarrkirche St. Mariä Himmelfahrt und das Bürgerzentrum Frenkings Hof auf dem Besichtigungsprogramm. Zudem haben wir die Möglichkeit, in Klingel's Esszimmer eine Pause zu machen. Vorbei am Bahnhof Appelhülsen, führt uns unser weiterer Weg durch die Bauerschaft Buxtrup zurück in Richtung Nottuln. Von Appelhülsen sind es nur noch rund acht Kilometer, die es zu bewältigen gilt. Die Route 117 führt uns sicher durch die typische münsterländische Parklandschaft nach Nottuln, dem Ausgangspunkt unserer Tour, zurück.

Natürlich gibt es auch in Nottuln zahlreiche Sehenswürdigkeit: Die Blaudruckerei Kentrup zeigt historisches Kunsthandwerk mit großer Tradition in Nottuln, auch die Alte Amtmannei, ursprünglich ein Schlaun-Bau, die Pfarrkirche St. Martinus und die Stiftskurien sind einen Besuch wert. Im historischen Ortskern finden wir die nötigen Cafés und Restaurants, um unsere Tour gemütlich ausklingen zu lassen. Der Stiftsplatz ist an jedem Donnerstagnachmittag auch Marktplatz. Es gibt frisches Fleisch, Fisch, Obst, Gemüse und als Besonderheit holländische Drops.

Ich würde mich freuen, wenn Ihnen diese Tour durch meine Heimat gefallen hat. An der Tourist-Information Nottuln erhalten Sie auch den entsprechenden Tourentipp als Flyer und, wenn Sie möchten, 12 weitere Rundroutentipps für Tagesausflüge. Im umfangreichen Online-Angebot können Sie sich auch die GPS-Daten für das Fahrradnavigationssystem herunterladen, wenn Sie die modernste Technik auch auf dem Rad nutzen wollen. Aber die Route 117 ist so gut ausgeschildert, dass Sie sich mit dem kleinen Flyer in der Hand gar nicht verfahren können. Übrigens: Wer mit einem E-Bike oder Pedelec unterwegs ist, hat die Möglichkeit, den Akku in nahezu allen Gastronomiebetrieben entlang der Strecke aufzuladen – und das kostenlos! Ich hoffe, die Baumberger Sandsteinroute hat Sie inspiriert, ein paar Tage mehr in den Baumbergen zu verbringen. Auf den rund 160 Kilometern dieser Route lassen sich die schönsten Seiten des gesamten Feriengebietes Baumberge erradeln –, aber zwei bis drei Tage sollten Sie dafür schon einplanen.

◀ *Recksche Kurie in Nottuln*

◀ *Brunnen auf dem Marktplatz, mit der Pfarrkirche St. Martinus*

▲ *Rad-Touristen vor dem Rathaus*

◀ *Blick auf die alte Jugendherberge, heute Herberge für das Hotel und Restaurant „Steverburg"*

▼ *Ausflügler rund um Nottuln*

▼ *Baumberger Sandsteinbruch bei Nottuln*

Eissoufflee Grand Marnier

Restaurant „Die Steverburg"
Die Steverburg bei Nottuln am Fuße der Baumberge ist die Wirkungsstätte von Chefkoch Wolfgang Niehoff, der berufliche Auslandserfahrungen im Hotel Churchill in London sammelte. In seinen Gerichten kombiniert er die traditionell westfälische mit der internationalen Küche. Hier stellt Ihnen Wolfgang Niehoff eines seiner Rezepte vor:

1. Eigelb, Zucker und Grand Marnier zur Rose im heißen Wasserbad stark schaumig schlagen. Dann die Masse im Eisbad kalt schlagen.
„Zur Rose abziehen" bedeutet, die Mischung bis knapp unter den Siedepunkt zu erwärmen – nicht kochen! Die Probe schaut dann so aus: Mit dem Kochlöffel etwas von der Mischung herausnehmen und daraufblasen – wenn die Mischung dann wie eine Rose aussieht, war alles richtig.

2. Den Eischnee und die geschlagene Sahne unter die erkaltete Masse heben.
In einen dichten Tortenring oder in eine beliebige Form geben und sofort bei –18 °C einfrieren.

3. Nach einem Tag aus der Form stürzen und auf einem Teller mit saisonalem Obst anrichten.

Zutaten
100 g Zucker
3 Eigelb
3 Eiweiß (steif geschlagen)
0,25 l Sahne (steif geschlagen)
4 cl Grand Marnier Likör

Tour

Länge: 37,4 km
Fahrzeit: 2:29 Std.
Verbrannte Kalorien: 553,92 Kcal

Mehr über das Sehenswerte in Coesfeld erfahren Sie im Video

"An einem Kuhfeld gelegen"
Lieblingsfahrradtour von Heinz Öhmann, Bürgermeister der Stadt Coesfeld

Heinz Öhmann wurde 1956 in Wettringen geboren. Das Studium der Volkswirtschaft an der Westfälischen Wilhelms-Universität in Münster hat er als Diplom-Volkswirt abgeschlossen. Nach seinem Studium arbeitete er als Assistent am Institut für Finanzwissenschaft an der Uni Münster, später war er als Sozialreferent beim Westfälisch-Lippischen Landwirtschaftsverband beschäftigt. In Lingen (Ems) machte Heinz Öhmann dann Erfahrungen als Kämmerer. Der Rat der Stadt Hemer im märkischen Sauerland wählte ihn 1995 zum Bürgermeister, einem der ersten hauptamtlichen Bürgermeister Nordrhein-Westfalens. 1999, nach der Einführung der Direktwahl in NRW, bestätigten ihn die Bürger Hemers mit deutlicher Mehrheit. Seit 2003 ist er Bürgermeister der Kreisstadt Coesfeld. Heinz Öhmann ist seit 1981 mit Ehefrau Friederike verheiratet und hat vier Kinder.

Coesfeld ist in den zurückliegenden zehn Jahren zu meinem Lebensmittelpunkt, ja, meiner Heimat geworden. Als leidenschaftlicher Radfahrer und Läufer schätze ich die grüne Landschaft mit ihren sanften Hügeln, Bildstöcken und Bauernhöfen. Jeder, der in Coesfelds Umgebung mit dem Rad unterwegs ist, entdeckt immer wieder etwas Neues und Interessantes. Diese Tour habe ich so zusammengestellt, dass Sie Coesfelds schönste Seiten kennen lernen. Ich würde mich freuen, wenn viele Leser meinem Tour-Vorschlag folgen. Die exakte Route finden Sie auf der DVD!
Wir starten an meinem Arbeitsplatz, dem Rathaus. Gut behütet von zwei Kirchen, der katholischen St.-Lamberti-Kirche und der evangelischen Marktkirche, steht das nach dem Zweiten Weltkrieg errichtete Gebäude. Das im Krieg zerstörte Rathaus hat an der Nordseite des Marktplatzes gestanden, wo sich jetzt die Eisdiele befindet. Unser Wappentier, der Ochse, ist am Halsgiebel des Rathauses in Sandstein gemeißelt. Es erinnert an die Ursprünge unseres Stadtnamens „An einem Kuhfeld gelegen". Warum es dann doch ein Ochse geworden ist? Die Antwort verliert sich im Dunkel der Geschichte. Die Mitarbeiterinnen und Mitarbeiter im Rathausfoyer (Bürgerbüro) versorgen Sie gerne mit weiterem Infomaterial, Radrouten und Souvenirs zu Coesfeld.

Es lohnt sich auf dem Marktplatz einen Rundgang zu machen. Eisdiele und Café laden zum Verweilen ein. Dazu kann man das Marktkreuz anschauen. Es ersetzt das 1427 errichtete steinerne Kreuz, das im Krieg zerstört worden ist. Natürlich verkörpert die Nachbildung auch die Stadtrechte, die Coesfeld seit 1197 besitzt. Wir Coesfelder halten Traditionen in Ehren: Noch heute schwören die neu gewählten Mitglieder des Stadtrates hier ihren Amtseid „Suche der Stadt Bestes". Im Kontrast dazu steht das 1990 errichtete Kunstwerk „Konferenz der Elemente" von Jürgen Goertz. Seine Formensprache mahnt uns, die Schöpfung zu respektieren – eine Aussage, die unverändert aktuell ist. Die St.-Lamberti-Kirche ist häufiges Ziel von Wallfahrern, die das Coesfelder Kreuz verehren. Sie sollten es nicht verpassen, die gotische Hallenkirche und das größte Gabelkreuz Deutschlands zu besichtigen.

▲ *Bürgermeister Heinz Öhmann nutzt als begeisterter Rad- und Bahnfahrer gerne die abschließbaren Fahrradabstellplätze, die 2011 und 2013 am barrierefrei sanierten Bahnhof Coesfeld sowie am Haltepunkt Schulzentrum angelegt worden sind. Der erst 2011 neu geschaffene Bahnhaltepunkt wird von der RB 63 Baumberge-Bahn angefahren und liegt in einem Entwicklungsschwerpunkt der Stadt. Schulen, Konzert Theater, Kino, Bürgerhalle und CoeBAD liegen in unmittelbarer Nachbarschaft. Auch der Einstieg in die attraktive RadBahn Münsterland (Bahnradweg Coesfeld-Rheine) ist hier zu finden. (s. Foto)*

◀ *Der Marktplatz in Coesfeld*

▲ *Radweg über den Coesfelder Berg*

Wir radeln nun durch Coesfelds grüne Promenade. Hier gilt Vorfahrt für Radler, Spaziergänger und Inlineskater. Im Mittelalter stand im Bereich der heutigen Promenade die Stadtmauer. Im Promenadenabschnitt Schützenring findet jedes Jahr die Coesfelder Pfingstwoche, das Open-Air-Festival statt. Eine Augenweide ist das dort zu findende Historische Kreishaus, es beherbergt heute einen Teil der Kreisverwaltung. Wer mag, rastet hier an der Berkelumflut in Sichtweite des Pulverturms. Der Turm aus dem 15. Jahrhundert ist neben dem Walkenbrückentor das einzig verbliebene Relikt der ehemaligen Stadtmauer. In den letzten Jahren hat der Heimatverein den Turm zu einer Adresse für Sagenabende, Historienspiele und die plattdeutsche Mundart gemacht.

Danach fahren wir durch Coesfelds Wohngebiete Wahrkamp und Wildbahn über den Coesfelder Berg bis zur Benediktinerabtei Gerleve. Seit mehr als hundert Jahren leben Benediktiner im westlichen Münsterland. Nehmen Sie sich Zeit für die Besichtigung der neuromanischen Kirche! Wie viele Coesfelder besuche ich gerne die Gottesdienste, um die Gesänge des Gregorianischen Chorals zu hören und Gottes Nähe zu suchen. Der benachbarte Spielplatz und die Klostergaststätte laden zur Rast ein.

Danach geht es durch die malerische Landschaft bis nach Lette. Coesfelds kleine Schwester mit Dorfcharakter hat viel zu bieten! Sie sollten unbedingt den Bahnhof mit dem Eisenbahnmuseum und die St.-Johannes-Kirche besichtigen. Und in einem typisch westfälischen Bauernhaus wartet eines der modernsten Glasmuseen Deutschlands auf Sie. Im Alten Hof Herding wie im Glasdepot lassen sich famose Schätze der Glaskunst entdecken. Zu Kaffee und Kuchen lädt dann das gegenüberliegende Bauernhofcafé Höltings Hof je nach Wetter in die „Upkammer", vor den Kamin oder in den gepflegten Garten ein. Dann radeln wir an der wunderschönen Kappenwindmühle, dem Letter Wahrzeichen, vorbei zur Freilichtbühne in Flamschen. Seit 1951 eröffnet die Freilichtbühne Coesfeld jedes Jahr ein mitreißendes Programm vom Kindertheater bis zum Musical. Ich bin jedes Mal von neuem begeistert, was die ehrenamtlichen Darsteller

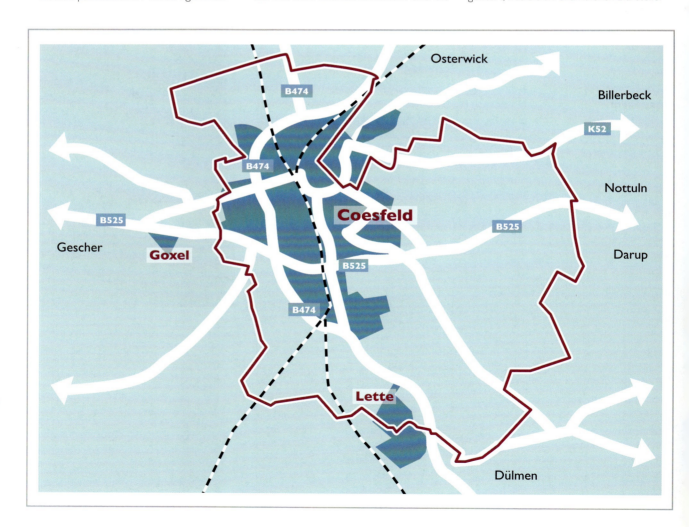

Zur Druckversion (1:25.000) www.naviki.org/kultouren

Marktplatz in Coesfeld

Rathaus und St.-Lamberti-Kirche

und Bühnenmitglieder zusammen mit professionellen Regisseuren und Maskenbildnern kreieren. Kurz vor der Kernstadt Coesfeld kommen wir am Geburtshaus der Anna Katharina Emmerick vorbei. Die Mystikerin des Münsterlandes hat hier im Jahr 1774 das Licht der Welt erblickt. Unvergessen ist vielen Coesfeldern – wie auch mir persönlich – die Seligsprechung in einer großen Zeremonie am 3. Oktober 2004 durch Papst Johannes Paul II. auf dem Petersplatz in Rom. Wer zuvor eine Führung für das Geburtshaus vereinbart (s. Tipps), erfährt Details aus dem faszinierenden Leben der Emmerick.

Weiter geht es am 2001 gebauten Pferdesportzentrum vorbei durch die Heidelandschaft zum Coesfelder Kreuzweg. Coesfeld ist eine der ältesten Kreuzwallfahrtsorte der Diözese Münster! Seit 1312 ist die Kreuztracht belegt, sie hat also viele Jahrhunderte überdauert! Bei der Großen Kreuztracht ehren wir das Gabelkreuz mit einer Prozession. 1658 hat Christoph Bernhard von Galen den heute aktuellen Großen Kreuzweg geschaffen, indem er das Konzept entwarf und die Kapellen und einzelnen Stationen teilweise auf eigene Rechnung bauen ließ. Das war innovativ, und wir gehen bis heute diesen Weg – wenn auch nicht mehr am Pfingstdienstag, sondern am Sonntag nach dem 14. September, dem Fest „Kreuzerhöhung".

Von der Großen Kapelle fahren wir entlang der Felder bis zur Kulturallee Osterwicker Straße. Links liegt dort das neue Wohngebiet „Wohnen am Kulturquartier". Es folgt das architektonisch eindrucksvolle Konzert Theater Coesfeld. Den Theaterplatz zwischen dem Zentrum „Wissen Bildung Kultur" und dem Theater empfehle ich Ihnen für eine weitere Rast. Auf der Terrasse des Casino WBK kann unsere Tour mit Blick auf die Wasserspiele und das 623 Personen fassende, 2007 eröffnete Theatergebäude stilvoll ausklingen.

Kirmes in Coesfeld

Filet Wellington
mit „Italian Twist"

Restaurant „Casino"

Wer David Siegel kennt, weiß, dass er leidenschaftlich gern kocht, er weiß aber auch von seiner zweiten Leidenschaft, dem Skateboardfahren. Wenn man nun eins und eins zusammenzählt, könnte man darauf kommen, dass sein hier vorgestelltes Rezept, Filet Wellington mit Italian Twist, etwas mit seiner sportlichen Leidenschaft zu tun hat – aber weit gefehlt! Ein Twist ist in der Küchensprache der Begriff für das Aromatisieren von Speisen und Getränken. Die getrockneten Tomaten und der Parmaschinken verleihen hier dem Filet Wellington die typisch italienische Note. Bevor David Siegel 2009 das Casino in Coesfeld übernahm, hatte er ausreichend Zeit, im Skaters Palace und im Heaven in Münster seine Kochkunst zu verfeinern.

1. Den Blätterteig auftauen lassen – für das Gericht benötigt man 4 gleich große Stücke. Das Rinderfilet in 4 gleichmäßige Steaks schneiden und von allen Seiten gut anbraten, auf Küchenpapier setzen und mit dem Mustard gleichmäßig einpinseln.

2. Die Schalotten würfeln und in dem Butterschmalz glasig anschwitzen. Die Champignons waschen und in einem Mixer zerkleinern. Diese Masse zusammen mit der Sahne zu den Schalotten geben und mit Fleur de Sel und Pfeffer würzen. Das Ganze so lange zusammen braten, bis das Wasser verdampft ist.

3. Den Blätterteig auslegen und die Ränder mit Eigelb bestreichen. Nun den Parmaschinken darauf ausbreiten, die Champignonmasse gleichmäßig darauf verteilen und die Steaks auflegen.

4. Das Ganze nun zu einem Päckchen falten und mit Eigelb bestreichen. Mit dem restlichen Teig ausgarnieren, etwas Fleur de Sel darüber streuen und bei ca. 220 Grad für etwa 30 Minuten im Ofen backen. Zum Bestimmen der Temperatur kann man ein Fleischthermometer nutzen. Das Päckchen bei 45 Grad Kerntemperatur aus dem Ofen nehmen und noch eine Zeit lang ruhen lassen.

5. Den Bresaola und die getrockneten Tomaten mit der Petersilie garnieren und auf einem Teller anrichten. Das Steak mit einem Esslöffel Bratenjus dazugeben und das Ganze nach Belieben mit Trüffeln verfeinern.

Zutaten für 4 Personen

400 g TK-Blätterteig
1 kg Rinderfilet
2 EL English Mustard
3 Schalotten
300 g Champignons
3 EL Sahne
5 EL Butterschmalz
Fleur de Sel
Pfeffer
2 Eigelb
4 große Scheiben Parmaschinken
12 schöne Scheiben Bresaola
200 g halbgetrocknete Tomaten
2 EL gehackte Petersilie
200 ml Bratenjus
Nach Belieben: Trüffeln

Tour
Länge: 56,47 km
Dauer: 3:45 Std.
Verbrannte Kalorien: 836,4 Kcal

Mit dem Rad zu Burgen und Schlössern

Radtour von Konrad Püning, Landrat des Kreises Coesfeld

Konrad Püning, *Jahrgang 1947, ist verheiratet und hat zwei erwachsene Kinder. Seit 2004 ist er Landrat des Kreises Coesfeld. Zuvor war er Abteilungsleiter beim Landschaftsverband Westfalen-Lippe und 20 Jahre lang Mitglied des Coesfelder Kreistages. Als Landrat hat er stets ein offenes Ohr für die Belange der Bevölkerung. „Seinen" Kreis Coesfeld kennt er nicht nur von vielen dienstlichen Begegnungen, sondern auch durch zahlreiche Radtouren – eine davon stellt er hier vor.*

Der Ausgangspunkt unserer Tour durch den südlichen Kreis Coesfeld markiert mit fast 100 Metern zugleich die höchste Stelle dieser Strecke. Von meinem Zuhause in Seppenrade hat man deshalb einen wunderbaren Ausblick. Meine Heimatstadt Lüdinghausen liegt mitten im Grünen; der Wechsel von Waldstücken, Alleen, Hängen, Weiden und Feldern sorgt für ein eindrucksvolles Panorama – insbesondere bei Sonnenschein. Man muss kein Lokalpatriot sein, um das zu genießen. Nicht nur Einheimische schätzen das Münsterland, sondern auch viele Touristen und Ausflügler.

Wer jetzt meint, von Seppenrade bis zum Ende der Tour gehe es nur abwärts, liegt falsch. Die gut 50 Kilometer lange Strecke hält auch einige kleinere Herausforderungen in Form von Steigungen parat; es wird etwas hügelig, aber nicht wirklich anspruchsvoll. Wir wollen auch gar keine Rekorde aufstellen, sondern unser Umland buchstäblich erfahren. Der Hektik und permanenten Beschleunigung des Alltags setzen wir den Genuss der münsterländischen Parklandschaft und ihrer vielfältigen Angebote entgegen. Auch wenn meine Frau Angelika und ich diese Strecke schon oft gefahren sind, gibt es immer wieder Neues zu entdecken.

Erste, fast schon traditionelle Station ist ein Besuch der Burg Lüdinghausen und der Burg Vischering. Als benachbarte Kulturzentren von Stadt und Kreis zeigen die beiden Wasserburgen das Münsterland von seiner schönsten Seite. Das historische Burgenensemble und sein reizvoller Landschaftsraum werden im Rahmen der „Regionale 2016" gezielt weiterentwickelt. Es soll zudem ein Kompetenzzentrum für Schlösser und Burgen entstehen. Schon heute kann man hier ganz unterschiedliche Kulturveranstaltungen erleben – mit hochkarätigen Jazz- und Klassikkonzerten, aber auch mit interessanten Ausstellungen. Mit etwas Glück ist an unserem Ausflugstag der alte Backofen in der Vorburg der Burg Vischering in Betrieb. Gestärkt geht es dann weiter in Richtung Nordkirchen. Für unsere Fahrt wählen wir natürlich die „Pättkes" abseits der Hauptstraßen. Dabei können wir uns immer auf die hervorragende Wegweisung verlassen.

Wir steuern den Ortskern von Nordkirchen an, der seit der Umgestaltung der Schloßstraße für Fahrradfahrer deutlich angenehmer zu durchfahren ist. Schon von weitem sieht man den typischen Barockturm der Kirche St. Mauritius, die der westfälische Baumeister Johann Conrad Schlaun gestaltet hat. Weiter geht es durch einen kleinen Wald in Richtung Süden, bis sich ein besonderes Panorama erschließt: Die Barockanlage des Wasserschlosses Nordkirchen ist immer wieder imposant. Nicht umsonst wird das Schloss oft als „Westfälisches Versailles" bezeichnet. Vor der historischen Kulisse finden im Sommer große Open-

◀ Schloss Nordkirchen

▲ Landrat Püning mit seiner Ehefrau Angelika

▲ Kanadagans mit Jungen am See

Air-Konzerte statt, aber auch Brautpaare schätzen die besondere Atmosphäre des Schlosses. Vor einigen Jahren wurde auch der wunderbare Barockgarten auf der Venusinsel rekonstruiert. Den großen Festsaal der Oranienburg nutzen wir regelmäßig als Veranstaltungsort für die beliebten Schlosskonzerte.

Wir fahren um das Schloss herum und genießen einen letzten Blick auf den Innenhof der Anlage: Das Schloss Nordkirchen ist tatsächlich so schön, wie es in einem TV-Spot in der ARD-Sportschau beim „Tor des Monats" zu sehen ist – nur die Delphine sucht man vergebens. Danach geht es landschaftlich sehr reizvoll und abwechslungsreich über Capelle zum Schloss Westerwinkel. Dies ist ebenfalls ein barockes Wasserschloss, das im Ascheberger Ortsteil Herbern liegt, zum Teil noch bewohnt wird und von einem schönen Englischen Garten umgeben ist. Dazu passt auch die Sportart, die dort betrieben wird: Ein Golfplatz ist in die Parklandschaft eingebettet. Etwa am Schloss Westerwinkel ist mit 90 Metern der nach Seppenrade höchste Punkt im Streckenverlauf erreicht.

Sie merken es: Unsere Tour orientiert sich zum Teil an der 100-Schlösser-Route im Münsterland. Kaum eine andere Region weist so eine hohe Dichte an Wasserburgen, -schlössern und Gräftenhöfen auf. Nicht zuletzt deshalb fällt es mir schwer, DIE schönste Route zu benennen. Der gesamte Kreis Coesfeld mit seinen elf Städten und Gemeinden ist ein wahres Paradies für Radfahrer.

Aber auch die unmittelbare Nachbarschaft ist schön: Von Herbern aus unternehmen wir einen kleinen Abstecher in den Nachbarkreis Warendorf, weiter geht es nach Ascheberg mit seinem historischen Ortskern, dessen Mittelpunkt die Lambertus-Kirche bildet. Schließlich erreichen wir unseren Zielpunkt Davensberg. Dort lohnt der Burgturm – einst Wehrturm und heute Heimatmuseum – einen Besuch. Davensberg ist das „Tor zur Davert". Das Natura-

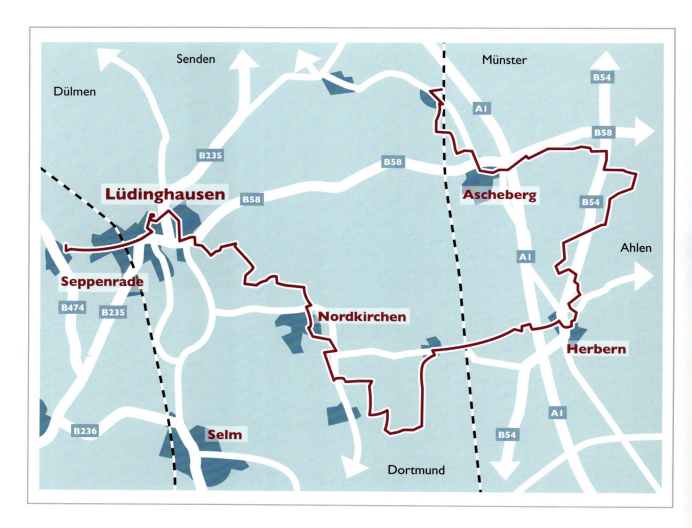

Zur Druckversion (1:25.000) www.naviki.org/kultouren

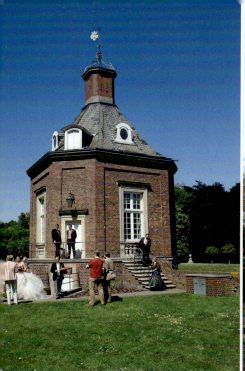

2000-Gebiet Davert ist eines der größten zusammenhängenden Waldgebiete in der westfälischen Bucht. Hier kann ich nur auf die zahlreichen Angebote für Wander- oder Radtouren hinweisen, mit denen man die Davert erkunden kann.

So eine Tour durch unseren Kreis ist natürlich unser Privatvergnügen, aber ich bin auch als Politiker und Leiter der Kreisverwaltung unterwegs. Dabei wird mir eines immer deutlich: Wir müssen behutsam mit der Landschaft umgehen und ihr typisches Bild bewusst bewahren. Ich freue mich beim Fahren über jeden naturbelassenen Rand- und Blühstreifen, der ganz wesentlich zur Artenvielfalt im Kreis Coesfeld beiträgt.

Kein Zweifel: Wer hier mit dem Fahrrad unterwegs ist, erlebt unsere münsterländische Parklandschaft von ihrer schönsten Seite.

❮ *Das neue Standesamt auf Schloss Nordkirchen*

▲ *Burg Vischering*

❮ *Der Burgturm von Davensberg wird erstmals um 1256 erwähnt, er beherbergte nicht nur ein Kaminzimmer, sondern auch ein Verlies*

❯ *Die wunderschöne Parkanlage rund um Schloss Nordkirchen*

Warmer Ofenschlupfer
mit Rieslingschaum

Restaurant Freiberger
Benedikt Freiberger wurde am 21. März 1956 im Saarland geboren. „Zum roten Bären" hieß das Restaurant in Freiburg/Breisgau, in dem er seine Ausbildung zum Koch begann. Es folgten Stationen im Rheingau, in Berlin, in Frankfurt und in der Schweiz, bis ihn dann sein Weg ins Münsterland führte. Seit 2009 ist Benedikt Freiberger Chefkoch im Restaurant Freiberger, ehemals Schnieder-Bauland, in Coesfeld. Hier stellt er Ihnen eines seiner Rezepte vor:

1. Brioche in dünne Scheiben schneiden und ziegelartig in eine Auflaufform oder auf ein Backblech legen.

2. Mit zerlassener Butter beträufeln. Milch, Zucker, Eier, Salz und Vanillemark mit einem Mixstab vermischen und auf den gebutterten Briochescheiben verteilen. Mit Mandelblättern und Sultaninen bestreuen.

3. Bei ca. 160 °C ca. 45 Minuten backen.

4. Für den Rieslingschaum sämtliche Zutaten mit dem Schneebesen im Wasserbad aufschlagen.

Zutaten
200 g Brioche oder Butterzopf
80 g Butter
0,5 l Milch
3 Eier
60 g Zucker
½ Vanilleschote
1 Prise Salz
50 g Mandelblätter
50 g Sultaninen, blanchiert
Puderzucker zum Bestreuen

Für den Rieslingschaum:
1/8 l Riesling
1 Eigelb
1 Ei
60 g Zucker
Saft einer halben Zitrone

Tour
Länge: 45,41 km
Dauer: ca. 3 Std.
Verbrannte Kalorien: 672,55 Kcal

Die 5-Herzen-Touren

Unterwegs auf den 5-Herzen-Touren mit Heiner Seier, Bürgermeister der Gemeinde Reken

Die etwa 40 km lange, bestens beschilderte Pättkestour startet im Ortsteil Bahnhof Reken. Das in typisch westfälischem Stil restaurierte Bahnhofsgebäude beherbergt heute einen überregional bekannten gastronomischen Betrieb. Die Bahnlinie RB 45 ermöglicht für Radtouristen aus der nahen und fernen Umgebung das Anreisen mit dem Zug. Hinter dem Bahnhofsgelände blickt man auf einen der größten „Kühlschränke Europas", wie das Zentrallager eines namhaften Tiefkühlkonzerns scherzhaft genannt wird. Spinat und andere Gemüsearten sowie Kräuter werden hier im Umkreis von landwirtschaftlichen Betrieben angebaut und im Werk verarbeitet. Die hohe Qualität des Gemüses und der Kräuter sowie die auf Nachhaltigkeit ausgelegten Anbaumethoden werden auch in Zukunft den Werksstandort in unserer Gemeinde sichern.

In südlicher Richtung geht es auf der roten 5-Herzen-Tour vorbei am Sportplatz Gevelsberg. Nach einem kurzen Anstieg wird man für die kleine Anstrengung belohnt: Es bietet sich hier einer der schönsten Ausblicke auf Klein Reken mit dem Turm der St. Antonius Kirche. Klein Reken ist für die gute und auch junge Küche bekannt, aber für eine Pause ist es noch zu früh. Bereits vor dem Ortsausgang zweigt die rote Route nach links ab. Nach dem Überqueren der Bahnschienen passiert man eine private Kornbrennerei. Bei einer Führung während der Sommermonate erfahren interessierte Besucher, wie hier unterschiedliche Liköre und Spirituosen hergestellt werden. Nach etwa zwei Kilometern liegt auf der linken Seite das renommierte FS Reit-Zentrum Reken. Freizeitreiter und ihre Pferde erfahren hier in zumeist mehrtägigen Kursen eine gute Ausbildung. Pferde verweilen in Gastpferdeboxen, und ihre Besitzer nächtigen in den gemütlichen Hotels, Pensionen und Ferienwohnungen unseres staatlich anerkannten Erholungsortes. Gegenüber liegt der Wildpark Frankenhof: Familien erleben hautnah etwa 500 zumeist heimische Wildtiere, toben sich auf dem Abenteuerspielgelände aus oder besuchen die Elchlodge oder den Märchenwald.

Einige Meter weiter liegen Golfbälle auf einer Driving Range verstreut. Die rote Route führt über die weitläufige 18-Loch-Anlage des Golfplatzes Uhlenberg. Die Lage ist einmalig: Mit Binnendünen, Misch- und Nadelwäldern und für den Landschaftsraum typischen Wallhecken wurde hier eine harmonische Verbindung zwischen Golfanlage und Landschaft geschaffen. Herrliche Blicke über weitläufige Wälder und Felder in der Parklandschaft des Münsterlandes werden Golfern und z. B. auch Radfahrern geboten. Nun erreicht man das angrenzende Waldgebiet. Jogger und Spaziergänger sind im Schatten der Bäume zahlreich unterwegs. Am Sportplatz Illerhusen biegt man rechts ab auf die grüne Route, und es geht nach Groß Reken.

Am Ortseingang liegt rechts das ehemalige Spritzenhaus, welches heute ein Café beherbergt. Einen Abstecher zum Aussichtsturm am Melchenberg sollte man sich

◀ *Die Alte Windmühle ist heute Wahrzeichen der Gemeinde Reken*

▲ *Wildpark Frankenhof: Natur erleben, spielen und Spaß haben*

nicht entgehen lassen. Über 168 Stufen erreicht man eine Aussichtsplattform, die sich auf 162 Metern ü. NN befindet. Bei klarem Wetter ist die Sicht hervorragend. Man schaut von hier bis in das gut 30 km entfernte Ruhrgebiet, und die Schornsteine eines großen Kraftwerks sind deutlich zu sehen. In entgegengesetzter Richtung blickt man auf Wiesen und Wälder so weit das Auge reicht. Kleinere Ortschaften lassen sich gut durch ein Fernglas, welches kostenfrei nutzbar ist, erkennen. Im Ortskern Groß Rekens laden gutbürgerliche Restaurants, Gaststätten, Cafés sowie eine Eisdiele zur Einkehr ein. Die ehemalige katholische Pfarrkirche St. Simon und Judas, etwas weiter unten im Dorf, ist von weitem sichtbar. In der zweischiffigen Saalkirche, die durch die architektonischen Einflüsse mehrerer Epochen geprägt ist, wurde 1969 das Museum Alte Kirche eröffnet – ein sakrales Museum, in dem liturgisches Gerät, Bücher, Paramente und Skulpturen aus verschiedenen Epochen ausgestellt werden.

An der Ampelkreuzung zweigt die schwarze Route nach links Richtung Ortsausgang ab. Man erkennt das Wahrzeichen unserer Gemeinde, die Alte Windmühle. Diese beherbergt heute ein Heimatmuseum, welches vom Heimatverein gepflegt und unterhalten wird. Sonntags und nach Vereinbarung informiert ein Gästeführer über die Ausstellung in und an der Windmühle zum land- und hauswirtschaftlichen Leben in früherer Zeit. Rund um die Rekener Windmühle haben sich im Laufe der Jahre zahlreiche Nebengebäude zu einem kleinen Freilichtmuseum gruppiert. Da gibt es das „Backhus", in dem bei besonderen Gelegenheiten Brot gebacken wird, die „Immenschur" (Bienenhaus), das „Pütthus" (Kühlbrunnen) und die zum Schutz gegen Nager auf Trapezsteine gesetzte „Museschoppe".

Am Ortsausgang befindet sich seit 2011 auf einer Anhöhe ein Hotel mit Gastronomie. Von der Außenterrasse hat man einen schönen Rundblick über Groß Reken und das idyllische Münsterland. Die schwarze Route führt in nördlicher Richtung von Naturschutzgebiet zu Naturschutzgebiet durch eine einzigartige Wiesen- und

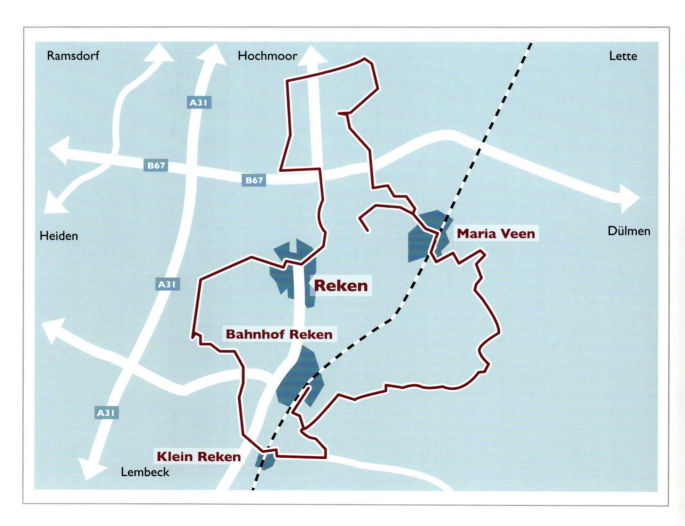

Zur Druckversion (1:25.000) www.naviki.org/kultouren

Moorlandschaft. Die Aussichtskanzel am Weg ermöglicht eine gute Sicht über weite Wiesen und Felder. Beim Wechsel auf die blaue Route ist der Ortsteil Maria Veen schon zu sehen. Diese Route fährt man zunächst in entgegengesetzter Richtung, um eine kleine Rast an der Waldkapelle-Eremitage einzulegen. Die Kapelle liegt, von hohen Bäumen geschützt, mitten im Wald, direkt an ruhigen Wander- und Radwanderwegen und ist tagsüber für Besucher geöffnet. Ein großer Feldkreuzweg führt aus Groß Reken zu diesem kleinen Wallfahrtsort und endet wieder in Groß Reken. Gerade am Karfreitag ist es Tradition, aber auch besonders während jeder Fastenzeit, dass viele Menschen aus nah und fern diesen Weg gehen. Früher soll es hier eine wundertätige Quelle gegeben haben, die aber vor vielen Jahren versiegte.

Es geht jetzt wieder im Uhrzeigersinn auf der blauen Route Richtung Maria Veen. Hinter dem Bahnhofsgelände erstreckt sich ein noch recht junges Gewerbegebiet, in dem sich kleine und mittelständische Unternehmen angesiedelt haben.

Einrichtungen wie der Benediktushof, als Wohn- und Arbeitsstätte für Menschen mit Behinderungen, und das Haus Maria Veen für wohnungslose Menschen fördern den Prozess der Integration von Menschen mit unterschiedlichen Handicaps. Die Poststraße im Herzen Maria Veens wurde im Jahr 2009 neu gestaltet, und mehrere gastronomische Betriebe laden an der Straße und in unmittelbarer Nähe zur Einkehr ein. Mit etwas Glück sieht man kurz hinter Maria Veen, in der Nähe des Heubachs, die einzigartige Wildpferdeherde im Merfelder Bruch. Entlang der Feuchtwiesen- und Brachlandschaft erreicht man bald den Ortsteil Hülsten, der von landwirtschaftlichen Betrieben geprägt ist, und weiter geht es dann auf der gelben Route. Die Tungerloh-Kapelle, die in der Bauernschaft Surendorf steht, ist seit mehr als 450 Jahren Zwischenziel der Pilger aus Gescher-Tungerloh, die Richtung Annaberg in Haltern am See unterwegs sind. Mit einigen Anstiegen ist die folgende Strecke etwas anstrengend, bis man wieder die rote Route und so den Ausgangspunkt am Bahnhof erreicht.

▲ Aussichtsturm am Melchenberg

◀ Die alte Wehrkirche St. Simon und Judas

▼ Windmühle mit Heimatmuseum

Weiße Tomatenschaumsuppe
mit Kräuterfilo

Restaurant (im) Berghotel Hohe Mark
Wir schreiben das Jahr 1957, der Visionär und Gastronom Johannes Hartmann vermeldet die Erstbesteigung der Hartmanns Höhe bei Groß Reken und errichtet dort die Gaststätte „Hartmanns Höhe". Die Gäste sind fasziniert von dem traumhaften Ausblick über die endlos scheinende Weite des Münsterlandes. Im Jahre 2011, fast 60 Jahre später, bekommt dieses renommierte Lokal ein neues Gesicht und einen neuen Namen. Es heißt nun zu Recht „Berghotel Hohe Mark". Dort treibt der 1978 geborene Marek Gühlke als Küchenchef mit seinem Team seit Anbeginn sein Genusswesen. Nach seinen Stationen im „Coffee Baum" in Leipzig, im „Moselpark" in Bernkastel-Kues und zuletzt im Hotel Weisser Bär in Mülheim kreiert er Altbekanntes neu, wie zum Beispiel eine Weiße Tomatensuppe. Wer hätte sich so etwas vor 60 Jahren hier oben träumen lassen?

1. Die Tomaten vierteln und mit 2 EL Olivenöl, Salz, Pfeffer, etwas Basilikum und dem Geflügelfond fein pürieren. Alles in ein Küchentuch geben und abhängen lassen, nur den klaren Fond auffangen.

2. Im restlichen Olivenöl die fein gewürfelten Schalotten und den gehackten Knoblauch farblos anschwitzen und mit dem Tomatenfond auffüllen. 250 ml Sahne hinzugeben und alles auf etwa 1/3 reduzieren lassen.

3. Zum Schluss die restliche Sahne und die kalte Butter hinzugeben. Mit dem Pürierstab die Suppe aufschäumen. Mit Salz und Pfeffer abschmecken.

4. Ein Blatt Filoteig auf Backpapier geben, mit gehacktem Basilikum bestreuen, mit dem zweiten Blatt Filoteig und mit Backpapier bedecken. Beschweren und bei 200 °C für 7 Minuten im Ofen backen.

5. Backpapier abziehen und in 4 dekorative Stücke teilen. Die aufgeschäumte Suppe mit dem Kräuterfilo und etwas Basilikum anrichten. Guten Appetit!

Zutaten für 4 Personen
- 500 g Tomaten
- 1 l Geflügelfond
- 4 EL Olivenöl
- 2 Schalotten
- 1 Knoblauchzehe
- 300 ml Sahne
- 50 g kalte Butter
- Basilikum
- Salz
- Pfeffer
- 2 Blätter Filoteig

Gefüllte Perlhuhnbrust
mit getrockneten Tomaten, Pinienkernen und Basilikum, Portweinsauce

Restaurant „Alter Garten"

Das Restaurant „Alter Garten" in Klein Reken wird heute in der vierten Generation von Marita und Theo Bösing geführt. Wie man auf dem Foto unten sehen kann, steht die fünfte Generation schon bereit. Ob diese die Tradition fortsetzen wird, steht aber noch in den Sternen, so Theo Bösing auf Nachfrage.

Neben der typischen Münsterländer Küche mit traditionellen Spezialitäten, bietet das Restaurant auch hauseigene Backwaren, Geflügel aus eigener Weidehaltung, heimisches Wild sowie saisonale Produkte möglichst aus der Umgebung an. Das von Theo Bösing vorgestellte Gericht von der gefüllten Perlhuhnbrust ist auf jeden Fall eine Empfehlung wert.

1. Die Perlhühner von allen Stoppeln befreien und gründlich säubern. Die Brüste so auslösen, dass die Haut der Keulen daran verbleibt. Das Fleisch der Keulen entsehnen, gut kühlen, würzen und in der Küchenmaschine zerkleinern. Dann die Sahne nach und nach einarbeiten. Die getrockneten Tomaten kochen und in Streifen schneiden, Pinienkerne rösten und mit den Basilikumjulienne unter die Farce ziehen.

2. Die Brüste plattieren und auf die Hautseite legen. Die Füllung kuppelförmig auf das Fleisch streichen und mit der Haut umwickeln, so dass die Füllung mit Fleisch und Haut umgeben ist. Die gewürzten Brüste nun in das gebutterte Pergament einwickeln und mit Bindegarn verschnüren.

3. Das Ganze in einem Bräter rundherum anbraten und im Backofen bei 180 °C (Umluft 160 °C) ca 18 Min. garen. Anschließend 10 Min. ruhen lassen, auspacken und den Saft in den Fond geben. Die Brüste kurz in etwas Butter nachbraten.

4. Für die Soße Butter erhitzen, die Zwiebeln anbraten, Zucker und Tomatenmark hinzugeben und leicht rösten lassen. Mit dem Portwein ablöschen und mit dem Fond auffüllen. Die Soße um die Hälfte einkochen lassen, durch ein Sieb passieren, mit Stärke binden, mit Salz und Pfeffer abschmecken und mit kalter Butter verfeinern.

5. Grüne Bohnen putzen und blanchieren. Die Dicken Bohnen ebenfalls in Salzwasser blanchieren und anschließend die lederne Haut abziehen. Die Zwiebelwürfel in der Butter farblos anschwitzen, mit der Sahne auffüllen und etwas einkochen lassen. Dann die Soße mit Salz, Pfeffer, Muskat und Bohnenkraut würzen, anschließend mit den Bohnen vermengen.

6. Die Perlhuhnbrust in Scheiben schneiden und mit der Soße und dem Bohnengemüse auf Tellern anrichten. Dazu passen Schmorkartoffeln.

Zutaten für 6 Personen
2 Perlhühner (à 1.000 g)
Salz, Pfeffer, Butter, Pergamentpapier
Fett zum Braten

Füllung
320 g Perlhuhnfleisch aus der Keule
360 g Sahne, leicht gefroren
80 g getrocknete Tomate
80 g Pinienkerne
10 g Basilikum

Soße:
25 g Butter
40 g Zwiebelwürfel
5 g Zucker
25 g Tomatenmark
180 g Portwein rot
800 g Perlhuhnfond (aus den Knochen)
30 g Butter, etwas Stärke

Gemüse:
350 g grüne Bohnen, Bohnenkraut
350 g Dicke Bohnenkerne
20 g Butter
40 g Zwiebelwürfeln
150 g Sahne
Salz, Pfeffer, Muskat

Tour
Länge: 33,66 km
Dauer: 2:14 Std.
Verbrannte Kalorien: 617,19 Kcal

Rundum sympathisch

Lieblingsfahrradtour von Heiner Buß, Bürgermeister der Gemeinde Heiden

Heiner Buß, Jahrgang 1957, verheiratet, drei Kinder, seit 1999 Bürgermeister der Gemeinde Heiden. Der Diplomverwaltungswirt hat vor 40 Jahren beim Kreis Borken seine Ausbildung absolviert, und ist seit dem im Öffentlichen Dienst tätig. Heiner Buß ist in Heiden aufgewachsen und freut sich immer wieder, seinen Heimatort aktiv mitzugestalten und die Weiterentwicklung voran zu treiben.

„Rundum sympathisch" lautet der Slogan der Gemeinde Heiden. Heute wandeln wir diesen Begriff etwas ab, schwingen uns aufs Rad und fahren „rund um Heiden".
Meine Tour startet am Heiden-SpassBad an der Straße Am Sportzentrum. Obwohl ein kühles Bad jetzt genau das Richtige wäre, lege ich den Schwerpunkt meiner sportlichen Betätigung zunächst auf das Radfahren. Vielleicht ist am Schluss meiner Reise ja ein kühles Bad genau richtig. Ich lasse also das Bad zunächst links von mir liegen und fahre rechts ab. Nach wenigen Metern biege ich links in den Pastoratsweg ein. Vorbei am Altenzentrum Haus St. Josef (rechts) quere ich kurz danach die Bahnhofstraße auf die Beethovenstraße und anschließend auf die Borkener Straße und fahre in die Mozartstraße. Nach einigen hundert Metern geht es links in die Straße Lammersfeld. Am Ende der Wohnsiedlung überquere ich den Westring und befinde mich mitten in der Natur. Ich bleibe aber auf dieser Straße. Vorbei an Gemüsefeldern, Waldstreifen und saftigen Wiesen liegt nach einiger Zeit auf der linken Seite eine der Reitanlagen, von denen es in Heiden so einige gibt, denn Reitsport wird in Heiden groß geschrieben. Meistens begrüßen mich schon einige Pferde auf den Koppeln rund um die Anlage. Ich folge der Straße weiter über einige Querstraßen hinweg. Auch am scheinbaren Ende dieser Straße halte ich mich links und folge ihr bis zum Ende. Hier biege ich rechts ab auf die Alte Heidener Landstraße. Nun geht es zunächst ein Stück durch die Nachbarstadt Borken. Unter einer Straßenunterführung hindurch führt mich der Weg zu einer Kreuzung mit einem kleinen Kreisverkehr in der Mitte. Ich nehme die zweite Ausfahrt und folge der Straße In den Weiden bis zum Ende. Links und rechts der Straße begleiten mich nun für einige Zeit Wohnhäuser verschiedenster Art. Ich überquere den Dülmener Weg und fahre auf die Hohe Oststraße. Sie führt mich durch eine Wohnsiedlung, vorbei an Haus Fliederbusch, einem netten Hotel mit gutem Service, und durch ein Gewerbegebiet. Da die Straße aber sehr breit ist, stört mich auch das Gewerbegebiet nicht sonderlich. Nun quere ich die Hansestraße und fahre weiter in nördlicher Richtung. An der nächsten Querstraße, dem Ramsdorfer Postweg, biege ich rechts ein und fahre bis zur Landwehr. Beim Überqueren bin ich besonders vorsichtig, da an dieser Kreuzung viel los ist. Ist dies geschafft, geht es ruhig weiter über den Ramsdorfer Postweg. Nach etwa einem Kilometer biege ich rechts ab in die Straße Auf dem Dievelt. Die Ruhe, die die Wiesen mit den Pferden ausstrahlen, lässt mich an Urlaub denken. Am Straßenende geht es links und sofort wieder rechts ab. Vor mir – rechter Hand – liegen die Fischteiche, die für viele Angler aus Nah und Fern ein beliebtes Ziel sind. Die Fischteiche lasse ich rechts liegen und fahre über die Straße Zum Hornborn bis zur Coesfelder Straße. Hier biege ich rechts

ab und fahre einige Meter auf dem Fahrradweg neben der Straße. Dann setze ich auf die andere Seite über und weiter geht's über den Wirtschaftsweg Krückling. Über die Bocholter Aa hinweg folge ich dem Verlauf der Straße und halte mich rechts. Jetzt geht es in östlicher Richtung über den Roienkamp an Getreide- und Gemüsefeldern vorbei, die herrlich nach Sommer duften. Mal macht die Straße eine Biegung nach rechts, mal eine Biegung nach links. Nach einiger Zeit liegt auf der rechten Seite etwa 20 Meter von der Straße entfernt

◄ Teufelssteine in Heiden

▲ Der Marktplatz in Heiden: Hier steht die vom Steinfurter Künstler Leo Janischowski geschaffene Bronzefigur eines Schustergesellen, der der Sage nach den Teufel trifft

der Messlingbach, ein kleines Flüsschen, das ich rechts abbiegend überquere. Ich befinde mich nun wieder auf der Straße Krückling und fahre weiter in Richtung Ramsdorf. Zunächst muss ich noch eine Kreisstraße überqueren, die erst vor kurzem gebaut wurde.

Wenn ich weiterfahre, lasse ich die gepflegten Wohnhäuser hinter mir und biege rechts in die Barbarastraße ein. Dieser folge ich und halte mich am Ende der Straße links. Nach etwa 200 Metern biege ich rechts in die Paulusstraße ein. An der gleichnamigen Schule vorbei geht es wieder über die Bocholter Aa und dann rechts ab auf die Lange Straße. Über die Ampelkreuzung an der Borkener Straße setze ich geradeaus über und befinde mich nun auf der Ostendorfer Straße, die zunächst noch von Wohnhäusern gesäumt wird und dann in den Außenbereich von Ramsdorf übergeht. Auf der linken Straßenseite ist ein Radweg angelegt. Am Radwegende fahre ich auf der rechten Straßenseite weiter an schönen Bauernhöfen mit gepflegten Gemüse- und Ziergärten vorbei bis zur Ortschaft Knüverdarp. So heißt nun auch die Straße, auf der ich weiterfahre. Nach einer leichten Linksbiegung am Ortsausgang bleibe ich noch für etwa 500 Meter auf dieser Straße. An der Straßengabelung halte ich mich rechts und fahre in den Heidener Landweg. Nach etwas mehr als einem Kilometer fahre ich wiederum rechts und folge dem Heidener Landweg weiter in östlicher Richtung. Am Ende des Weges erreiche ich die Heidener Straße, der ich rechts abbiegend ein Stückchen über einen Radweg folge. Nach etwa 200 Metern überquere ich sie, folge nun dem Venneweg und hier weiter den Hinweisschildern „Artesischer Brunnen". Wieder in den heimischen Gefilden angekommen, liegt nach etwa 1200 Metern auf der linken Seite der Artesische Brunnen. Eine tolle Erfrischung in diesem kühlen Quellwasser ist eine wahrlich willkommene Abwechslung auf meiner schönen Tour um Heiden. So gestärkt kann ich meine Tour gut fortsetzen. Einige hundert Meter weiter biege ich rechts ab. Ich folge dem Venneweg, der mich zunächst über die B 67 hinweg führt, jetzt noch eine ganze Weile. Dahinter radele ich durch einen schattigen Kiefernwald bis zum Ende dieser Straße und biege dann rechts in den Waterberg ein. Wer diese Strecke – so wie ich – Ende Juni/Anfang Juli fährt, kann in dem gleichnamigen Waldgebiet wunderbare Blaubeeren pflücken

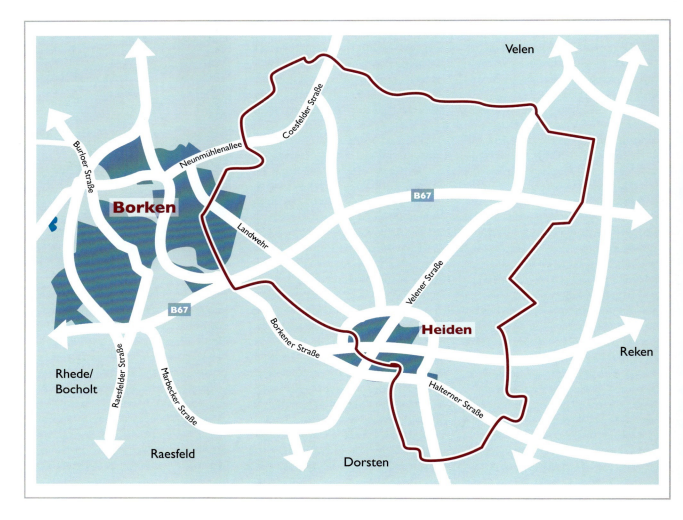

Zur Druckversion (1:25.000) www.naviki.org/kultouren

und so Natur pur genießen. Nach etwa 400 Metern biege ich nun links ab in den Uhlenweg, dem ich folge, bis es wiederum links in die Lehmkuhle geht. Nach einigen hundert Metern liegt rechts von mir der Düwelsteenweg. Dieser feste Sandweg führt mich nach gut 400 Metern zum Wahrzeichen der Gemeinde Heiden, den Teufelssteinen. Ein kurzer Abstecher zu diesen sagenumwobenen Steinen ist ein Muss für jeden Besucher. Vor Ort laden einige Bänke mit tollem Blick auf die Teufelssteine zu einer Rast ein.

Der Sage nach war der Teufel auf dem Weg nach Aachen, um den Dom zu zerstören und hatte dafür alle großen Findlinge im Land zusammengesucht. Auf diesem schweißtreibenden Weg traf er einen Schusterjungen, der 12 Paar zusammengebundene, zerschlissene Schuhe über der Schulter trug. Der Junge erkannte den Teufel und erzählte ihm, dass er von Aachen käme und auf dem Weg jene 12 Paar Schuhe verschlissen hätte. Da dem Teufel der Weg dann doch zu weit war, ließ er wütend die Steine dort liegen.

Die urgeschichtliche Erklärung hierzu lautet allerdings: Das Material der Teufelssteine stammt aus der Saale-Eiszeit (vor rund 145.000 Jahren) – genauer gesagt, aus dem Nachlass der mehr als einhundert Meter dicken Eisschicht, die damals die Gesteinsschichten unseres Landes von Norden her verschoben hatte. Während der jüngeren Steinzeit (vor rund 4.000 Jahren) waren die mächtigen, bis zu sieben Tonnen schweren und vom Gewicht des Eises rund geschliffenen Steinbrocken unseren Vorfahren hochwillkommen. Sie fügten sie zusammen zu einem Steinkammergrab von 21 Metern Länge und etwa 1,70 Metern Breite. Nach dieser Zeit haben sich die ersten sesshaften Bauern in unserer Gegend selbst ein Denkmal gesetzt. Es ist bis heute erhalten geblieben – die Teufelssteine.

Wieder erholt setze ich meine Tour fort und befinde mich nach kurzer Zeit wieder auf einer gut asphaltierten Straße, dem Salteweg, in den ich links einbiege. Am Ende der Straße überquere ich mit Vorsicht die Rekener Straße und folge der Straße Drögen Bokelt. Auf der linken Straßenseite befinden sich das Daelen-Café Höings-Hof sowie der Hofladen Tacke mit Produkten aus eigenem Anbau. An der nächsten kleinen Kreuzung biege ich links in die Straße Bökenholt und anschließend rechts auf den Sölling, das ist die nächste Querstraße. Auf der rechten Seite in einer Hofeinfahrt befindet sich ein altes Femegericht, der Freistuhl to Sölling, ebenfalls eine alte Kultstätte auf dem Gebiet der Gemeinde Heiden. Die weitere Fahrt bringt mich links wieder auf den Drögen Bokelt. Nach wenigen Metern überquere ich die Halterner Straße und fahre vorbei an großen Windrädern, die regenerative Energie liefern. Am Ende des Weges geht es rechts ab in die Leblicher Straße und bis zur nächsten großen Kreuzung. Über die Leblicher Straße geht meine Tour leider schon dem Ende entgegen. Nach wenigen Minuten schwenke ich rechts in den Wirtschaftsweg Neuer Weg ein. Dem Verlauf folge ich, bis ich auf den Dorstener Landweg stoße. Hier biege ich ein weiteres Mal rechts ab und fahre in Richtung Dorf. Den Surker Weg überquere ich. Dann muss ich mich noch einmal etwas anstrengen, denn es geht bergauf. Am Ende der Straße biege ich links in den Radweg ein, der entlang der Lembecker Straße, vorbei am Sportplatz verläuft. Nun sind es nur noch wenige Meter, bis ich wieder links in die Straße Am Sportzentrum, die der Ausgangspunkt meiner Radtour war, einbiege.

In der Zeit vom Mitte April bis Mitte September hat auch das HeidenSpassBad, das Frei- und Wellenbad der Gemeinde Heiden geöffnet. Das HeidenSpassBad mit einer Wasserfläche von 1.200 Quadratmetern bietet beheizte Schwimmbecken sowie ein Wellenbecken, welches mit circa 2.000 PS die höchsten Wellen im Münsterland erzeugt. Für Badespaß sorgen außerdem die „Astromax-Wasserrutsche" und „Polly", die Krake. Wer genug vom Wasser hat, kann sich auch „an Land" vergnügen. Auf der großen Spiel- und Liegewiese mit einer Fläche von über 15.000 Quadratmetern befinden sich ein Beachvolleyballfeld und eine Spielanlage mit Motschebahn, Kletterhaus und riesigem Sandkastenbereich für die Kleinen. Wer es weniger sportlich mag, kann sich im Freizeithaus Mona Lisa neben dem Schwimmbad oder in einem der Restaurants oder Biergärten im Zentrum von Heiden von den „Strapazen" der Fahrt erholen.

⌃ Das markante Haus der Gesundheit im Ortskern geplant vom Architekten Professor Manuel Thesing, Münster

⌃ Die Polizei, dein Freund und Helfer: „Da geht's lang", so zeigt Herr Pitzner von der Polizei Heiden der jüngsten Teilnehmerin, Pia Grütering, beim traditionellen Teufelslauf den Weg zum Ziel

⌃ Rast an den Teufelssteinen

Wildschweinbraten
von der Frischlingskeule in Thymianbratensauce

Gasthaus „Grunewald"

Der gebürtige Ahauser Uwe Orantek begann seine berufliche Laufbahn mit einer Ausbildung zum Koch im Hotel Lindenhof in Borken. Als Chef de Partie im Schweizer 5-Sterne-Hotel „Les Sources des Alpes – La Malvoisie" holte sich der Jungkoch den Feinschliff, bevor er sich im Jahr 2007 zusammen mit seiner Frau Ana selbstständig machte. Das Café Kamps in Rhede wurde für drei Jahre der neue Arbeitsplatz. Seit 2010 kümmern sich beide im Gasthof Grunewald bei Heiden um das Wohl ihrer Gäste. Hier stellt Ihnen Uwe Orantek eines seiner Rezepte vor:

1. Die Wildschweinkeule parieren und mit Küchengarn zu einem Braten binden.

2. Das Wurzelgemüse in walnussgroße Würfel schneiden und mit einem Teil des Fettes im Bräter scharf anbraten. Sobald das Röstgemüse eine schöne Farbe annimmt, das Tomatenmark hinzufügen und trocken braten, sodass sich ein Ansatz auf dem Boden bildet. Mit etwa ¼ l Rotwein ablöschen und einreduzieren lassen. Diesen Vorgang noch zwei weitere Male wiederholen.

Zeitgleich den Braten in der Pfanne von allen Seiten scharf anbraten und auf den fertigen Bratansatz in den Bräter legen. Mit kalter Wildbrühe oder Wasser auffüllen, bis der Braten bedeckt ist. Vorsichtig salzen und etwa 1 ½ bis 2 Stunden (je nach Größe des Bratens) bei leichter Hitze köcheln lassen. Den aufsteigenden Schaum mehrmals vorsichtig mit einem Schaumlöffel oder einer Schöpfkelle abnehmen, etwa eine halbe Stunde vor dem Ende die Gewürze und Kräuter hinzugeben.

3. Die Keule aus der Kasserolle nehmen, wenn sie von der Fleischgabel rutscht. Anschließend vom Garn befreien.

4. Den Saucenansatz durch ein Spitzsieb und ein Tuch passieren, auf etwa 500 ml reduzieren, mit Stärke abbinden und abschmecken.

5. Den Braten in dünne Scheiben schneiden, mit Sauce bedecken und nach Belieben, z. B. mit Speckrosenkohl und Spätzle, servieren.
Guten Appetit!

Zutaten für 4 Personen
1 kg Wildschweinkeule ohne Knochen vom Frischling
60 g Sellerie
150 g Möhren
120 g Zwiebeln
80 g Lauch
5 Knoblauchzehen
750 ml Rotwein (Spätburgunder)
50 g Tomatenmark
35 g Speisestärke
30 ml Schweineschmalz

Gewürze und Kräuter:
1 Lorbeerblatt
10 Pfefferkörner
2 Pimentkörner
2 Wacholderbeeren
1 Nelke
1 kleiner Zweig Rosmarin
3 kleine Zweige Thymian
Salz

Walnussparfait

Landhotel-Restaurant Beckmann

Das Landhotel-Restaurant Beckmann in Heiden befindet sich bereits in der fünften Generation im Besitz der Familie Beckmann. Geführt wird der Familienbetrieb von Tobias Beckmann. Für den gelernten Koch wird das Verwenden regionaler Produkte ganz groß geschrieben. So stammen die Nüsse für sein Walnussparfait, das er Ihnen hier vorstellt, aus dem eigenen Garten. Ur-Oma Mariechen pflanzte damals den Baum und ahnte nicht, dass er einmal die größten Früchte weit und breit hervorbringen würde ...

1. Die Eigelbe, das Ei und den Zucker gut verschlagen und das Mark der Vanilleschote dazugeben.

2. Alles im Wasserbad langsam aufschlagen, bis eine cremige Masse entstanden ist.

3. Die Walnüsse fein hacken und in einer Pfanne bei schwacher Hitze mit etwas Zucker karamellisieren. Dann auf einem mit Klarsichtfolie ausgelegten Tablett ausbreiten und auskühlen lassen.

4. Die halben Walnüsse ebenfalls in der Pfanne mit Zucker karamellisieren und auf einem mit Folie ausgelegten Tablett auskühlen lassen.

5. Die gehackten Walnüsse unter die Eiermasse heben. Die Sahne schlagen und ebenfalls vorsichtig unter die Masse heben.

6. Eine Form mit Klarsichtfolie auslegen, die Parfaitmasse einfüllen, gut mit Folie bedecken und am besten über Nacht im Gefrierer frosten.

7. Am folgenden Tag Scheiben vom Parfait schneiden und mit den karamellisierten Walnusshälften garnieren.

Zutaten
6 Eigelb
1 ganzes Ei
200 g Zucker
1 Vanilleschote
350 g Sahne
100 g Walnüsse, fein gehackt
24–30 halbe Walnüsse
etwas Zucker zum Karamellisieren

Tour
Länge: 26,29 km
Dauer: 1:45 Std.
Verbrannte Kalorien: 389,3 Kcal

Mehr über das Sehenswerte in Raesfeld erfahren Sie im Video

Rund um Raesfeld

Lieblingsfahrradtour von Andreas Grotendorst, Bürgermeister der Gemeinde Raesfeld

Andreas Grotendorst, Jahrgang 1970, ist verheiratet, hat vier Kinder und ist seit 2009 Bürgermeister der Gemeinde Raesfeld. Andreas Grotendorst ist in Raesfeld-Erle geboren und aufgewachsen. Er freut sich, durch sein Bürgermeisteramt die Zukunft der familienfreundlichen Gemeinde im Naturpark Hohe Mark-Westmünsterland mitzugestalten.

Bevor ich meine Lieblingstour rund um Raesfeld starte, stärke ich mich noch in einem der urigen Cafés in der Schlossfreiheit mit einem kleinen Frühstück. Ich habe freien Blick auf die über 350 Jahre alte Schlosskapelle, in der man einen prunkvollen Barockaltar und das „Bleierne Herz" des 1733 verstorbenen Reichsgrafen Christoph Otto von Velen findet.
Dann leihe ich ein Fahrrad beim Niederrhein-Fahrradverleih im Hotel am Sterndeuterturm Schloss Raesfeld aus. Ich schwinge mich in den Sattel und fahre über die kleine Holzbrücke in den Schlosshof. Der Ausgangspunkt meiner Fahrradtour ist einer der schönsten Orte in Raesfeld: Ich lasse den Blick schweifen und schaue auf den außergewöhnlichen Schlossturm, der mit seinen 52,5 Metern der höchste Schlossturm in Westfalen ist. Graf Alexander II. von Velen baute in den Jahren 1643 bis 1658 die bestehende Burganlage zu einem prächtigen und repräsentativen Residenzschloss aus. Heute beherbergt es die Akademie Schloss Raesfeld und dient bundesweit der handwerklichen Aus- und Weiterbildung. In der Vorburg herrscht heute reges Treiben. In der Steinmetzwerkstatt sind gerade Handwerker mit Hammer und Meißel bei der Arbeit und erlernen alte Handwerkskünste, die sie für die Baudenkmalpflege benötigen. Mein Weg geht noch kurz an den Schaufenstern der Remise vorbei, dann fahre ich durch das große Tor und biege direkt links in Richtung der Kastanienallee zur Rechten und des Schlossteichs zu meiner Linken ab. Ich umrunde den Teich und habe so den besten Blick auf die Schokoladenseite des Schlosses. Eine Spiegelung des Schlossturms offenbart sich im gläsernen Naturparkhaus Tiergarten Schloss Raesfeld. Das mehrfach für seine Architektur ausgezeichnete Gebäude vis-à-vis zum Schloss Raesfeld beherbergt wechselnde Ausstellungen und die Raesfelder Tourist-Info. Dort besorge ich mir noch die neue Radwanderkarte vom Naturpark Hohe Mark-Westmünsterland, um für zukünftige Touren gerüstet zu sein. Ein kleiner Schwatz mit der Mitarbeiterin der Tourist-Info über Seminare rund um die Gartengestaltung, Kunst für den Garten und geführte Touren durch die Kulturlandschaft lohnt sich ebenso wie ein Blick in die Ausstellung im Naturparkhaus.
Dann geht es rechts in den Wald. Hier begrüßen mich fröhliche Kinderstimmen vom Naturerlebnisgelände Tiergarten Schloss Raesfeld. Da ich allein unterwegs bin, geht es für mich heute ausnahmsweise direkt daran vorbei. Meine Kinder allerdings hätten hier wohl auf einer „kurzen" Spielpause bestanden und das ganze Areal durchforstet: Klettern im Niedrigseilgarten und im Spinnennetz, Balancieren auf Holzstämmen, Hüttenbau an der Astbaustelle,

Zapfenweitwurfwettbewerb inklusive, und natürlich viele phantasievolle Spiele in und mit der Natur.
Heute fahre ich vorbei, um am Ende des Weges rechts abzubiegen und direkt wieder links durch ein Tor in den eingezäunten Teil des Renaissance-Tiergartens zu gelangen. Seit der Revitalisierung im Jahr 2004 ist das einzigartige Areal komplett eingezäunt, um das wieder angesiedelte Rot- und Damwild zu schützen. Heute bin ich leider etwas zu spät, denn in den frühen Morgenstunden und am Abend kann man häufig die stattlichen Hirsche auf einer der Lichtungen beobachten. Auf meinem Weg bin ich von frischer, feuchter Waldluft umgeben, denn plätschernde Wasserläufe verbinden die einzelnen Teiche im Schlosswald miteinander. Ich fahre vorbei am Forsthaus, an der Streuobstwiese und an der großen Lichtung im Herrental, um dann den Tiergarten durch ein weiteres Tor zu verlassen, an der alten Mühlenruine vorbeizufahren und links abzubiegen. An der großen Kreuzung halte ich mich wieder links.

◀ *Historisches Wasserschloss Raesfeld (Foto: Reinhard G. Nießing)*

Nun heißt es für mich: Immer der Nase nach, vorbei an Münsterländer Bauernhöfen, Wiesen, Hecken und Feldern in Richtung Erle. Ich folge der Fahrradstraße, die mich automatisch in den Ortskern von Erle führt. Dort biege ich rechts ab in Richtung Femeeiche. Es beeindruckt mich immer wieder, dass ein rund 1500 Jahre alter, innen gespaltener, knorriger Baum in jedem Jahr ein grünes Blätterdach trägt. Die Eiche, die schon zu Zeiten Karls des Großen ein mächtiger Baum gewesen sein muss, zählt zu den ältesten in Deutschland. In ihrem Schatten wurde bis zum Jahre 1589 über Mörder und Räuber Gericht gehalten. Geschichtliches und Geschichten zur Femeeiche findet man im Heimatmuseum in Erle an der Silvesterstraße.

Weiter geht's auf dem Drahtesel durch den Ortskern Erle. Kulinarische Köstlichkeiten sind hier in zwei Gaststätten, jeweils mit einladendem Biergarten, rund um den Kirchturm zu finden. Hochprozentig geht es in der Kleinen Brennerei im Münsterland zu. Dort bringt Kornbrenner Johannes Böckenhoff den Besuchern die „Korn-Kultur" näher. Ich biege nun rechts ab in die Silvesterstraße und folge ihrem Verlauf, überquere die Hauptstraße und fahre dann geradeaus weiter in Richtung Reiterhof, biege allerdings vorher links ab und überquere die Rhader Straße. Ich blicke rechts auf Adelheids Spargelhaus und überlege, ob ich noch einen Abstecher dorthin unternehme, um eine Kleinigkeit zu essen und zu trinken.

Gestärkt fahre ich auf der alten Route wieder weiter geradeaus. Hier treffe ich auf den Radwanderweg F9, dem ich, rechts abbiegend, folge. Diese Tour führt mich über die typischen Münsterländer Pättkes durch Wälder, Felder und Wiesen. Eine kleine Rast lege ich an der Isselquelle ein. Hier entspringt der kleine Flusslauf, der sich auf seinem langen Weg bis zum niederländischen Ijsselmeer an vielen Sehenswürdigkeiten vorbeiwindet – am historischen Wasserschloss Raesfeld mit dem Renaissance-Tiergarten, an der Klosterkirche in Marienthal, am Otto-Pankok-Museum in Hünxe und an der Wasserburg Anholt in Isselburg.
Ich verlasse dieses Kleinod und fahre weiter in Richtung Raesfeld, vorbei am Ven-

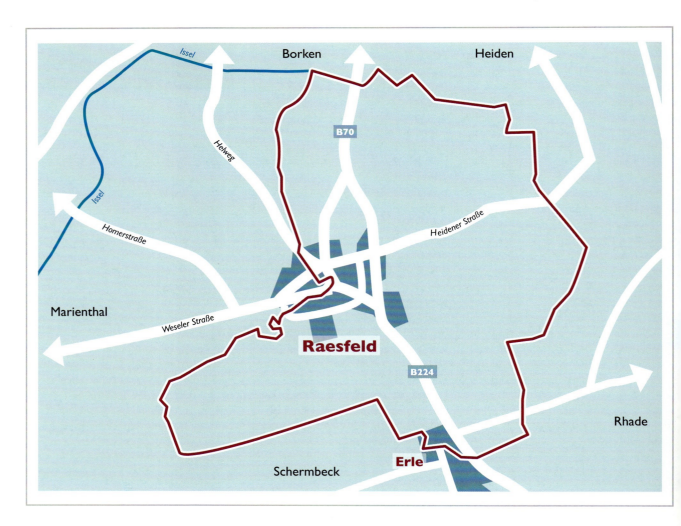

Zur Druckversion (1:25.000) www.naviki.org/kultouren

nekenhof, einem urigen Bauernhofcafé mit Hof- und Blumenladen, und weiter in Richtung Ortskern. Auch hier locken die unterschiedlichsten Lokale mit ihren vielfältigen Angeboten – gutbürgerliche Küche, schneller Imbiss, ein gepflegtes Bier oder hausgemachte Torten –, hier wird man fündig.

Mein Weg führt vorbei am Rathaus, dort biege ich in den Kunst- und Sagenweg ein. Jetzt gilt es, das Rad über eine kurze Strecke zu schieben und die Scherenschnitte und Sagengeschichten auf den Tafeln anzuschauen. Ich folge dem Kunst- und Sagenweg, der mich wieder in die malerische Schlossfreiheit führt, die in ihrer mittelalterlichen Struktur erhalten geblieben ist. Kleine Geschäfte, Hotels, Cafés und Restaurants in zum Teil denkmalgeschützten Gebäuden laden hier zum Verweilen ein. Mein Weg führt heute allerdings wieder in den Schlosshof, meinen Ausgangspunkt, zurück. Der Schlosshof und das Wasserschloss selbst sind Kulisse für zahlreiche Veranstaltungen im Jahr. Auf dem Programm stehen Konzerte des Kulturkreises, die „musik:landschaft westfalen", der jährliche Markt für Freunde des Antiquariats und der beschauliche Adventsmarkt im Schlosshof.

Ich freue mich über ein frischvermähltes Ehepaar, das vor der Schlosskulisse gerade Hochzeitsfotos machen lässt. Im Verlies unten im Schlossturm und im darüberliegenden Kaminzimmer geben sich viele Brautpaare das Jawort. Im Raesfelder Schloss kann man zum Wunschtermin heiraten – sieben Tage in der Woche und 365 Tage im Jahr.

Ich gehe nun zur Schlossterrasse, die gemeinsam mit dem Rittersaal, der Zunftstube und dem neugebauten Wintergarten zum Restaurant Schloss Raesfeld gehört. Im Schatten des Schlossturms und mit Blick auf den Schlossteich und das Naturparkhaus werde ich mich hier von meiner Tour rund um Raesfeld bei einem Glas Wein erholen. Sicherlich finde ich auch etwas Passendes auf der exzellenten Speisekarte, das mir frisch aus der Schlossküche serviert werden wird.

Radler am langen Teich im Tiergarten (Foto: Reinhard G. Nießing)

Alte Femeeiche in Erle: Schwerverbrecher wurden hier im Namen des Kaisers verurteilt. (Foto: Reinhard G. Nießing)

Büchermarkt im Schlosshof (Foto: Reinhard G. Nießing)

Madonnenfigur im Schlossgarten von Raesfeld

Bentheimer Schweinefilet
unter einer Maronen-Cranberry-Kruste
an einer Portweinjus mit Mandelbroccoli und Kräuterkrusteln

Restaurant Wasserschloss Raesfeld

Reinhard Nießing, 31 Jahre, betreibt mit seiner Familie seit 2007 die Gastronomie im Wasserschloss Raesfeld. In dieser Zeit sind alle Räumlichkeiten umgebaut und renoviert worden. Seit Mai 2014 steht den Gästen der Wintergarten an der Westseite des Wasserschlosses zur Verfügung.

Reinhard Nießing präsentiert Ihnen hier mit dem Nachwuchs aus seinem Küchenteam, Judith Wilting und Maximilian Demming eine seiner Spezialitäten:

1. Für das Schweinefilet und die Sauce: Den Backofen auf 125°C vorheizen. Das Schweinefilet mit Thymian und Rosmarin in Butterschmalz anbraten, aus der Pfanne nehmen und im Ofen ca. 25 Minuten auf der mittleren Schiene backen.
Die Schalotten in der Pfanne anschwitzen, mit Portwein ablöschen, einreduzieren lassen, mit der Grundsauce auffüllen und wieder einreduzieren lassen. Mit Salz und Pfeffer abschmecken.

2. Für die Kruste: Die zimmerwarme Butter schaumig rühren. Das Toastbrot in kleine Würfel schneiden. Die Maronen grob hacken. Die Cranberries grob hacken. Die Petersilie und den Thymian fein hacken. Zusammen mit dem Eigelb unter die Butter heben und mit Salz und Pfeffer abschmecken.

3. Für die Mandelbroccoli: Die Broccoli in kochendem Salzwasser 3–5 Minuten abkochen. In Eiswasser abschrecken, herausnehmen und abtropfen lassen.
Die Butter in der Pfanne flüssig werden lassen. Die gebräunten Mandeln und die Broccoli hinzufügen. Einmal durchschwenken und mit Salz abschmecken.

4. Für die Kräuterkrusteln: Aus Wasser, Mehl, Butter und Salz einen Brandteig herstellen. Richtig gut abbrennen, etwas auskühlen lassen und das Ei und das Eigelb unterheben.
Die Kartoffeln durchpressen und mit der getrockneten Kräutern der Provence unter den Brandteig heben. Mit Salz, Pfeffer und Muskatnuss abschmecken. Die Masse zu kleinen Nockerln oder Bällchen formen und in der Fritteuse goldgelb ausbacken.

5. Das Schweinefilet aus dem Ofen nehmen. Die Masse für die Kruste auf dem Schweinefilet verteilen und unter dem Ofengrill überbacken.

6. Alles nett auf einem Teller anrichten.

Das Schlossteam wünscht Ihnen einen guten Appetit!

Zutaten

Für das Schweinefilet:
800 g Bentheimer Schweinefilet
Butterschmalz
3 Zweige Thymian
1 kleiner Zweig Rosmarin
Salz, Pfeffer

Für die Sauce:
40 g Schalotten, in Würfel geschnitten
300 ml roter Portwein
500 ml braune Grundsauce
Salz, Pfeffer

Für die Kruste:
125 g zimmerwarme Butter, 1 Eigelb
50 g Toastbrot, ohne Rinde
80 g getrocknete Cranberries
100 g geschälte Maronen
2 Zweige Thymian
1 Zweig Petersilie, Salz, Pfeffer

Für die Mandelbroccoli:
400 g geputzte Broccoli
50 g Butter
20 g gebräunte Mandeln, Salz

Für die Kräuterkrusteln:
500 g gekochte Kartoffeln
100 ml Wasser, 50 g Mehl, 20 g Butter
1 Ei, 1 Eigelb
½ TL Kräuter der Provence
Salz, Pfeffer, Muskatnuss

Tour
Länge: 29,72 km
Dauer: 1:58 Std.
Verbrannte Kalorien: 440,13 Kcal

Mehr über das Sehenswerte in Billerbeck erfahren Sie im Video

Billerbeck immer im Blick

Mit Marion Dirks, Bürgermeisterin von Billerbeck

Marion Dirks, Jahrgang 1960, verheiratet, vier Kinder, seit 2004 Bürgermeisterin der Stadt Billerbeck. Die Diplom-Volkswirtin ist gelernte Redakteurin und gehört seit 1989 als ehrenamtliches Ratsmitglied dem Rat der Stadt Billerbeck an. Marion Dirks ist in Billerbeck aufgewachsen und freut sich darüber, ihre Heimatstadt mitzugestalten.

Schon am Billerbecker Bahnhof habe ich die Qual der Wahl. Nach einem leckeren, liebevoll präsentierten Frühstück im Café muss ich entscheiden: Leihe ich mir nun ein robustes Tourenrad aus, um Billerbeck gründlich zu erkunden oder greife ich doch lieber zum E-Bike ob der erwarteten Steigungen in den Baumbergen. Ich entscheide mich für Muskelkraft, um die sanften Hügel zu erklimmen, schwinge mich aufs Rad und mache mich auf den Weg entlang der Theatermeile Richtung Bahnschranken. Dort links weisen Max und Moritz den Weg zur Freilichtbühne. Die beiden Lausbuben wurden von der Billerbecker Bildhauerin Mechtild Ammann in Baumberger Sandstein gehauen, ein Material, das heute noch in dieser Region abgebaut wird. Viele Gebäude sind aus dem Baumberger Sandstein entstanden. Heute kann ich Sonnenstrahlen genießen und sehe gleich am Waldrand das moderne Bühnenheim der Freilichtbühne Billerbeck. Amateur-Schauspieler bieten dort das ganze Jahr über, im Winter drinnen auf der Studiobühne, beste Unterhaltung – mein liebstes Theater in der ganzen Region. Der Blick auf die große Hinweistafel erinnert mich gleich an meine Versäumnisse. Zwei Nordic-Walking-Routen sind in Billerbeck ausgeschildert – und meine Stöcke verstauben schon eine Zeit lang im Keller. Doch heute bin ich ja sportlich auf dem Rad unterwegs.

Ich fahre an der Freilichtbühne vorbei durch den Wald und biege bei der nächsten Gelegenheit links ab. Meine Vorfreude ist groß. Bald habe ich einen wunderbaren Blick über Billerbeck, bei guter Sicht auch einen „Weitblick". So heißt das Gelände des Vereins der Kinder-, Jugend- und Familienhilfe – ein naturnaher Lern- und Spielort. Dort haben die „Wiesenkids" ihre Heimat. Wir verlassen unseren Weg, machen aber keinen Abstecher, sondern biegen kurz vor der Bahnlinie links ab in ein wunderbares Pättken entlang der Bahnlinie Münster–Coesfeld, das wir bis zum Ende fahren, um dann rechts über die Eisenbrücke den Übergang zum Gut Holtmann zu nehmen. Jetzt könnte ich das E-Bike gut gebrauchen. Die kurze Steigung hat es in sich, also schiebe ich lieber.

Entlang der Fahrradwegausweisung geht es nun bis zur Landstraße, die es zu überqueren gilt. Jenseits der Landstraße geht es weiter Richtung Ferienpark Gut Holtmann. Bei der nächsten Abzweigung habe ich die Wahl. Fahre ich lieber links Richtung Longinus-Turm auf die höchste Erhebung der Baumberge oder rechts Richtung Gut Holtmann? Heute fahre ich rechts, um durch die Holtmannstiege wieder Kurs auf Billerbeck zu nehmen. Das Bistro, das Hallenbad und der Spielplatz samt Seilbahn laden zum Verweilen ein.

Die Holtmannstiege führt mitten durch Wiesen und Felder. Nach circa 1,5 Kilometern biege ich kurz vor dem Wald links ein und nehme Kurs auf die Berkelquelle. Nach ungefähr 500 Metern und einer Straßenüberquerung bin ich im Naturschutzgebiet Berkelquelle. Ich kann das ganze Gebiet auf dem „Berkelspaziergang" erkunden, einem Projekt des gleichnamigen Vereines, der die Berkel wunderschön in Szene gesetzt hat. Stege, Aussichtspunkte, Klangerlebnisse und Spielmöglichkeiten sind ebenso zu finden wie Informationen zur Natur.

Von dort aus könnte ich auch dem Berkelwanderweg folgen, einem Weg von der Quelle in Billerbeck bis zur Mündung im niederländischen Zutphen. Doch heute fahre ich der Beschilderung nach Richtung Billerbeck-Mitte. Ich sehe den Berkelquellstein, umrunde den Erlenbruchwald und habe links einen wunderschönen Ausblick auf Möllerings Hügel, den eine Baumgruppe ziert. Ich fahre weiter durch die Berkelfurt und komme an der Kreisstraße an. Links sehe ich das Sport- und Freizeitzentrum Helker Berg mit Kunstrasenplatz,

‹ Der Billerbecker Dom

öffentlichen Volleyballfeldern und einer Skater-Snake. Ich könnte einen Abstecher machen zum Sportpark Billerbeck mit Tennisplätzen, Bowlingbahnen und einer elektronischen Schießanlage. Diese Sportarten hebe ich mir für eine andere Gelegenheit auf und fahre weiter entlang der Berkel, komme am Wassertretbecken vorbei und sehe die Kolvenburg. Die alte Wasserburg wurde im 13 Jahrhundert von Rittern aus Billerbeck errichtet. Seit 1976 dient sie als Ausstellungszentrum des Kreises Coesfeld. Des Weiteren werden die Räumlichkeiten für Veranstaltungen wie Konzerte, Lesungen oder Vorträge genutzt. Ich fahre nun rechts, folge links der Fahrradausschilderung und komme zu einer Fußgängerampel, die ich überquere, um stadtauswärts weiterzufahren. Nun bin ich auf einem Teil des Sint-Luers-Weges, erkennbar an dem gelb-blauen Logo mit der Figur des Heiligen Ludgerus, dem Stadtheiligen von Billerbeck, der der Überlieferung nach im Jahre 809 in Billerbeck gestorben ist.

Über den Radweg fahre ich nun an Haus Hameren vorbei bis zur Bergallee und biege rechts ab Richtung Kloster Gerleve. Bei der nächsten Möglichkeit fahre ich links, um mich dem Kloster von hinten zu nähern. Dann biege ich noch einmal rechts ab, und schon hat man einen schönen Blick auf die Benediktinerabtei. Es lohnt sich immer, dort eine Pause einzulegen. Die dreischiffige Basilika wurde im Stil der Neoromanik von Pater und Architekt Ludger Wilhelm Rincklake entworfen. Ursprünglich stand auf dem Gelände des Klosters der Hof der Familie Wermelt. Drei Geschwister lebten zuletzt auf dem Hof; da diese kinderlos blieben, ging der Hof als Schenkung an die Mönche der Erzabtei Beuron. In den Jahren 1937–38 wurde das stark beschädigte Kloster vom Kölner Architekten Dominikus Böhm restauriert und umgestaltet. Unter der Bezeichnung „Forum Gerleve" finden mehrmals im Jahr gut besuchte öffentliche Vorträge und Konzerte in der Abtei Gerleve statt.

Nun geht es links an der Abtei vorbei und zurück Richtung Billerbeck. Geradeaus über die Bergallee durch Westhellen führt mich mein weiterer Weg bis zur Osthellener Straße. Dort biege ich rechts ab und fahre so weit Richtung Billerbeck, bis ich an einer ganz besonders scharfen Kurve

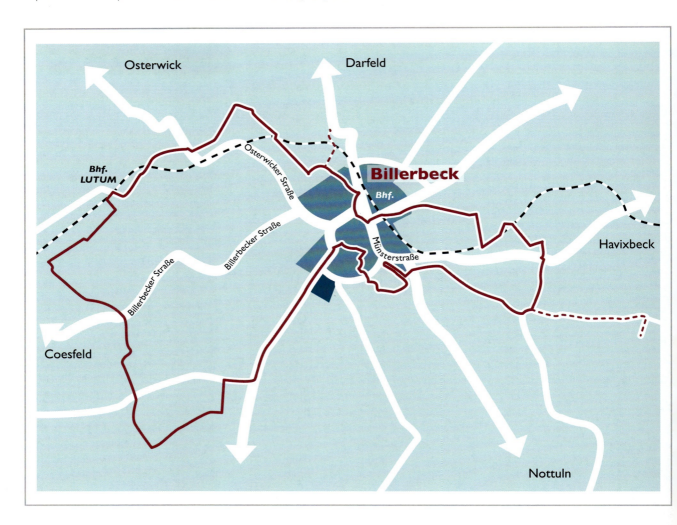

Zur Druckversion (1:25.000) www.naviki.org/kultouren

links Richtung Bahnhof Lutum abbiege. Am Bahnhof Lutum habe ich ganz unterschiedliche Optionen. Entweder warte ich auf den nächsten Zug und fahre die wenigen Kilometer bis zum Billerbecker Bahnhof, oder ich fahre auf dem neuen Bahnradweg „Radbahn Westmünsterland", der ehemaligen Bahntrasse, fast ohne Steigung weiter nach Darfeld, Horstmar oder gar bis zum Endpunkt nach Rheine.

Oder – und dafür entscheide ich mich – ich fahre durch die Bauerschaften Lutum und Hamern zurück nach Billerbeck. Ich fahre also am Bahnhof Lutum vorbei, biege am Ende des Weges rechts ab und folge der Straße bis zur Siedlung Hamern. Dort fahre ich rechts und hinter der Häuserreihe wieder links an der Schützenwiese des Schützenvereines Heilige Familie Hamern-Lutum vorbei. Dann geht es weiter geradeaus, um bei der nächsten Möglichkeit rechts ab zu fahren – wieder Richtung Billerbeck. Schon bald habe ich wieder die weithin sichtbaren Türme des Billerbecker Domes vor Augen, fahre durch die sogenannte „Ewigkeit" meinem Ziel entgegen. Wenn die Wohngebiete der Stadt Billerbeck direkt vor mir liegen, biege ich noch einmal rechts ab und fahre einen Bogen Richtung Weissenburg, von dort habe ich einen wunderschönen Blick auf die Perle der Baumberge, wie Billerbeck auch genannt wird. Mein Weg führt mich dann weiter Richtung Stadt. Wenn ich den Weg nicht verlasse, liegt rechts neben mir der Ludgerus-Brunnen. Einen Wegweiser brauche ich nun nicht mehr. Den Dom fest im Blick bin ich wenige Minuten später in der historischen Innenstadt angelangt und stehe mitten auf dem Markt. Nun habe ich wieder die Qual der Wahl. Lerne ich die Stadt bei einer Stadtführung näher kennen? Da ist ein Blick in den Ludgerus-Dom mit seiner besinnlichen Atmosphäre und der gerade neu installierten Orgel ein Muss. Der Gang Richtung Johanniskiche mit dem traumhaften Ensemble der Speicherhäuschen schließt sich an. Auffallen wird jedem Besucher das Baumaterial in der warmgelben Farbe – der Baumberger Sandstein. Zum Schluss meiner Fahrradtour freue ich mich auf eine leckere Stärkung, die ich in den zahlreichen Restaurants und Gaststätten rund um den Dom finde.

❮ *Lehrpfad in Billerbeck*

⌃ *Baumberge-Express*

❮ *Theatermeile mit der Skulptur „Der gestiefelte Kater" von dem Künstler Kord Winter*

Steinbuttfilet mit Chorizo
auf Blattspinat an Champagnerschaum

Restaurant „Domschenke"
Ein lohnenswerter Ort für eine Rast auf dem Weg rund um Billerbeck ist die Domschenke im Ortskern direkt neben dem Ludgerusdom. Die Domschenke ist seit 1857 im Besitz der Familie Groll und wird heute von Petra und Frank Groll geleitet. Von Frank Groll stammt auch das folgende Rezept:

1. Den Steinbutt filieren und portionieren. Die Fischgräten in Olivenöl anschwitzen, die Gemüse, die Lorbeerblätter und den Thymian dazugeben, mit Weißwein ablöschen, mit Salz und Pfeffer würzen und mit Wasser auffüllen. Den Fischfond aufkochen und ziehen lassen.

2. Den Fond durch ein Tuch passieren, reduzieren lassen, die Sahne dazugeben, mit Mondamin abbinden, mit Butter aufmontieren und zum Schluss den Champagner dazugeben.

3. Die Chorizo pellen und in Scheiben schneiden. Den Steinbutt und die Chorizo in Olivenöl von beiden Seiten anbraten.

4. Den Spinat putzen und waschen. Zwiebelwürfel in Butter anschwitzen. Den Spinat dazugeben, mit Salz und Pfeffer würzen und bei zugedeckter Hitze garen. Den Spinat in ein Sieb geben und auf dem Teller anrichten.

5. Den Steinbutt darauf legen und mit Chorizo und Kartoffelstroh ausgarnieren. Die Sauce mit dem Stabmixer gut aufschäumen und anrichten.

Zutaten für 4 Personen
- 2 kg Steinbutt
- 0,05 l Olivenöl
- 200 g Chorizo
- 500 g Blattspinat
- 30 g Zwiebeln
- 20 g Butter

- 0,1 l Riesling
- 0,1 l Champagner
- Olivenöl
- 3 Lorbeerblätter
- 1 Zweig Thymian
- 50 g Porree
- 50 g Zwiebeln
- 50 g Fenchel
- Salz, Pfeffer
- 0,1 l Sahne
- 50 g Butter

Kartoffelstroh

Damkalbsrücken
im Crêpemantel

Restaurant Weissenburg
Unweit des Radwegs liegt das Hotel Restaurant Weissenburg mit seinem hauseigenen Wildgehege. Von der Terrasse aus hat man einen herrlichen Blick über Billerbeck. Chefkoch des Hauses, das bereits in der vierten Generation von Familie Niehoff geführt wird, ist Augustinus Niehoff.

1. Den Damkalbsrücken von allen Seiten scharf anbraten. Mit Salz und Pfeffer würzen und kalt stellen.

2. Die Zutaten für die Crêpes zu einem geschmeidigen Teig verrühren. Die Butter als Letztes unterheben. 4 Crêpes herstellen und ebenfalls kalt stellen.

3. 200 g Pfifferlinge in Butter mit Zwiebelwürfeln anbraten, mit Salz und Pfeffer würzen und kalt stellen. Die kalten Pfifferlinge grob hacken.

4. Die Putenbrust grob würfeln, mit Salz und Pfeffer würzen und in der Küchenmaschine zusammen mit den Eiern und der Nussbutter zerkleinern. Nach und nach die Sahne zugeben, die Farce mit Madeira und Sherry, Salz und Pfeffer abschmecken und die gehackten Kräuter und Pfifferlinge unterheben.

5. Die Crêpes viereckig ausschneiden und mit der Farce bestreichen. Den Damkalbsrücken darin einschlagen und zuerst in Klarsichtfolie, dann in Alufolie einwickeln. Je nach Dicke der Rolle im Wasserbad 20–30 Minuten bei ca. 85 °C ziehen lassen.

6. Die Schalotten fein würfeln und mit Speck in einer Pfanne anbraten. Die gehackte Petersilie unterheben. Die geschälten, gekochten Kartoffeln abdampfen lassen und warm durch die Kartoffelpresse drücken. Den Speck und die Zwiebeln unterheben, die Eigelbe und das Ei einarbeiten und mit Salz und Muskat würzen. Die Kartoffelmasse auf einer Arbeitsplatte mit wenig Mehl zu einer Rolle formen, auskühlen lassen und in ca. 2 cm große Stücke schneiden. Von beiden Seiten goldbraun braten.

7. Für die Sauce Wildfond einkochen und mit Holunderbeersaft und Likör abschmecken. Mit kalten Butterflocken und geschlagener Sahne aufschäumen.

8. Vor dem Servieren die restlichen Pfifferlinge in Butter und Zwiebelwürfeln braten.

9. Die Crêperoulade auspacken, bei kleiner Hitze einige Minuten im Ofen ruhen lassen, aufschneiden und servieren.

Dazu passt leicht blanchiertes Gemüse, wie z. B. Kaiserschoten, Broccoli und kleine Maiskolben.

Zutaten
800 g Damkalbsrücken, pariert

400 g Mehl, 400 g Milch
3 Eier, 50 g flüssige Butter
Salz, Zucker
gehackte Kräuter
Öl zum Braten

400 g Pfifferlinge, Butter
Zwiebelwürfel
Salz, Pfeffer

130 g Putenbrust, 1 Ei
40 g Nussbutter, flüssig, kalt
160 g Sahne
Salz, Pfeffer
Madeira
trockener Sherry
Petersilie, gehackt
Schnittlauch

250 ml Wild-Fond
Holunderbeersaft, Likör

Pommes macaire:
600 g mehlig kochende Kartoffeln
1 Schalotte
50 g Würfelspeck
2 Eigelb, 1 Ei
Petersilie, gehackt
Salz, Pfeffer, Muskat
Butter zum Braten

Tour
Länge: 21,79 km
Dauer: 1:27 Std.
Verbrannte Kalorien: 322,77 Kcal

Im „Lebendigen Museum"
wird erfahrbar, wie unsere Großeltern gelebt haben
Dr. Christian Schulze Pellengahr, Bürgermeister der Stadt Velen

*Seit Oktober 2009 ist **Dr. Christian Schulze Pellengahr** (CDU) Bürgermeister von Velen. Der gelernte Volljurist ist Jahrgang 1975, verheiratet und hat zwei Kinder.*
In seiner Freizeit fährt er gerne mit der Familie durchs Münsterland.

Ich beginne meine Radtour am Rathaus in Velen, der früheren Amtsverwaltung, unweit der altehrwürdigen St.-Andreas-Pfarrkirche und lade Sie ein zu einer gemütlichen Fahrt rund um Velen und Ramsdorf. Auf den rund 21 Kilometern Wegstrecke erfahren Sie viel von Land und Leuten und können sich selbst einen Eindruck von Geschichte und Gegenwart dieser reizvollen Kleinstadt im westlichen Münsterland machen, die bereits seit 2003 „staatlich anerkannter Erholungsort" und Ziel vieler Radtouristen ist.

In direkter Nachbarschaft zum Rathaus in Velen befindet sich auch das Wasserschloss der Herren von Velen, das einst mit einer Freiheit und einem eigenen Gerichtsbezirk umgeben war und noch heute einen Eindruck von der Bedeutung der früheren Schlossherren vermittelt. Ich schiebe mein Rad durch den Schlossinnenhof, wo der Besucher mehrmals am Tag vom Klang des nach historischem Vorbild vor einigen Jahren wieder neu geschaffenen Glockenspiels begrüßt wird, und genieße den herrlichen Anblick des Schlosses, das über viele Jahrhunderte Sitz der Grafen von Landsberg-Velen gewesen ist, denen das Schloss mit seinen Ländereien noch heute gehört, und die hier seit mehr als einem Vierteljahrhundert ein Sporthotel betreiben. Es lohnt hier ein Abstecher in das Restaurant im Hauptgebäude oder in die Orangerie, die nach Plänen Johann Conrad Schlauns im 18. Jahrhundert erbaut wurde, und deren im Original erhaltene Stuckaturen ebenso sehenswert sind wie der stimmungsvolle Gewölbekeller, der ebenfalls ein Restaurant beherbergt.

Kurz vor der Haupttreppe des Schlosses biege ich links ab und gehe über die Brücke, die mich über die Schlossgräfte führt, folge weiter dem Weg durch den erst jüngst wieder nach alten Plänen neu angelegten Schlosspark in den Tiergarten, ein ausgedehntes Waldgebiet, das den Herren von Velen als Jagdrevier diente. Weiter geht es geradeaus über die „Lange Kieke", die lange Achse, die schnurgerade durch den Tiergarten führt, vorbei an der alten Fasanerie Theresienlust und dem Forsthaus – beides ebenfalls Gebäude aus dem 18. Jahrhundert, die nach Schlaun'schen Plänen erbaut wurden und noch heute von der ursprünglichen Nutzung des Waldgebietes Zeugnis geben. Am Ende der „Langen Kieke" biege ich links ab und folge dem Weg in lockerer Fahrt am Rande des Tiergartens entlang, folge dem Bachlauf des Vennbaches und des bald auch parallel geführten Schwarzen Baches, die mich ein ganzes Stück begleiten, bis ich nach einigen Wegbiegungen auf die alte Heidener Straße stoße, in die ich rechts einbiege, und auf der ich nun noch einige hundert Meter bis zum Gut Roß zurücklege, das in den 1880er Jahren vom Westfälischen Bauernpräsidenten Graf Max von Landsberg-Velen als landwirtschaftliches

Mustergut errichtet und angelegt wurde. Hier ist mein Ziel die alte, denkmalgeschützte Wassersägemühle, die 2008 behutsam restauriert und vom Heimatverein Velen wieder flott gemacht wurde. Seitdem ist sie ein Standort des „Lebendigen Museums", das von der Bürgerstiftung getragen wird. Die Sägeinnung des Heimatvereins lädt hier an den Wochenenden der Sommermonate die Besucher zur Besichtigung der Sägemühle ein und führt gerne auch nach terminlicher Vereinbarung in die Geheimnisse der Turbine und der früheren Bewirtschaftung der Gutssägemühle ein, die schon von Beginn an auch für die Land- und Forstwirte der Umgebung als Lohnsägemühle zur Verfügung stand.

Wenn das Wasser aus dem aufgestauten Bachlauf auf die alte Turbine fällt, kommt schnell Leben in die Sägemühle, deren Sägegatter seine Kraft noch heute vom Wasser über die alte Transmission erhält. Dann wird deutlich, welche Urgewalten hier gebändigt werden. Sie sind in der

◀ *Schloss Velen, in den Jahren 1744/45 erneuert und erweitert nach Plänen von Johann Conrad Schlaun*

Lage, auch dickste Eichenstämme präzise durchzusägen. Nach der Besichtigung dieses Kleinodes besteige ich wieder mein Fahrrad, fahre am alten Haupthaus von Gut Roß vorbei, biege am Ende des Weges rechts ab, folge dem Wirtschafts- und Fahrradweg und fahre Richtung Ramsdorf über den „Knüverdarp", eine Bauernschaft mit besonderem Zusammengehörigkeitsgefühl und viel Eigeninitiative. Schon bald sehe ich mein Ziel mit dem markanten alten Ramsdorfer Kirchturm vor Augen und fahre über den Beckhook in den Ort Ramsdorf hinein, überquere die Velener Straße, fahre vorbei an der Walburga-Grundschule und direkt zur benachbarten St.-Walburga-Pfarrkirche, ein architektonisch schön gestaltetes Gotteshaus, dessen Besuch sich lohnt. Auf einer Linie mit dem Chorraum, fast schon ein wenig versteckt, befindet sich im Schatten der Kirche hinter einem alten, schmiedeeisernen Gitter die denkmalgeschützte frühere Pastorats-Scheune, in der seit ihrer umfassenden Restaurierung im Jahre 2008 „Beckmanns alte Schmiede" zu Hause ist.

Auch sie ist heute ein Standort des „Lebendigen Museums". Hier zeigen Mitglieder der Schmiedeinnung des Ramsdorfer Heimatvereins, wie in früheren Zeiten das Eisen geschmiedet wurde und was sich auch heute noch aus dem glühenden Eisen formen lässt – und all dies in ihrer Freizeit ehrenamtlich, da sie gerne die alten Techniken der jüngeren Generation vorführen möchten.

Von der Schmiede aus geht es durch Ramsdorfs gute Stube, die Lange Straße, vorbei an Gasthäusern, Geschäften und Cafés zur alten Ramsdorfer Burg, die im Mittelalter dem Münsteraner Fürstbischof als Schutz- und Grenzbefestigung diente, in der aber seit mehr als 80 Jahren das Historische Museum der Stadt beherbergt ist. Hier lohnt sich ein Rundgang durch die umfangreiche Ausstellung zur Stadt- und Siedlungsgeschichte mit der sich anschließenden naturkundlichen Abteilung im Dachgeschoss der Burg, um sich danach bei Kaffee und Kuchen oder einem kühlen Eis in der direkten Nachbarschaft zu stärken.

Stärken kann man sich auch an meinem nächsten Etappenziel, dem Dorfgemein-

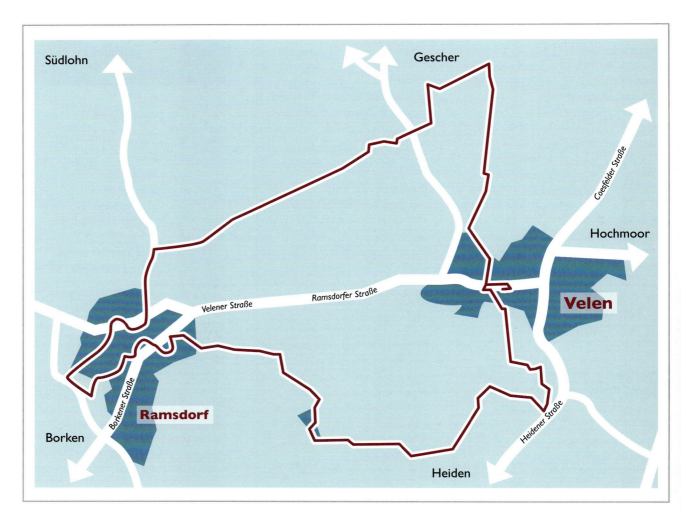

Zur Druckversion (1:25.000) www.naviki.org/kultouren

schaftshaus mit dem weiteren Museumsstandort des „Lebendigen Museums", denn es liegt in direkter Nachbarschaft zu Dröning's Landcafé.

Hier empfehle ich einen Blick in die Ausstellung alter landwirtschaftlicher Gerätschaften, die in regelmäßigen Abständen von den „Doskerkerls" vorgeführt werden, einer passionierten Vereinigung sach- und fachkundiger Herren, die sich den Erhalt solcher alter Gerätschaften zur Aufgabe gemacht haben. Während dem Besucher hier alles über den Kartoffelanbau erklärt wird, geht es am nächsten Museumsstandort der „Doskerkerls", am Doskerschoppen, um den Getreideanbau. Wir erreichen ihn nach einigen weiteren Kilometern gemütlicher Fahrt, die uns u. a. über den Dorenfeldweg durch Nord- und Waldvelen führt. Auch hier finden wir beeindruckende Geräte aus der Zeit von etwa 1850–1960, also einer Zeit, in der die Industrialisierung und Technisierung auch in die Landwirtschaft Einzug hielt.

So können Sie sich beispielsweise den großen „Petermann-Dreschkasten" oder aber eine typische Häckselmaschine ansehen und dabei eintauchen in eine Zeit, die zwar inzwischen vergangen ist, die jedoch für unsere Region bis auf den heutigen Tag prägende Spuren hinterlassen hat.

Vom Doskerschoppen geht es wieder zurück nach Velen, vorbei am Waldgebiet „Schwarzes Kott", das mit seinem Wegenetz einst das Gegenstück zum Tiergarten darstellte und heute ebenfalls der Naherholung und zahlreichen Sportlern als Parcours dient, die sich dank der LED-Beleuchtung hier auch in den Abendstunden fit halten können.

Am Rathaus, das auch der Ausgangspunkt dieser Strecke ist, endet meine Lieblingstour durch das Stadtgebiet von Velen.

Ich hoffe, Sie haben bei der Lektüre Lust bekommen, die Tour ebenfalls zu erfahren und besuchen uns einmal in Velen und Ramsdorf, wo ich Sie schon jetzt sehr herzlich willkommen heiße.

❮ Sägemühle Gut Roß in Velen

▲ Die Sägemühle kann in Betrieb besichtigt werden

❮ Hof Picker-Warnsing in Velen

▼ Der Tiergarten ist ein ausgedehntes Waldgebiet

Variation von Münsterländer Lamm
und Rind mit Birne, Bohne, Speck

SportSchloss Velen

Stilvolle Bauten, romantisches Grün, kunsthistorische Schätze – eine über die Jahrhunderte gewachsene Vielfalt prägt das SportSchloss Velen. Als Mitglied der Vereinigung „So schmeckt das Münsterland" setzen wir in der Gastronomie auf regionale Köstlichkeiten, gepaart mit internationaler Raffinesse.

1. **Bohnengemüse mit Birne und Speck:** Prinzess- und Breite Bohnen putzen. Alle Bohnen blanchieren und in Eiswasser abschrecken. Von den Prinzessbohnen 300 g beiseite stellen. Die restlichen Prinzess- und Breiten Bohnen in gleich lange Segmente schneiden. Dicke Bohnen von der äußeren Haut befreien. Die Kirschtomaten kurz in kochendes Wasser geben, in Eiswasser abschrecken und sechsteln. Den Lardo in Streifen schneiden. Die Birne schälen und in 5 x 5 mm breite Würfel schneiden. Alles zusammen in Butter erwärmen und mit Salz, Pfeffer und Bohnenkraut würzen.

2. **Kartoffelpüree:** Die Kartoffeln schälen und weich kochen, dann stampfen oder durch ein Sieb streichen, mit Butter und Milch zu einem Püree verarbeiten. Mit Salz, Pfeffer und Muskatnuss würzen.

3. **Erbsenpüree:** Die Erbsen blanchieren und in Eiswasser abschrecken. Im Thermomix mit der gleichen Menge an Kartoffelpüree glatt rühren und salzen.

4. **Kalbsbäckchen:** Das Gemüse in Würfel schneiden. Die Kalbsbäckchen in Öl anbraten, herausnehmen und beiseite stellen. Im Topf das Gemüse anbraten. Danach das Tomatenmark dazugeben. Mit Port- und Rotwein ablöschen und einkochen lassen. Mit der Brühe füllen, den Gewürzbeutel und die Kalbsbäckchen dazugeben und auf dem Siedepunkt für ca. 1 ½ Stunden schmoren. Die Bäckchen herausnehmen und die Sauce durch ein Sieb passieren und reduzieren, bis sie eine gebundene Konsistenz erreicht. Mit Salz, Pfeffer und Honig abschmecken.

5. **Lammbries:** Das Lammbries ca. 2 Stunden wässern, dann trockentupfen. Wasser erhitzen, leicht salzen und das Bries 20 Minuten darin gar ziehen lassen. Bries auf walnusskerngroße Segmente putzen. Aus Mehl, Backpulver, Wasser und einer Prise Salz einen Teig erstellen. Das Lammbries mehlieren und durch den Backteig ziehen. In Fett ca. 5 Minuten ausbacken.

6. **Rinderrücken:** Den Rinderrücken anbraten und für ca. 20 Minuten. bei 50 °C in den Backofen geben, danach 2 Minuten ruhen lassen. Mit Meersalz und Pfeffer würzen und in 1 cm dicke Tranchen schneiden.

7. **Bohnenteppich:** 100 g Prinzessbohnen der Länge nach halbieren, auf dieselbe Länge schneiden und anrichten.

8. **Bohnen Chartreuse:** Die restlichen Prinzessbohnen senkrecht in einem Ausstechring mit 5 cm Durchmesser aufstellen, mit Kartoffelpüree mittig füllen. Bohnen bündig zum Ausstechring abschneiden und erwärmen.

Zutaten für 2 Personen

- 400 g Prinzessbohnen
- 100 g Dicke Bohnen
- 100 g Breite Bohnen
- 6 Kirschtomaten
- 1 Messerspitze Bohnenkraut
- ½ Williams Birne
- 30 g Lardo Speck
- 300 g Kartoffeln
- 50 ml Milch
- 25 g Butter
- Muskat
- 100 g Erbsen
- 2 Kalbsbäckchen, sauber geputzt
- 2 Karotten
- ¼ Sellerieknolle
- 1 Stange Porree
- 1 Zwiebel
- 200 ml Rotwein
- 200 ml Portwein
- 1 EL Tomatenmark
- 1 Gewürzbeutel (mit Senfsaat, Piment, Nelke, Pfefferkörnern, Lorbeerblatt, Wacholderbeeren)
- 1 l Gemüsebrühe
- 1 EL Honig
- 200 g Lammbries
- 100 g Mehl
- 1 g Backpulver
- 150 ml Wasser
- 150 g Rinderrücken, pariert
- Pfeffer, Salz
- Meersalz

Tour

Länge: ca. 26 km
Dauer: 1:45 Std.
Verbrannte Kalorien: 447,61 Kcal

Mehr über das Sehenswerte in Borken erfahren Sie im Video

Pättkestour rund um Borken

Lieblingsfahrradtour von Rolf Lührmann, Bürgermeister der Stadt Borken

Am 18. Mai 1951 wurde **Rolf Lührmann** in Münster geboren. Dort hat er 1969 sein Abitur gemacht und die beiden juristischen Staatsexamina (1977/1979) abgelegt. Seit 1982 ist er als kommunaler Wahlbeamter tätig, zuerst als Erster Beigeordneter der Stadt Gescher (1982–1988), später als Stadtdirektor der Stadt Ennigerloh (1988–1992) und seit 1992 – also seit 22 Jahren – in Borken, erst als Stadtdirektor und dann als Bürgermeister. Er ist verheiratet und hat zwei erwachsene Kinder.

Wir starten auf dem Borkener Marktplatz direkt vor der Tourist-Info – der Weg vom Bahnhof Borken zur Tourist-Info ist ausgeschildert. Wer den Tag mit einem guten Frühstück beginnen möchte, hat am Marktplatz in verschiedenen Cafés und Bäckereien eine gute Auswahl. Wenn gewünscht, können wir uns bei der Tourist-Info auch gleich ein gutes Hollandrad mieten, falls das eigene Fahrrad zu Hause steht.
Den roten Radwegezeichen (Pfeilwegweiser) folgend fahren wir in Richtung Rhede/Bocholt. Der Blick auf den Diebesturm zeigt uns den Weg. Im Diebesturm (erbaut zwischen 1326 und 1433) befinden sich das Trauzimmer und das Archiv der Stadt Borken. Er ist einer von fünf noch erhaltenen Stadttürmen. Borken war im Mittelalter eine Stadt mit einem Befestigungsring, vier Stadttoren und ehemals acht Stadttürmen. Den Diebesturm nennt man in Borken auch den „Liebesturm".
Bis 1908 war der Diebesturm offizielles Stadtgefängnis. Im Stadtarchiv lässt es sich nachlesen – auch „Lebenslängliche" mussten im Diebesturm einsitzen.

An der Nutzung des Turmes hat sich also nicht viel geändert. „Lebenslänglich" gibt`s auch heute noch im Diebesturm. Allerdings werden heute statt der schweren Ketten zarte Bande angelegt.
Wir machen über den Weg links vom Turm einen Abstecher zum Borkener Rathaus. Das Gebäude hat neubarocke Formen und wurde 1908 errichtet. Borken ist bereits seit 1816 Kreisstadt. Nun fahren wir zurück zum Diebesturm.
Vor dem Diebesturm stehend geht es nach rechts, an den Resten der alten Stadtmauer entlang. Wir folgen den roten Zwischenwegweisern des Radwegesystems über die Johann-Walling-Straße und die Kapellenstraße. Am Ende der Bebauung der Kapellenstraße geht es links ab in einen Radweg, und wir fahren weiter, den Pfeil- und Zwischenwegweisern in Richtung Rhede/Bocholt folgend. Wir radeln über schöne Pättkes durch die Auen der Borkener und Bocholter Aa. Auf der Neumühlenallee angekommen, biegen wir links ab und fahren nach etwa 700 Metern durch einen Fußgänger- und Fahrradtunnel unter der B 70 her. Ab da folgen wir einem sehr schönen Weg durch Wiesen und Felder entlang der Bocholter Aa und kommen mit den Wegweisern des Radwegesystems zum Freizeitpark Pröbsting und zum Herrenhaus Pröbsting. Wir fahren zunächst in den Innenhof des Herrenhauses und erfreuen uns an der schönen Anlage. Das ursprüngliche Steinhaus wurde bereits 1345 ausgebaut. In den Gebäuden befindet sich eine Privatklinik. In direkter Nachbarschaft hat der Borkener Zucht-, Reit- und Fahrverein mit

einer weitläufigen Reitanlage sein Domizil. Mehrmals im Jahr richtet der Verein international besetzte Hallen- und Freilandturniere aus. Das Anwesen verlassen wir nach links und folgen der wunderschönen Pröbstinger Allee, überqueren die L 581 (Bocholter Straße) und fahren geradeaus in das Ollipättken. Leicht bergauf geht es vorbei an Gemüseanbau-Feldern, überwiegend für

◀ *Borkener Marktplatz*

▲ *Die Sonne auf dem Planetenweg in Borken am Pröbstingsee*

das Iglo-Werk in Reken. Oben angekommen biegen wir rechts in die Straße Am Bookensteen ein und fahren dann links haltend über Alter Schulweg auf die Brücke über die B 67, die seit 2012 Borken und Bocholt verbindet. An der T-Kreuzung rechts in die Aechterhookstraße und geradeaus über die Westenborkener Straße, zwischen den Gehöften links haltend folgen wir der „agri cultura"-FietsRadRoute, die im Grenzgebiet Westmünsterland und Achterhoek/NL eine thematische Route erschließt. Wäldchen wechseln mit Wiesen und Feldern. An der Weggabelung halten wir uns rechts im Roggenkamp und biegen wenig später nach links in den Dillenberg ein, dem wir bis zur Rhedebrügger Straße folgen.

Hier geht es nach rechts auf dem Radweg über die Brücke der B 67, weiter bis zur Bocholter Straße, die wir überqueren, um dann auf dem Radweg nach rechts zu fahren. Nach wenigen hundert Metern biegen wir links ab in den Pröbstinger Busch und fahren dann bald nach rechts auf das Gelände des Freizeitparkes Pröbsting mit dem Ferien- und Erholungsgebiet Campingplatz Pröbstinger See. Der neue Kletterwald Borken mit Kletterwald Bistro und schöner Außenterrasse bietet Gelegenheit, Kraft und Geschicklichkeit zu testen und ein paar andere Muskelpartien zu trainieren. Vielleicht ist ja „die Badehose mit im Gepäck" – bei sommerlichen Temperaturen hält der Naturbadesee eine willkommene Abkühlung bereit.

Wir folgen weiter den Radwegezeichen in Richtung Borken an den Seen entlang. Auch am Ostende des Pröbstingsees bietet sich eine Rastmöglichkeit am schön gelegenen Kiosk mit Außenterrasse und Bootsverleih.

Zurück an der Pröbstinger Allee fahren wir nach links und gelangen am Ende der Allee zum Café-Restaurant Jägerkrug.

Die Vardingholter Straße überquerend geht es nach links auf dem Radweg und nach 100 Metern rechts in den Hoxfelder Esch durch die Bauerschaft Hoxfeld. Nach etwa 800 Metern biegen wir rechts ab in den Garvertsweg. Von hier aus haben wir einen schönen Blick von Westen über das in das Aa-Tal eingebettete Borken mit dem herausragenden Kirchturm der Remigius-

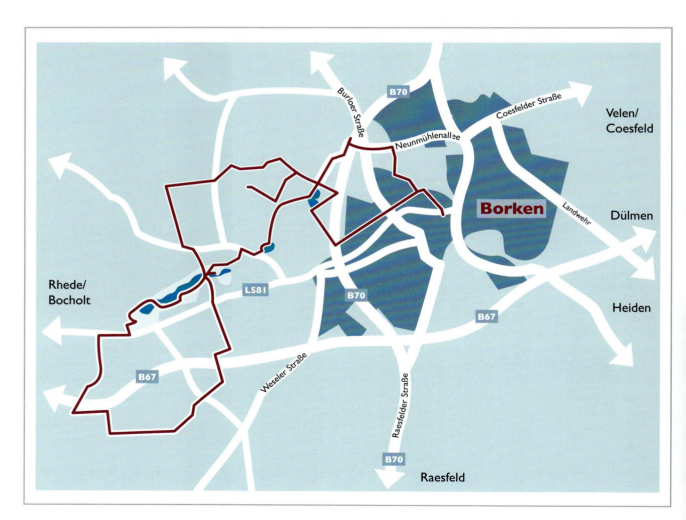

kirche. An der Kreuzung geht es links in den Weg Mühlenbree und wenig später rechts in die Straße Steinrott, oberhalb des Borkener Flugplatzes, auf dem bei gutem Wetter reger Betrieb herrscht. Dann nach rechts abbiegen und auf Zum Flugplatz bis zum Flugplatz Borken-Hoxfeld fahren. An den Wochenenden und täglich in den Sommerferien starten und landen dort Segel- und Motorflugzeuge. Vielleicht haben Sie Lust auf eine Kaffeepause und sehen dabei dem Treiben von der Terrasse aus zu. Zurück zum Steinrott und nach rechts leicht abschüssig geht es zur Bocholter Aa, über die Brücke hinweg und nach 30 Metern rechts in Richtung Kläranlage in den Klockenhövel. Über die Felder geht es dann links ab in den zweiten Weg und am Ende links einbiegend auf den schön angelegten Radweg, der auf dem alten Bahndamm verläuft, auf dem bis 1974 die Personenzüge nach Bocholt fuhren. Wir folgen diesem Radweg bis wir gleich nach Überquerung der Borkener Aa wieder die Kapellenstraße erreichen, nach rechts in selbige einbiegen und den bekannten Weg zurück in die Borkener Innenstadt nehmen. Hier beenden wir den aktiven Tag und genießen als Belohnung noch einen dicken Eisbecher in einer der Eisdielen in der Innenstadt.

Hat Ihnen diese Radtour gefallen, und möchten Sie unsere Region besser kennenlernen? – Weitere schöne Radrouten, wie die 100-Schlösser-Route, die Flamingo-Route, die „agri-cultura"-FietsRadRoute, die Naturpark-Hohe-Mark-Route und der Bocholter Aa-Radweg, verlaufen durch Borken und warten darauf, von Ihnen entdeckt zu werden.

❮ *Das Haus Pröbsting ist ein denkmalgeschütztes Gebäude in Hoxfeld*

▲ *Bootssteg am Pröbstingsee*

❮ *Josef-Bresser-Sternwarte in Borken-Hoxfeld*

▼ *Flugplatz Borken-Hoxfeld*

Kaninchenrückenfilet
auf Spitzkohlgemüse im Buchweizenpfannkuchen

Gasthof Enning

Nach ihrer Ausbildung auf der Weissenburg in Billerbeck und nach Stationen in Neuenkirchen, Stuttgart und Essen-Kettwig kehrte Annette Enning ins Münsterland zurück. Seit 1991 führt sie zusammen mit ihrem Mann Ludger den Familienbetrieb in Borken. Der Gasthof Enning gehört zu den ältesten Gasthöfen im Münsterland und wurde im Jahre 1662 erstmals urkundlich erwähnt. Der Gasthof Enning verbindet traditionelles Ambiente mit einer modernen Küche und lädt Sie ein, dort einige schöne Stunden zu verbringen. Annette Enning stellt Ihnen hier eines ihrer Rezepte vor:

1. Zubereitung der Pfannkuchen: Das Buchweizenmehl mit dem Kaffee am Vortag verrühren und bei Zimmertemperatur stehen lassen. Am Zubereitungstag mit Salz, etwas Wasser und dem Ei verrühren und 4 knusprige Pfannkuchen backen.

2. Zubereitung des Gemüses: Den Spitzkohl halbieren, den Strunk entfernen, den Kohl in Streifen schneiden, waschen und abtropfen lassen. Die Zwiebeln würfeln und in wenig Butter angehen lassen. Den Spitzkohl dazugeben, mit Salz, Kümmel und Muskat würzen, Sahne und Milch dazugeben und kurz halten. Die Möhren in feine Streifen schneiden und unterheben.

3. Zubereitung des Filets: Das Kaninchenrückenfilet von der Sehne befreien, mit Kräutern würzen und jedes Filet einzeln mit Schinken umwickeln. Leicht in der Pfanne anbraten und ruhen lassen.

4. In den eingeschlagenen Pfannkuchen den Spitzkohl geben, das Filet schräg aufschneiden und anrichten. Mit Rübenkraut garnieren.

Zutaten für 4 Personen

Für die Pfannkuchen:
100 g Buchweizenmehl
200 ml kalter Kaffee
Wasser, 1 Ei, Salz
Rübenkraut

Für das Gemüse:
400 g Spitzkohl
100 g Zwiebeln
Salz, Muskat
gemahlener Kümmel
50 g Milch, 50 g Sahne
50 g Möhren

Für das Filet:
600 g Kaninchenrückenfilet
4 Scheiben milder Münsterländer Knochenschinken, luftgetrocknet
Schnittlauch, Petersilie
Thymian, Rosmarin, Pfeffer

Borkener Waffeln
mit heißen Schattenmorellen und Vanilleeis

Hotel-Restaurant „Haus Waldesruh"
Diana Lüttgens hat den Beruf der Hotelfachfrau erlernt. In ihrer Ausbildung nahm sie beim Mannschaftswettbewerb der Fachmesse auf Landesebene teil und bekam für ihre Leistung die Goldmedaille. Im Haus Waldesruh entdeckte sie ihre Leidenschaft zum Kochen und Backen. Heute leitet sie zusammen mit ihrem Mann den Betrieb.
Viele Gäste des Betriebes loben besonders die hausgebackene „Borkener Waffel" dessen Rezept sie hier vorstellt.

1. Den Zucker, den Vanillezucker und die Butter mit einem Mixer schaumig rühren.

2. Die Eier unterrühren.

3. Das Mehl und das Backpulver durch ein Sieb sieben und dann das Gemisch unter die Masse rühren.

4. Nun noch die Vollmilch unterrühren.

5. Den Teig im Waffeleisen backen.

6. Die Waffel nach Wunsch servieren.

Hier servieren wir die Waffel mit frischer Schlagsahne, einer Kugel Vanilleeis und heissen Kirschen.

Zutaten für den Teig
230 g Zucker
20 g Vanillezucker
250 g Butter
10 Stück Eier
500 g Weizenmehl Type 405
10 g Backpulver
500 ml Vollmilch

Tour
Länge: 50,47 km
Dauer: 3:21 Std.
Verbrannte Kalorien: 747,42 Kcal

Unterwegs auf dem Westkurs der 100-Schlösser-Route

Radtour von Dr. Kai Zwicker, Landrat des Kreises Borken

Dr. Kai Zwicker ist seit 2009 Landrat des Kreises Borken. Gebürtig stammt der 46-Jährige aus Gronau, heute lebt er mit seiner Familie in Heek. Hier war der Jurist zehn Jahre lang Bürgermeister, bevor er zum Landrat des Kreises Borken gewählt wurde. Schon als Jugendlicher interessierte er sich für Politik. Er engagierte sich zunächst in der Jungen Union und später in der CDU für die Belange der Bürgerinnen und Bürger. Dr. Zwicker ist sehr heimatverbunden und genießt vor allem Radtouren mit Familie und Freunden durch das Münsterland.

Unsere Tour beginnt inmitten des Stadtzentrums von Ahaus. Meine Familie und ich haben uns einen Teil der insgesamt 960 Kilometer langen 100-Schlösser-Route ausgesucht, die ihrem Namen wirklich alle Ehre macht und an sehenswerten Burgen, Herrensitzen und Schlössern vorbeiführt. Da ich in Gronau geboren bin und mit meiner Familie inzwischen in Heek lebe, sind mir die Straßen und Wege im nördlichen Kreisgebiet, durch das unsere Route führt, besonders gut vertraut. Unser Startpunkt liegt direkt vor einem imposanten Bauwerk: Das beeindruckende Barockschloss Ahaus, in dem früher der Fürstbischof von Münster im Sommer residierte, befindet sich im Herzen der Stadt und verleiht ihr besonderen Charme. Wer nicht gleich aufs Rad steigen möchte, findet in den historischen Mauern zwei Museen – das Torhaus- und das Schulmuseum. Vom Schlosspark aus haben wir einen tollen Blick auf das Schloss, das im 17. Jahrhundert entstanden ist.

Auf einem etwa acht Kilometer langen, gut ausgeschilderten Radweg fahren wir anschließend nach Heek. Die Strecke gehört zum Westkurs der 100-Schlösser-Route, der insgesamt 310 Kilometer lang ist und durch die weite, grüne Landschaft des Münsterlandes führt. So geht es abseits der belebten Straßen vorbei an Wiesen und Feldern, die immer wieder durch Baumgruppen, Wallhecken oder kleine Wälder unterteilt werden. Entlang der Strecke sehen wir viele gepflegte Bauernhöfe, dann und wann Hofkreuze und Bildstöcke: Die berühmte münsterländische Parklandschaft lässt sich hier wunderbar genießen. In Heek ist vor allem der am Marktplatz gelegene Eppingsche Hof einen Besuch wert. Der denkmalgeschützte, älteste erhaltene Bauernhof des Ortes, dessen Bausubstanz aus dem Jahr 1857 stammt, wurde 1990 zu einem Bürgerzentrum ausgebaut. Viele Vereine nutzen den ehemaligen Hof, der nicht weit von der Pfarrkirche liegt. Vor dem Haus grüßt die Schlöffkenstatue. Sie ist einer alten Fastnachtstradition, dem Schlöffkenbrauch, nachempfunden: Männer ziehen dabei mit zwei verschiedenen Schuhen und einem Stock mit Mettwurst durch das Dorf und kehren reihum in die Gasthöfe ein. In einem der gemütlichen Lokale im Ort legen auch wir eine kurze Pause ein, bevor wir weiterradeln.

Die folgende Etappe ist recht kurz. Sie führt uns nach Nienborg, dem zweiten Ortsteil der Gemeinde Heek, der ebenfalls sehr geschichtsträchtig ist. Durch das historische Torhaus gelangen wir auf das Burggelände mit seinen drei Burgmannshöfen. Einer davon ist die Keppelborg, deren Geschichte bis ins 15. oder 16. Jahrhundert zurück-

◀ *Das Schloss Ahaus*

▲ *Das Torhaus in Asbeck*

▲ *Bronzefigur: Der Mövenschwarm von Rudolf Breilmann, Münster*

reicht. Das zweistöckige Herrenhaus wurde zusammen mit der alten Burgmauer errichtet, später kam ein weiterer Trakt hinzu. Optisch nicht minder eindrucksvoll sind die zwei anderen Höfe – das Hohe und das Lange Haus. Das Hohe Haus, das im Laufe seiner Geschichte bereits das Landratsamt des Kreises Ahaus und die Polizeistation Nienborg beherbergte, überragt mit seinem Dreistaffelgiebel die übrigen Gebäude. Das Lange Haus ist heute Bestandteil der Landesmusikakademie NRW. Diese in unserem Bundesland einzigartige Einrichtung fördert die Laienmusikpflege. Chöre und Orchester, Musikerinnen und Musiker aus allen Teilen des Landes, ja auch viele internationale Gäste, kommen dort zu musikalischen Fortbildungsprojekten zusammen. Nicht selten klingt Musik aus dem historischen Bauwerk, während man sich auf der Burganlage umsieht.

Auf unserem Weg treffen wir auf einen bekannten Bürger Nienborgs – den Wilden Bernd. Der Heimatverein hat ihm 1998 ein Denkmal gesetzt: 1633, mitten im Dreißigjährigen Krieg, warnte der Wilddieb die Burgherren vor feindlichen Truppen, die er auf einem seiner Streifzüge entdeckt hatte. Auf der Burg konnte man sich nun auf den Angriff vorbereiten – doch die Angreifer hatten trotz allem beinahe Erfolg. Der Wilde Bernd streckte jedoch mit einem gezielten Schuss den Anführer nieder, und die Truppen traten den Rückzug an. Entsprechend dankbar stellten die Herren ihm drei Wünsche frei. Der Wilde Bernd bat daraufhin um drei Rechte: „Frie fisken, frie jagen und frie schieten in'n Grawen." Gerade Letzteres sorgt immer wieder für Heiterkeit – doch dieses Recht war damals noch Privileg der Burgmänner.

Mit dieser Geschichte im Kopf und einem Schmunzeln auf den Lippen radeln wir weiter, und unser Blick fällt auf die mittelalterliche Wassermühle. Nun geht's in Richtung Asbeck. Am Ortseingang bietet die 1000-jährige Linde einen wunderschönen Anblick. Ihre prächtige, ausladende Krone lädt zu einer kleinen Pause im Schatten ein. In diesem Ortsteil der Gemeinde Legden erfreuen wir uns am idyllischen Ambiente des ehemaligen Stiftsdorfes, das noch viele erhaltene Gebäude des früheren Damenstiftes beherbergt. Das Dormi-

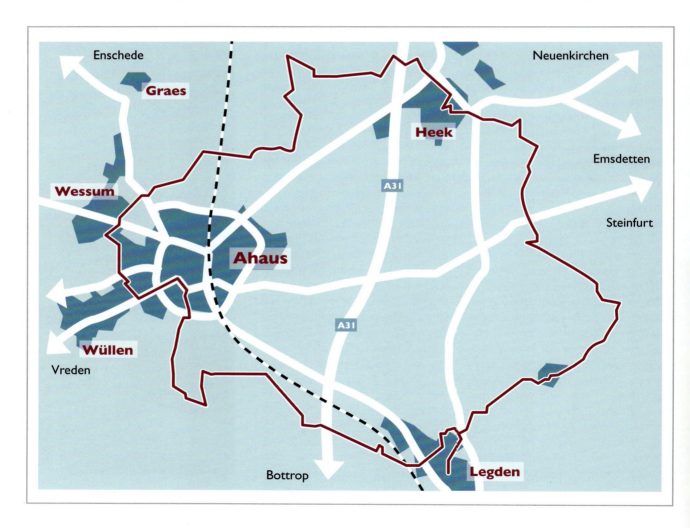

Zur Druckversion (1:25.000) www.naviki.org/kultouren

torium der einstigen Klosteranlage wird als Mittelpunkt des Dörfchens gerne für Veranstaltungen genutzt. Das Museum, das der Heimatverein Asbeck im Jahre 2005 in dem 800 Jahre alten Gebäude aus der Romanik eröffnete, ermöglicht weitere Einblicke in die Geschichte des Stiftes. Die Kirche in gotischer Bauweise und der romanische Kreuzgang sind nicht weniger beeindruckend.

Von Asbeck aus fahren wir über Feldwege und Wälder nach Legden und steuern dort die Pfarrkirche St. Brigida an. Vor allem das noch erhaltene jahrhundertealte Buntglasfenster, das die Wurzel Jesse thematisiert, ist ein Blickfang dieses Gotteshauses. Auch das historische Bauensemble rund um die Kirche ist ausgesprochen sehenswert. Vielen ist das kleine Örtchen Legden noch aus einem völlig anderen Grund ein Begriff: Hier liegt das weithin bekannte „Dorf Münsterland", eine große Party-Anlage, die für feierfreudige Besucher aus nah und fern ein beliebtes Ziel ist.

Wir allerdings haben ein anderes Ziel: Westlich von Legden fahren wir am Wasserschloss Haus Egelborg vorbei. Die denkmalgeschützte Anlage, die ursprünglich auf zwei Inseln stand, wurde 1389 erstmals urkundlich erwähnt. Heute stehen die Vorburg und das Haupthaus auf einem gemeinsamen Grundstück, umgeben von zwei Gräften. Die Anlage ist nicht öffentlich zugänglich, aber schon vom Weg aus zieht das malerische Schloss unsere Blicke auf sich.

Über die Flamingoroute – eine ebenfalls sehr reizvolle Radroute im Westmünsterland – kehren wir schließlich zurück ins Stadtzentrum von Ahaus. Dort lassen wir unseren Fahrradausflug in einem der schönen Straßencafés ausklingen.

◀ Alte Wassermühle in Nienborg

▲ Nienborg, Burgtor

◀ Haus Egelborg

⌄ Kirche in Asbeck

Jakobsmuscheln mit Lachsmousse
im Spinatmantel

Restaurant „Zur Barriere"

Renommierte Häuser, wie das Hotel Vier Jahreszeiten in München und das Hotel Inter-Continental London Park Lane, kennzeichnen Thomas Ennings berufliche Laufbahn. Nach mehreren Stationen kehrte er in seinen elterlichen Betrieb zurück. Eine ehemalige Mautstation in Ahaus, nahe der holländischen Grenze, bildet den Rahmen für das Restaurant „Zur Barriere". Mautgebühren werden hier schon lange nicht mehr erhoben, stattdessen lockt Thomas Ennings Restaurant mit frischen Meeresspezialitäten. Sein Rezept für Jakobsmuscheln mit Lachsmousse im Spinatmantel stellt er Ihnen hier vor:

1. Zubereitung des Blattspinats: Den Blattspinat putzen und waschen. In gesalzenem, sprudelnd kochendem Wasser überbrühen (blanchieren) und sofort in Eiswasser abschrecken, um die frische grüne Farbe des Spinats zu erhalten. Abtropfen lassen und kalt stellen.

2. Zubereitung der Lachsfarce und der Jakobsmuscheln: Das sauber parierte und eiskalte Lachsfilet mit Salz, Cayennepfeffer und Wermut mixen und dann die kalte Sahne einrühren. Anschließend durch ein Haarsieb streichen. 2–3 Spinatblätter auf eine Folie legen und mit einem Teil der Lachsfarce einstreichen. Den Rand bitte freilassen.

3. Jeweils eine Jakobsmuschel öffnen und das Fleisch lösen. Den grauen Rand entfernen. Das weiße Muschelfleisch dient als Füllung. Der Rogen wird in die restliche Lachsfarce gegeben. Jeweils eine Jakobsmuschel auf die Farce legen, die Spinatblätter einschlagen und einrollen.

4. Den restlichen Fond 2 cm hoch in einen Topf geben. Eventuell nach Geschmack mit frischen Kräutern, wie z. B. Dill, Estragon oder Kerbel, anreichern. Die Röllchen in einem Siebeinsatz in den Topf geben und ca. 4–5 Minuten mit geschlossenem Deckel dämpfen. (Zum Dämpfen im Siebeinsatz lässt sich auch ersatzweise Gemüse- oder Hühnerbrühe verwenden.)

5. Zubereitung der Sauce: Für die Sauce den Fond nach Geschmack reduzieren und mit etwas Sahne, Butter und eventuell Mondamin binden. Wer mag, gibt für einen frischen Geschmack ein wenig Crème fraîche hinzu.

Variieren lässt sich die Lachsfarce mit Safran und die Sauce mit Hummerbutter.

Zutaten
Schöne große Spinatblätter
8 frische Jakobsmuscheln

Für die Lachsfarce:
160 g Lachsfilet
1 Eiweiß
Salz
Cayennepfeffer
½ EL trockener Wermut
130 ml Sahne
eventuell Safran

Für die Sauce:
Fischfond
frische Kräuter nach Geschmack
etwas Sahne
etwas Butter oder Hummerbutter
eventuell etwas Crème fraîche
eventuell etwas Mondamin

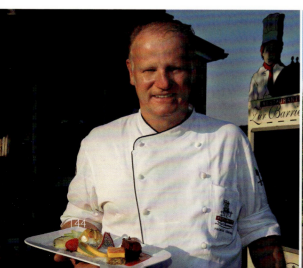

Tour
Länge: 55,9 km
Dauer: 3:43 Std.
Verbrannte Kalorien: 985,52 Kcal

Naturräume – Routen Nord und Süd

Lieblingsfahrradroute von Lothar Mittag, Bürgermeister der Stadt Rhede

Lothar Mittag, Jahrgang 1954, ist verheiratet, hat drei Kinder und ist seit 1999 Bürgermeister der Stadt Rhede. Der Studiendirektor war Lehrer am Sophie-Scholl-Berufskolleg in Duisburg und 1998 Gründungsmitglied des Ortsvereins von Bündnis 90/Die Grünen in Rhede. Ab 1992 gehörte er als Stadtverordneter dem Rat der Stadt Rhede an. Lothar Mittag, in Recklinghausen aufgewachsen, lebt seit dem Jahre 1985 in Rhede – der Stadt des Lächelns im Münsterland.

Auf meiner Lieblingsfahrradroute geht es zunächst Richtung Norden, von der Innenstadt an der St.-Gudula-Pfarrkirche startend. Die neugotische Kirche ist nach einer Rekordbauzeit von drei Jahren am 12. Juni 1901 eingeweiht worden. Eine Besonderheit der Kirche ist der Altar, der im Westen und nicht, wie damals in katholischen Kirchen üblich, im Osten zur aufgehenden Sonne, liegt.

Der roten Radwege-Beschilderung folgend schaue ich mir am Pastorat die Blutbuche und den Tulpenblätterbaum an. Am alten Steinkreuz mache ich kurz einen Abstecher zum Haus Kretier. Hier finde ich neben einer weiteren 150 Jahre alten Blutbuche eine 90 Jahre alte Zuckerhutfichte. Das Haus Kretier war ursprünglich eine Art Ritterburg mit einem ausgeklügelten Grabensystem, das vor feindlichen Angriffen schützen sollte. Ein Teil dieser Gräben ist als Gräfte um das Haus noch heute erhalten. Sehr beeindruckend ist die vor 1800 gepflanzte Hecke.

Etwas abseits der Strecke liegt das Hotel-Restaurant Café Kamps, ein beliebter Anlaufpunkt für viele Radfahrer und Ausflügler. Empfehlenswert sind die hausgemachten Kartoffelplätzchen – ein feiner Genuss.
Weiter geht`s den Bocholter Diek entlang bis zur sehenswerten 220 Jahre alten Scheitelesche, zu sehen an der Kreuzung Boomsstegge/Spoler Straße. Richtung Winterswijk gelange ich zur „Grünen Grenze". Das Naturschutzgebiet Burlo-Vardingholter Venn in der deutsch-niederländischen Grenzregion ist über Jahrhunderte hinweg gewachsen und punktet mit seinen grenzenlos schönen Aussichten auf der, an einer Blänke neu erstellten, Beobachtungskanzel an der Kreuzung Mittbrake/Entenschlatt.
Das Burlo-Vardingholter Venn ist ein überregional bedeutsamer Hochmoorrest, in dem das Moor in zahlreichen Schlenken und ehemaligen Torfstichen zum Teil großflächig regeneriert. Es beherbergt heute wieder alle für Hochmoore typischen Entwicklungsstadien einschließlich der Übergangsformen zum Niedermoor und zählt damit zu den bedeutendsten Mooren des Westmünsterlandes unmittelbar an der Staatsgrenze zu den Niederlanden.
200 Meter vor der Kreuzung Entenschlatt/Voßkamps Diek halte ich bei der 500 Jahre alten Gerichtseiche und ebenso schaue ich mir die sehenswerte Kirche im Kloster Mariengarden an. Immer dem Radweg folgend nehme ich wieder mein Ziel, den Rathausplatz, ins Auge und genieße die rechts und links am Straßenrand liegende naturnahe schöne Landschaft.
Im Herzen von Rhede liegt die ehemalige Kornbrennerei aus dem Jahre 1852. Liebevoll restauriert, dokumentieren alte Geräte

◄ Schloss Rhede

▲ NABU-Wiese in Rhede-Krechting

den Brennvorgang. Berühmt wurde diese Brennerei insbesondere für das Produkt „Rheder Ampel". Eine Rheder Spezialität aus einer Zusammenstellung von rotem Schlehen-, gelbem Anis- und grünem Pfefferminzlikör. Vielleicht einfach einmal ausprobieren und genießen.

Nun starte ich meine Tour Richtung Süden, nachdem ich mich in einem der schönen Lokale in der Innenstadt von Rhede stärken und auch das ein oder andere Schwätzchen halten konnte.

Richtung Hallen- und Freibad folge ich wieder dem roten Radwegeschild und radele entlang der Uferstraße am Rheder Bach. Sehenswert ist die NABU-Wiese am Ende des Waldes in Krechting. Weiter führt mich der Weg in die Barge, wo das Denkmal des Journalisten und Schriftstellers Hermann Löns steht. Schon zu dessen Lebzeiten war das Landschaftsideal die Heide. Auf der Weiterfahrt biege ich kurz zum Sandberg in Bocholt ab, lege einen kleinen Stopp ein, um dann weiter zum Bocholter Aasee zu gelangen.

Der Aasee ist ein künstlich angelegter See auf dem Gebiet der Stadt Bocholt mit 32 ha Wasserfläche. Das gesamte Gelände hat eine Fläche von 74 ha und ist Naherholungsgebiet der Stadt Bocholt. Segeln und Surfen ist hier möglich, im See befinden sich eine über eine Brücke erreichbare und eine deutlich kleinere nicht erschlossene Insel. Ein von der DLRG überwachtes Freibad mit Sandstrand und ein Bereich für Modellboote am Westufer runden das Bild ab. Um den See herum fahre ich dann weiter in die Büngerner-Dingdener Heide. Diese Heide ist eine alte, gewachsene Kulturlandschaft, geprägt durch Jahrhunderte bäuerlicher Landnutzung. Seltene Tier- und Pflanzenarten sind dort noch beheimatet. Ein Teilbereich der Büngerner Heide ist in fünf Zeitzonen unterteilt worden, die die Landnutzung der jeweiligen Epoche beschreiben.

Auf dem in der Dingdener Heide gelegenen Biohof Rülfing kann man hochwertige Biospezialitäten erwerben. Besonders begehrt ist das zarte, saftige und geschmackvolle Fleisch des Bunten Bentheimers. Mit der Zucht der Bunten Bentheimer Schweine wird ein Stück regionale Identität erhalten, und die genetischen Ressourcen

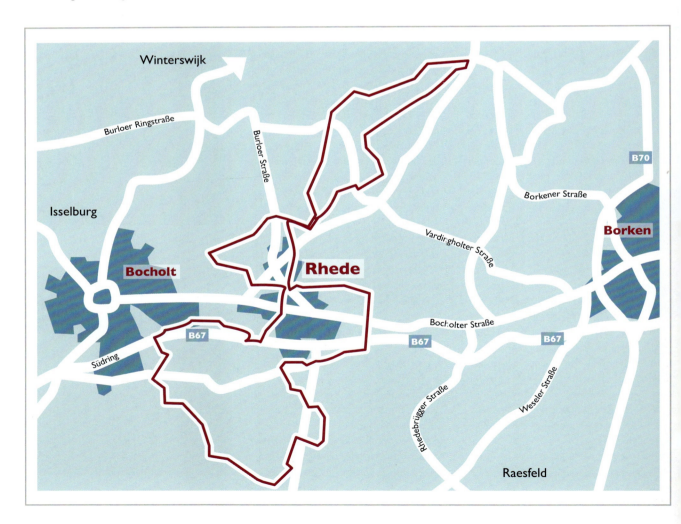

Zur Druckversion (1:25.000) www.naviki.org/kultouren

innerhalb der deutschen Schweinerassen werden dadurch verstärkt. Hier auf dem Hof erlebe ich das Zusammenspiel von landwirtschaftlicher Tradition und Natur. Weiter dem roten Rad folgend – durch die schöne münsterländische Parklandschaft – gelange ich zur Wasserkraftschnecke an der Aa. Das Wasserkraftwerk in Rhede-Krechting erzeugt jährlich Strom für den Bedarf von 80 Haushalten und spart 200 t CO_2 gegenüber der herkömmlichen Stromerzeugung. Beeindruckend ist der Fischpass, der sich neben dem Wasserkraftwerk befindet. Mit dem uferseitig angelegten Fischpass wird den Fischen die flussaufwärts gerichtete Wanderung wieder ermöglicht.

Direkt nebenan liegt das Hotel-Restaurant „Zur Alten Post". Hier genieße ich „Elbers Überraschungsplatte" und zum Nachtisch eine Herrencreme nach Art des Hauses. Gut gestärkt führt mich der Radweg, landschaftlich wunderschön gelegen, an der Bocholter-Aa entlang zum Naturschutzgebiet „Versunken Bokelt". Das ehemalige Ausgrabungsgewässer ist ein Trittsteinbiotop in der Aue der Bocholter Aa und von herausragender Bedeutung als Brut- und Überwinterungsgebiet für gefährdete Vogelarten. Von der Aussichtsplattform aus kann man sehr gut Flussregenpfeifer,

Graugansfamilien, Kiebitze, Kampfläufer, Eisvögel und viele andere Wasservögel beobachten. Für die in dieses Gebiet zurückgekehrten Flussseeschwalben sind eigens drei Nistflöße eingerichtet worden. Nun geht's zurück durch den Prinzenbusch und vorbei am Rheder Schloss. Das Schloss und der Schlosspark sind von einer Gräfte umgeben. 1850 kam das Schloss in den Besitz der Fürstenfamilie zu Salm-Salm. Noch bis heute ranken sich viele Geschichten und Mythen um das Duell im Schloss, wo sich in der Mitternachtsstunde zu Silvester im Turm der Geist des Edelfräuleins zeigen soll. Weiter fahre ich, vorbei am ehemaligen Kloster, in die Innenstadt von Rhede, wo ich mich kurz auf die Sonnentreppe am Rheder Bach setze. An der vor ein paar Jahren angelegten Sonnentreppe kann ich das Wasser hautnah fühlen, ganz nach dem Motto „Wasser spüren, anfassen und erleben". Die bis zur Gewässersohle führende Sonnentreppe mit Senkgarten bietet Sitz- und Kommunikationsmöglichkeit für Jung und Alt an. Besonders beliebt sind die Trittsteine im Wasser, hier lassen sich oft die Kleinsten animieren, den Enten im Bach näher zu kommen.

Rhede bietet, wonach die meisten Menschen suchen: Lebensqualität – und die kann ich hier in vollen Zügen genießen.

❮ *Gemütliche Restaurants und zahlreiche Cafés in Rhede*

❯ *Sonnentreppe am Rheder Bach*

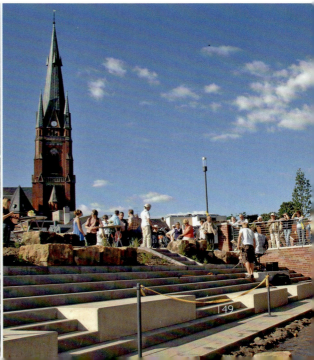

Rosa gebratenes Rumpsteak
an Schmörkes mit Rucola-Schmand und Gemüsespießen

Restaurant Kamps

Sabine Kamps ist gelernte Köchin, Restaurantfachfrau und staatlich geprüfte Betriebsleiterin der Fachrichtung Hotel und Gaststätten. Seit 2010 ist sie Inhaberin von Café Kamps in Rhede-Vardingholt.

Das Haus verfügt über einen wunderschönen Biergarten mit insgesamt 220 Plätzen und einen mediterranen Kräutergarten.

Das urige Restaurant, das sonnige Gesellschaftszimmer und die gemütliche Upkammer vervollständigen das Angebot und bieten für jeden Anlass – zum Verweilen und zum Feiern – das richtige Ambiente.

Die gutbürgerliche Küche besteht aus saisonalen und regionalen Gerichten, die aus frischen Produkten aus der nächsten Umgebung mit viel Freude zubereitet werden. Die Kräuter aus dem hauseigenen Kräutergarten verfeinern die angebotenen Gerichte. Das Landbrot sowie die Kuchen und Torten werden selbst gebacken.

1. Die Schmörkes in Salzwasser mit Kümmel gar kochen. Das Kartoffelwasser abgießen, und die Kartoffeln auskühlen lassen. Tipp: Am besten am Vortag kochen. Kalte Kartoffeln kleben nicht in der Pfanne.

2. Den Knoblauch schälen und fein hacken. Tipp: Den Strunk aus der Mitte der Knoblauchzehe entfernen, das vermindert den typischen Knoblauchgeruch. Den Rucola waschen und eine Hand voll fein hacken. Den Schmand mit Salz, Pfeffer und Zitronensaft würzen, den gehackten Rucola einrühren und das Ganze kalt stellen.

3. Das Gemüse waschen und putzen, in grobe Stücke schneiden und auf 8 Schaschlikspieße verteilen. Die Gemüsespieße in der Pfanne mit Öl anbraten, mit Salz und Pfeffer würzen und zur Seite stellen.

4. Die Schmörkes längs halbieren und in einer Pfanne mit Öl anbraten.

5. Die Rumpsteaks in einer heißen Pfanne anbraten. Mit Salz und Pfeffer würzen. Die angebratenen Steaks in einen auf 180 °C vorgewärmten Backofen geben und ca. 6–8 Minuten dort belassen.

6. Sobald die Kartoffeln goldbraun sind, mit Salz, Pfeffer und Knoblauch würzen, den Rosmarin nach Belieben klein gehackt oder als Zweig hinzufügen und kurz durchschwenken.

7. Die Gemüsespieße werden nun für 5 Minuten ebenfalls im Backofen nachgegart. Den Rest Rucola gut abtrocknen und kurz vor dem Anrichten in einem Topf oder in einer Fritteuse mit heißem Öl frittieren und anschließend mit Salz würzen.
Guten Appetit!

Zutaten für 4 Personen

4 Rumpsteaks à 200 g
500 g Schmörkes/Drillinge
(kleine Frühkartoffeln)
2 Zweige Rosmarin
1 Knoblauchzehe
2 Paprika (gelb und rot)
1 Zucchini
125 g Rucola
200 g Schmand
1 Zitrone
Raps- oder Olivenöl
Salz
Pfeffer
Kümmel

Tour

Länge: 32,21 km
Dauer: ca. 2 Std.
Verbrannte Kalorien: 476,99 Kcal

Symphonie des Münsterlands

Eine Tour rund um den Erholungsort Steinfurt
von Bürgermeister Andreas Hoge

Andreas Hoge, geboren 1959 in Ibbenbüren, ist verheiratet und hat zwei Kinder.
Der gelernte Jurist mit betriebswirtschaftlicher Ausrichtung ist seit 2004 Bürgermeister der Stadt Steinfurt. Die Begeisterung für seine Stadt merkt man dem Bericht über seine Lieblingsradtour an.

Am Rathaus in Borghorst startend fahre ich links Richtung Kreisverkehr. Schon nach wenigen Metern habe ich an der Ecke Emsdettener- und Rubensstraße einen ersten Postkartenblick: Über einen kleinen Teich schaue ich auf die größte Kirche von Borghorst, die St.-Nikomedes-Kirche. Sie ist schon lange denkmalgeschützt und beherbergte das sogenannte Borghorster Stiftskreuz. Das goldene Reliquienkreuz ist eine der bedeutendsten ottonischen Goldschmiedearbeiten Westfalens. Es wurde im 11. Jahrhundert geschaffen, hat einen Holzkern und ist auf der Vorderseite mit Goldblech beschlagen. Im Oktober 2013 wurde das Stiftskreuz aus der St.-Nikomedes-Kirche gestohlen – aus kunst- und kirchengeschichtlicher Sicht ein ausgesprochen großer Verlust.

100 Meter nach dem Kreisverkehr fahre ich links in den Liethweg, der mich zum Alten Kreuzweg führt. An diesem Rundweg stehen 15 Reliefbilder, die das Leiden und die Auferstehung Christi darstellen.

Nicht weit davon entfernt beginnt der Bagno. Der Steinfurter Bagno ist eine Parkanlage zwischen Borghorst und Burgsteinfurt. Diese Anlage wurde 1765 vom Grafen Karl Paul Ernst von Bentheim-Steinfurt als Sommersitz für seine Familie gegründet. Über die Jahre hinweg entwickelte sich der Park zu einer der bedeutendsten Parkanlagen Westfalens. Um dies auch in die heutige Zeit zu übertragen, wurde der Park anlässlich der „Regionale 2004" für 4,1 Millionen Euro neu gestaltet.

Der Weg in den Bagno beginnt gleich mit einer kurzen Steigung. Entschädigt werde ich durch ein fantastisches, urwüchsiges Waldgebiet, das in dieser Region einzigartig ist. Oben angekommen folge weiter dem Bagno-Rundweg. Nach einer herrlichen langen und kühlen Fahrt bergab stoße ich jetzt auf die Burgsteinfurter Straße. Ich biege rechts in diese Straße ein, um nach 50 Metern wieder links in den Wald abzubiegen. Nach kurzer Strecke fahre ich zunächst durch die Unterführung der B 54 und anschließend sofort wieder rechts Richtung Konzertsaal, die ein wahres Schmuckkästchen ist. Die ebenfalls vom Grafen Karl Paul Ernst im Jahre 1774 erbaute Konzertsaal gilt als der älteste freistehende Konzertsaal Europas. Nach aufwändigen Rekonstruktionen der Stuckdekoration im Louis-XVI.-Stil ist er seit 1997 wieder für das Publikum freigegeben. Bis heute erfreuen sich Gäste an den zahlreichen Konzertdarbietungen internationaler Künstler. Direkt hinter der Halle liegt der Bagno See. Wer Lust auf eine kleine Bootsfahrt hat, findet hier Gelegenheit dazu, und auch sonst lädt das Gelände rund um den Konzertsaal zu zahlreichen sportlichen Aktivitäten ein. Natürlich wird auch für das leibliche Wohl gesorgt.

Frisch gestärkt geht es jetzt weiter Richtung Hollicher Mühle. Der Hollichweg

◄ *Burgsteinfurt: Die Professorenhäuser am Markt*

▲ *Altes Rathaus am Markt*

führt mich zunächst wieder über die Borghorster Straße und dann nach ein paar Metern wieder unter der B 54 Richtung Mühle. Auch diese historische Mühle steht unter Denkmalschutz. Sie stammt aus dem Jahre 1858 und kann heute nach ausgiebiger Renovierung wieder besichtigt werden. Weiter geht es bis zur nächsten T-Kreuzung, dann biege ich erst rechts ab und nach 150 Metern wieder links. Hier steht ein grünes Schild, das mir den Weg zur Mühle weist. Hinter der Mühle biege ich links ab und fahre jetzt gemütlich Richtung Burgsteinfurt. Wer noch einmal kurz inne hält, kann von der Anhöhe einen herrlichen Blick zum Teutoburger Wald genießen. Auffällig dabei ist, dass man von hier im wahrsten Sinne des Wortes den Wechsel in der Nutzung der Primärenergie sehen kann: Zahlreiche Windräder geben ihr Bestes. Wieder geht es über die B 54, und ich bin in Burgsteinfurt angekommen. An der Realschule überquere ich die Tecklenburger Straße und fahre in eines der kleinen Pättkes hinein. Linker Hand liegt das Freibad: Wer möchte, nimmt hier ein kühles Bad, und die Kinder finden zusätzlich eine super Wasserrutsche. Weiter geht es bis zum Europaring und geradeaus in die Burgstraße, die direkt zum Schloss führt. Das Schloss ist eine der mächtigsten Wasserburgen des Münsterlandes und wurde erstmals 1129 erwähnt. Leider ist es nicht zu besichtigen. Dafür lohnt sich ein Rundgang durch die wunderschöne Altstadt. Besonders sehenswert sind das Alte Rathaus aus dem Jahre 1561 und die alten Bürgerhäuser sowie die Schlossmühle von 1352. Vom Schloss aus fahre ich wieder stadtauswärts ein Stück in das Bagno hinein. Den Schildern folgend fahre ich vom Blocktor rechts ab in den Veltruper Kirchweg. Nach 200 Metern liegt auf der rechten Seite der Kreislehrgarten. Er ist an dem langen Naturholzzaun leicht zu erkennen. Hier holen sich viele Bürger Tipps für den eigenen Garten und erfreuen sich an der üppigen Blumenpracht. Berühmtheit erlangte der Lehrgarten auch durch zahlreiche Berichterstattungen in den Medien. Weiter geht es geradeaus bis zur Stegerwaldstraße. Hier biege ich rechts ab und fahre weiter, bis auf der linken Seite die Gebäude der Fachhochschule zu sehen sind. Kurz hinter der Fachhochschule folge

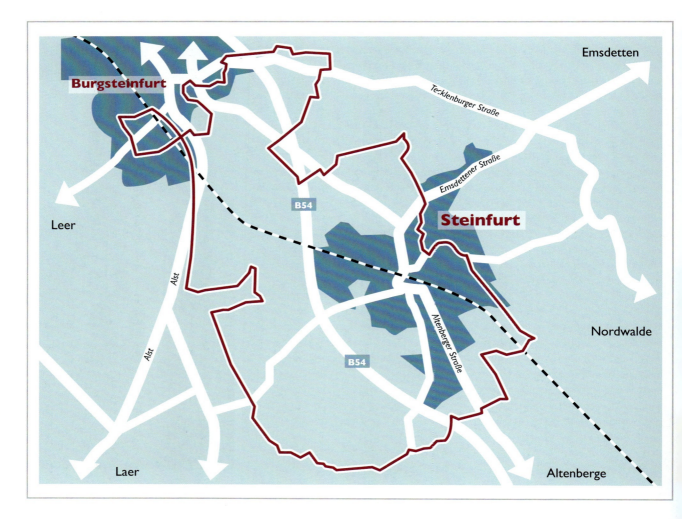

Zur Druckversion (1:25.000) www.naviki.org/kultouren

ich der Graf-Ludwig-Straße Richtung Innenstadt. Nachdem ich die Bahnlinie überquert habe, geht es jetzt wieder rechts dem grünen Radweg folgend Richtung Borghorst. Auf der Radbahn Münsterland beginnt jetzt eine schöne Landpartie. Die Landschaft ist weit, und es duftet nach frischem Heu. Über Beckmanns Hof fahre ich zweimal rechts ab bis zur Reithalle, dort wieder rechts und nach etwa 200 Metern links, wo ich eine kurze Rast einlege.

Jetzt folge ich den Wegweisern – weißes ST-Logo auf rotem Grund – und mache einen weiten Bogen durch die Bauernschaft Dumte. Über mehrere Höfe fahre ich nun Richtung Wilmsberg. Hier biege ich noch einmal links ab und nehme schon wieder Kurs auf meinen Ausgangspunkt in Borghorst. Auch wenn ich hier die letzte Etappe weniger ausführlich beschrieben habe, bildet sie doch den längsten Abschnitt meiner Tour rund um Steinfurt.

Als ich meinen Ausgangspunkt schon fast erreicht habe und in die Lechtestraße einbiege, kommt mir eine Gruppe von zehn jungen Leuten entgegen. Augenscheinlich gehen sie einem traditionellen Brauch nach. Und richtig: Sechs kräftige Burschen tragen ein langes Brett, auf dem vier Rosinenbrote liegen. Traditionell bekleidet mit weißen Bauernkitteln machen sie mit ihren Holzschuhen, die sie an den Füßen tragen, einen Lärm, als käme eine Herde Pferde durch die Gasse. Diesen Brauch nennt man in Steinfurt „Kroamstutentragen". Dabei wird bei der Geburt eines Kindes ein Rosinenstuten von Wirtshaus zu Wirtshaus getragen. Freunde und Bekannte ziehen durch die Gemeinde, um die frohe Botschaft zu verkünden. Wie ich später erfahren habe, wurde hier die Ankunft von Julius gefeiert, dem Erstgeborenen von Tina und Ingo Heitmann aus Steinfurt.

Der Erholungsort Steinfurt wird Sie begeistern, wirbt er doch zu Recht mit dem Slogan „Symphonie des Münsterlands".

◀ *Die älteste freistehende Konzertgalerie in Europa*

▲ *Eine Tradition in Steinfurt, das „Kroamstutentragen". Ein Rosinenstuten wird dabei von Wirtshaus zu Wirtshaus getragen, um eine Geburt zu feiern.*

◀ *Blick über den Teich zur St.-Nikomedes-Kirche im Stadtzentrum*

▼ *Naturgeschützte Eichenallee kurz vor Borghorst*

Tour
Länge: 25,7 km
Dauer: 1:42 Std.
Verbrannte Kalorien: 380,59 Kcal

100-Schlösser-Route

Die Nordtour durch den Kreis Steinfurt
Thomas Kubendorff, Landrat des Kreises Steinfurt

Thomas Kubendorff *ist seit dem 1. Oktober 1999 erster hauptamtlicher Landrat des Kreises Steinfurt.*

Meine Radtour führt mich über den nördlichen Teil der 100-Schlösser-Route – von Horstmar über Steinfurt bis nach Ochtrup zum idyllisch gelegenen Haus Welbergen. Ich starte in Horstmar – dort begeistern mich insbesondere die Burgmannshöfe, die im 11. Jahrhundert gegründet wurden. Von den ehemals acht Burgmannshöfen existieren heute noch sechs. Vor dem romantischen Sendenhof, dem ersten der sechs Höfe, schwinge ich mich auf den Sattel. Der Sendenhof, so wie er sich heute den Besuchern präsentiert, umfasst Gebäudeteile aus dem 13., dem 16., dem 18. und dem 19. Jahrhundert. Auf meinem Weg durch Horstmar bewundere ich die anderen Burgmannshöfe, den Münsterhof, den Merveldter Hof, den Valkenhof und den Borchorster Hof. Dabei beeindruckt mich besonders der Garten des Merveldter Hofes, der den schönen Anblick auf den Burgmannshof abrundet.

Über den rund 17 Kilometer langen, gut ausgeschilderten Radweg begebe ich mich nun nach Steinfurt. Ich radle an Wiesen und Feldern entlang, vorbei an gepflegten Bauernhöfen und Bauerngärten. Um mich ein bisschen zu erholen und Hunger und Durst zu stillen, kehre ich in einen Landgasthof ein und genieße Münsterländer Spezialitäten.

Dann erreiche ich Steinfurt. Der Ort wird vor allem wegen seiner historischen Gebäude sehr geschätzt. Durch die malerische Altstadt fahre ich zur Schlossmühle, die direkt neben dem Burgsteinfurter Schloss liegt. Eine Weile lausche ich dem Rauschen der Aa. Mein Blick schweift über breite Wassergräben und künstlich angelegte Inseln des Schlosses. Dass im Laufe der vergangenen 800 Jahre die Burg mehrfach zerstört worden ist, sieht man ihr auf den ersten Blick nicht an. Die wieder aufgebaute und sogar erweiterte Burg ist eine der ältesten Wasserburgen im Münsterland und hat einen außergewöhnlichen Charakter. Der Bau enthält Elemente der Romanik und des Klassizismus. Noch heute wohnt dort die Familie der Fürsten zu Bentheim und Steinfurt.

Direkt neben dem Schloss befindet sich das Bagno – ein Park, der im 18. Jahrhundert als Lustgarten im Auftrag des Grafen zu Bentheim angelegt wurde. Mit dem Fahrrad erreiche ich auf der Allee die 1774 erbaute Konzertgalerie, den ältesten freistehenden Konzertsaal Europas. Das ganze Areal erstrahlt seit der Regionale 2004 in neuem Glanz.

Bis zum Haus Welbergen sind es nun noch weitere 10 Kilometer. In einem verträumten Wald gelegen, ist diese Wasserburg ein traumhafter Ort. Ihre Ursprünge reichen mindestens bis ins 13. Jahrhundert zurück. Die Burg besteht aus einer Vor- und einer Hauptburg und ist nur über eine schmale Brücke, die über den Gräftenring führt, erreichbar.

Bis zum Verkauf an den niederländischen Bankier Jordaan-van Heek im Jahre 1929 blieb Haus Welbergen im Eigentum der Familie von Druffel. Mit dem Verkauf des

Hauses gingen auch rund 700 Morgen Land auf den neuen Eigentümer über. Nach dem Tod Jan Jordaans verwaltete seine Ehefrau Berta Jordaan-van Heek die umfassenden Besitztümer in Deutschland, Frankreich und den Niederlanden. Zur Zeit des Nationalsozialismus war sie als Niederländerin eine Persona non grata in Deutschland. Sie durfte ihren Besitz weder betreten noch selbst verwalten. So wurde Haus Welbergen bis 1945 durch einen Treuhänder verwaltet und zu unterschiedlichen Zwecken verwendet. In den Nebengebäuden befand sich ein Lager für französische Kriegsgefangene. Im Haupthaus wiederum wohnten ausgebombte Familien aus Münster. Nach dem Zweiten Weltkrieg wurde Welbergen als Unterkunft für amerikanische Offiziere verwendet. Im Gegensatz zu anderen Adelssitzen

‹ *Haus Welbergen*

blieb Welbergen jedoch weitestgehend vor Zerstörungen bewahrt und überstand den Zweiten Weltkrieg ohne weitere Schäden. 1946 übernahm Berta Jordaan-van Heek Haus Welbergen wieder. Vor ihrem Tod am 23. März 1960 errichtete sie für Haus Welbergen eine Stiftung, die wenige Monate nach ihrem Tod mit der Stiftung Haus Rothenberge zur gemeinnützigen Berta-Jordaan-van-Heek-Stiftung zusammengefasst wurde. Die Stiftung dient unter anderem dem Erhalt des Hauses Welbergen und der übrigen Besitztümer sowie der Förderung der Wissenschaft und Forschung, Kunst und Kultur, Natur- und Umweltschutz, der Pflege regionaler Kultur und Geschichte und der Förderung des Kulturaustausches zwischen den Niederlanden und Deutschland. Außerdem ist Haus Welbergen heute eine Tagungsstätte für den Westfälischen Heimatbund und die Niederländisch-Deutsche Kulturorganisation.

Die folgenden Daten und Fakten zur Baugeschichte Haus Welbergens illustrieren seinen Wandel im Laufe der Jahrhunderte: Haus Welbergen ist ein ehemaliges lanctagsfähiges Rittergut.

Es wird angenommen, dass Haus Welbergen aus einem alten Gräftenhof hervorging. Die ältesten Teile des heute noch erhaltenen Herrenhauses stammen aus der Zeit um spätestens 1500.

Der vorhandene gotische Herrenhausbau, das Hohe Haus, ein schmaler, mehrstöckiger Rechteckbau mit Treppengiebeln und einem Vorhof, wurde für den fürstlich-münsterischen Hofmeister Christian von Oldenhus (gestorben 1583) zwischen 1560 und 1570 umgebaut. Das Haus wurde nach Norden verlängert, sodass es schließlich auch die Fläche des ehemaligen Vorhofes einnahm und völlig von Wasser umgeben war. Die alten Steinkreuzfenster wurden durch neue Fenster ersetzt. Es entstand das heute noch vorhandene, zweigeschossige, rechteckige Ziegelhaus mit sparsamer Werksteingliederung. Im Norden und Süden befinden sich hohe Dreistaffelgiebel mit auf kleinen Kragsteinen ansetzenden Seitenstufen und Firstschornsteinen. Die beiden Stockwerke werden durch einen Gurtgesims getrennt.

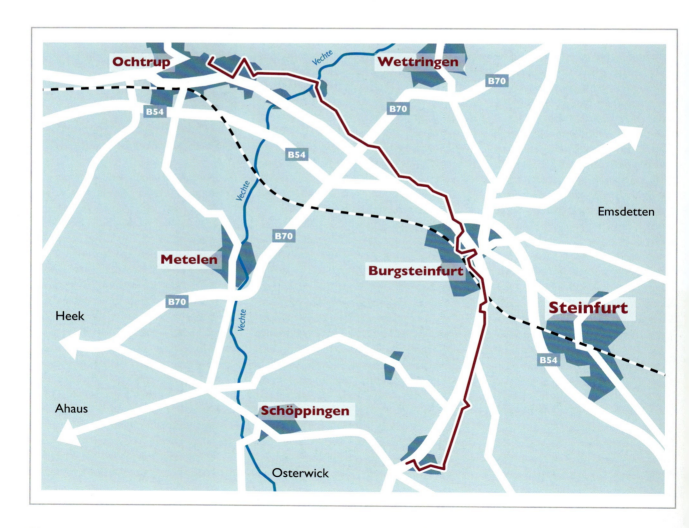

Zur Druckversion (1:25.000) www.naviki.org/kultouren

Franz Caspar Cajetan Bucholtz gestaltete das Innere des Hauses von 1730 bis 1746 um. Im Zuge dieser Maßnahmen wurden unter anderem Stuckarbeiten an der Decke durchgeführt sowie ein Treppenhaus im Westteil des Hauses am Ende des Eingangsflurs angelegt. Damit erhielt Welbergen seine heutige Gestalt.

Mit Ausnahme des Torhauses, das zwischen 1625 und 1632 entstanden ist, ließ Franz Caspar Cajetan Bucholtz die alten Wehrbauten der Vorburg beseitigen und zwischen 1630 und 1745 neue Ökonomiegebäude errichten. Nur der alte Wehrturm in der südwestlichen Ecke der Vorburg blieb bestehen. Gleichzeitig wurde der mittlere, quadratische Turm zu einer Kapelle umgebaut. Der nordwestliche Turm wurde neu ausgebaut.

Zwischen 1625 und 1632 wurde die Mühle errichtet. Sie wurde in den folgenden Jahrhunderten mehrfach umgebaut und zu Beginn des 19. Jahrhunderts erweitert. Während des Dreißigjährigen Krieges wurde die asymmetrisch gestaltete Vorburginsel mit Mauern und Türmen verstärkt und im 18. und 19. Jahrhundert mit weiteren Gebäuden ausgebaut. Auf der Süd- und Westseite befinden sich noch heute die Reste eines Walls.

Außerhalb der Gräfte wurde 1840 neben der Mühle ein Kornspeicher aus Backstein errichtet.

Nachdem Jan und Bertha Joordan-van Heek das Haus im Jahre 1929 erworben hatten, ließen sie die Anlage renovieren, die beiden maroden Wirtschaftsgebäude im Innenhof abbrechen und an deren Stelle einen Garten anlegen. Ferner veranlassten sie die Modernisierung des alten Herrenhauses. Es wurde an das Wasser- und Stromnetz angeschlossen, mit neuen Fenstern versehen und mit einer Zentralheizung ausgestattet

Der Garten, der das Haus umgibt, ist absolut sehenswert! Die Umgebung lädt zu einem erholsamen Spaziergang rund um die Burg ein, mit dem ich meinen Ausflug zufrieden abschließe.

❮ *Der barocke Garten von Haus Welbergen*

⬆ *Die große Evangelische Kirche in Burgsteinfurt*

❮ *Alte Wassermühle von Haus Welbergen*

⬇ *Haus Welbergen mit Gräfte*

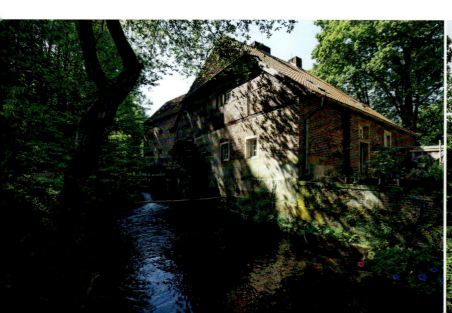

Tour
Länge: 29,41 km
Dauer: 1:57 Std.
Verbrannte Kalorien: 435,61 Kcal

Aha! Oho! Ibbenbüren!

Wo das Herz der Stadt schlägt – Bürgermeister Heinz Steingröver lädt zu einer Tour d'Ibbenbüren

Heinz Steingröver, Jahrgang 1942, verheiratet, mehrfacher Vater und Großvater, ist seinerseits ein Kind Ibbenbürens. Die Stadt hat ihn nie losgelassen. Hier leitete der Pädagoge als Direktor viele Jahre lang das Johannes-Kepler-Gymnasium, hier engagierte er sich seit Anfang der 1980er Jahre in der Kommunalpolitik, u.a. als Vorsitzender der SPD-Ratsfraktion. Seit 2004 ist Heinz Steingröver Bürgermeister Ibbenbürens. Starke Akzente setzt er seit Anbeginn in der Wirtschaftsförderung. Der Verwaltungschef pflegt privat ein Faible für Geschichtliches sowie für Reisen und gilt als Experte für den asiatischen Raum.

Willkommen in Ibbenbüren! Und willkommen zum Unternehmen, unsere schöne Stadt im doppelten Sinn des Wortes zu erfahren! So viel verspreche ich Ihnen schon jetzt: Es wird sich für Sie lohnen!

Wir lassen es gemütlich angehen, denn wir haben ja noch einiges vor. Egal woher Sie kommen: Ihr erster Weg sollte Sie in die Innenstadt Ibbenbürens führen, mit dem Rad über die Bahnhof- und Marktstraße, die Poststraße oder auch die Bachstraße. Unsere ausgedehnte Fußgängerzone läuft an drei Stellen in attraktive Plätze aus und streift zudem in ihrem Verlauf den idyllischen historischen Kirchplatz an der evangelischen Christuskirche. Wer seine Schritte vom Unteren zum Oberen Markt und von hier zum Neumarkt lenkt, kann währenddessen von Geschichte zeugende Gebäudegiebel bewundern. Ibbenbürens Innenstadt ist ein echter Augenschmaus. Das sagen nicht wir über uns – das bestätigen uns Besucher. Halt machen an einem der Cafés, die sich an den Plätzen finden, Leute begucken, sich über den feinen Hintersinn von Tratschweiber-Skulpturen amüsieren, welche das Stadtbild bereichern: ein prima Einstieg in die Tour d'Ibbenbüren.

Wer geschichtlich interessiert ist, kann sich danach gut gestärkt auf den Weg in die Breite Straße machen. Hier hat in dem Haus mit der Nummer 9 das Stadtmuseum (www.stadtmuseum-ibbenbueren.de) seinen Sitz. Untergebracht in einer Gründerzeit-Villa, berichtet das in Vereinsinitiative entstandene Museum mit verschiedensten Ausstellungen aus der Historie unserer Stadt. Ein Blick die Breite Straße hinauf zeigt: Architektonisch befindet sich das Stadtmuseum in illustrer Gesellschaft. Hier gibt es noch einiges fürs Auge.

Vielleicht wollen Sie aber gar nicht in die Vergangenheit reisen, sondern stattdessen das Herz Ibbenbürens schlagen hören? Dann schnell wieder auf den Sattel gestiegen und in die Pedale getreten! Via Heldermannstraße, Osnabrücker Straße, An der Reichsbahn und Laggenbecker Straße gelangen Sie zum Treppkesberg. Diese Straße führt – nomen est omen – bergan. Schaffen Sie den Anstieg ohne abzusteigen, sind Sie echt gut. Aber ein Stück zu schieben ist auch keine Schande. Auf dem Weg nach oben erkennen Sie schnell, dass Ibbenbüren sich völlig zu recht als „Das Hoch im Münsterland" bezeichnet. Der Treppkesberg geht in den Schafberger Postweg über. Die links abzweigende Zechenstraße führt auf die Zeche der RAG Anthrazit Ibbenbüren GmbH (www.anthrazit-ibbenbueren.de) zu, mit einem Kohlekraftwerk direkt nebenan. Hier wird untertage, in eineinhalb Kilometern Tiefe, Steinkohle abgebaut. Genauer gesagt: Anthrazitkohle. Eine Kohleart, die besonders ergiebig ist. Noch arbeiten rund 2400 Menschen bei Ibbenbürens größtem Arbeitgeber. 2018 aber wird die Kohleförderung auslaufen. Schritt für Schritt wird bis dahin – und darüber hinaus – der Bergbau in unserer Stadt abgewickelt.

Natürlich blutet einem Ibbenbürener das Herz bei dem Gedanken, dass hier bald nicht mehr ein- und ausgefahren werden wird. Aber als Menschen, die der Bergbau über mehr als 500 Jahre geprägt hat, sind wir auch extrem praktisch veranlagt: Längst haben wir mit Elan den Strukturwandel in Angriff genommen. Wir wissen: Zukunft erwächst nicht aus dem zögerlichen Zugucken, sondern aus dem zuversichtlichen Anpacken. Es wird neue Arbeit für gut ausgebildete Menschen geben. 2018 werden in Ibbenbüren die Lichter nicht ausgehen. Und später auch nicht. Deswegen: Lassen

Flohmarkt in der Innenstadt

Sie sich verzaubern vom spröden Charme der Industriebauten auf dem Zechengelände, Förderturm inklusive! Oder tauchen Sie im Bergbaumuseum (www.anthrazit-ibbenbueren.de/bergbaumuseum) – wahrscheinlich das lauteste Museum der Welt – ganz tief in die Geschichte des Bergbaus ein! Kein Zweifel: Das Wesen, die Seele Ibbenbürens erfassen Sie hier oben, im Angesicht der Zeche, am besten.

Weiter geht's! Diesmal aber, der Osnabrücker Straße in Richtung Stadt folgend, bergab. Lassen Sie sich rollen und genießen Sie den Fahrtwind! Irgendwann wird aus der Osnabrücker Straße die Bahnhofstraße, aus jener die Oststraße, aus dieser wiederum die Münsterstraße. In Höhe des Tecklenburger Damms erreichen Sie schließlich links eine Zufahrt zum Ibbenbürener Aasee, vis-à-vis zur Ampelanlage. Ein paar Meter – und schon sehen Sie Wasser. Rund um den Aasee lassen wir Ibbenbürener am liebsten die Seele baumeln. Hier kann man spazieren gehen, mit dem Rad am Wasser entlang kurven, am Ibb-Beach Strandfeeling genießen – oder sich in sportlicher Hinsicht züchtigen und loslassen. Im Umfeld des Sees finden Sie nicht nur einen Kletterwald (www.kletterwald-ibbenbueren.de), der jährlich über 50.000 Besucher anlockt, sowie einen Skaterpark, sondern als jüngste Errungenschaft auch eine Dirt-Bike-Anlage. Der Parcours, der auf die Initiative junger Ibbenbürener zurückgeht, ist dank gekonnter Planung und Gestaltung für die Fans dieser rasanten Radsportart äußerst attraktiv. Sie kommen von überall her, selbst aus Hannover und Dortmund. Auf mehreren Bahnen mit unterschiedlichen „Härtegraden" können die Hardcore-Radler ihr Können unter Beweis stellen. Normale Drahtesel halten einen Törn über das hügelige Areal allerdings nicht aus. Deren Fahrer ebenso wenig. Deswegen: Es beim Zugucken belassen – das tut weniger weh.

Ist Ihnen nach Baden? Dann lenken Sie Ihr Gefährt hinüber zum Aaseebad Ibbenbüren (www.aaseebad-ibbenbueren.de), dem beliebten Freizeit- und Erholungsbad für die ganze Familie! Nasse Freude ist hier zu jeder Jahreszeit möglich, denn das Aaseebad Ibbenbüren ist ein kombiniertes Hallen- und Freibad. Historisch

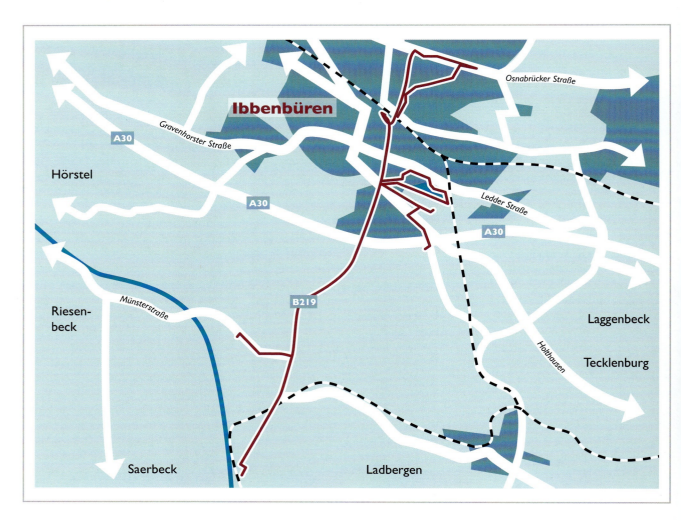

Zur Druckversion (1:25.000) www.naviki.org/kultouren

orientierte Zeitgenossen finden dagegen in der näheren Nachbarschaft des Sees, am Werthmühlenplatz, mit dem Heidenturm die Überreste eines Schlosses, das ab 1150 gebaut wurde und den Edelherren zu Ibbenbüren gehörte. Der Legende nach spukt es hier, seitdem im 12. Jahrhundert ein Ritter namens Kord den Ritter Ubbo und dessen Braut am Hochzeitstag vom Leben zum Tod befördert hat. Das Tatmotiv: Eifersucht. Die Strafe: Ewige Ruhelosigkeit für den unrühmlichen Kord.

Ebenso einen Abstecher wert ist das am Markweg gelegene Motorrad-Museum (www.ibbenbueren.de), welches Sie vom Aasee aus über die Straßen An der Umfluth, Südring, Tecklenburger Damm und Lengericher Straße zügig erreichen. Vom Fahrrad mit Hilfsmotor bis hin zu Weltrekord-Rennmaschinen gibt es hier viel zu bestaunen.

Ansonsten können Sie auch vom Aasee aus via Münsterstraße (Kunstwerke in Kreisverkehren verschönern die belebte Route!) einfach geradeaus nach Süden fahren. Irgendwann merken Sie: Es geht wieder bergan. Dann sind Sie richtig. Schnell erreichen Sie, links liegend, die Sommerrodelbahn (www.sommerrodelbahn.de), wo man seit 1926 auf Schienenschlitten den Hang des Teutoburger Waldes hinunter saust. Im dazugehörigen Märchenwald können Sie dem Froschkönig die Patschflosse geben. Währenddessen laden auf der anderen Seite der Münsterstraße, im Teutoburger Wald und dort direkt am Hermannsweg gelegen, bronzezeitliche Hügelgräber zu einem Trip in die früheste Geschichte Ibbenbürens ein.

Auch unser Endspurt hält noch einige Aha- und Oho-Effekte parat: Im Naturagart-Naturerlebnispark (www.naturagart.com), erreichbar über die im weiteren Verlauf von der Münsterstraße abzweigende Riesenbecker Straße, können Sie sich stärken, Teichlandschaften bewundern oder als Taucher im dazugehörigen Unterwasserpark in die Tiefe gehen, nachgebaute antike Tempelruinen inklusive. Gleich nebenan lockt der Botanische Garten Loismann, dessen Geschichte bis in die Jahre 1894/95 zurückgeht, unter anderem mit einem 30 Meter aufragenden Mammutbaum sowie einer 20 Meter hohen Honoki-Magnolie. Unverzagte fahren von hier aus, wieder der Münsterstraße folgend, noch zum Dortmund-Ems-Kanal, wo inmitten einer Hafenanlage der Kulturspeicher Dörenthe (www.kulturspeicher.net) das fruchtbare Nebeneinander von Kultur und Arbeit demonstriert. Winken Sie am Kanal den vorbeifahrenden Binnenschiffern zu! Die Schiffer winken garantiert zurück!

Während Sie nun an der Münsterstraße entlang wieder zurück Richtung Ibbenbüren zuckeln, fällt Ihr Blick rechts, direkt am Höhenzug des Teutoburger Waldes, auf das Hockende Weib, das historische Wahrzeichen Ibbenbürens. Glaubt man der Sage – und wir wollen das hier mal, schon weil sie sehr schön ist –, strömten in alter Zeit die Fluten des Meeres oft bis an die Dörenther Klippen. Dort lebte in diesen stürmischen Zeiten eine Frau mit ihren Kindern. Als die Flut nahte, nahm sie ihre Steppkes auf den Arm und floh mit ihnen auf den Berg. Zu ihrem Entsetzen stieg aber das Wasser unaufhörlich weiter. Als es ihr schließlich bis zu den Füßen reichte, hockte sie sich nieder, befahl den Kindern, auf ihre Schultern zu steigen, und begann zu beten. Die Pointe: Als die Frau sich wieder aufrichten wollte, war sie zu einem Felsblock geworden, der aus den Fluten ragte und die Kinder trug.

Wir sehen: Gottes Wege sind mitunter unergründlich. Ihr Weg allerdings führt Sie direkt ins Zentrum unserer Stadt zurück. Sie haben sich eine ausgiebige Verschnaufpause verdient. Strecken Sie die Beine aus! Lassen Sie sich in Cafés und Restaurants ein weiteres Mal verwöhnen! Lassen Sie es sich richtig gut gehen! In Ibbenbüren fällt einem Letzteres besonders leicht. Versprochen.

▲ Aaseebad Ibbenbüren

▲ Skaterpark

▲ Kletterwald

▲ Aasee

Rosa gebratener Lammrücken
mit Kräuterkruste
auf Paprika-Zucchinigemüse und Rosmarinkartoffeln

Hotel Leugermann

Das familiär geführte 4-Sterne Hotel Leugermann, am Rande des Teutoburger Waldes gelegen, lädt zum Verweilen ein…

In der gemütlichen Gaststätte, den Gasträumen oder dem Festsaal werden feine sowie gutbürgerliche Gerichte der kreativen Küche angeboten. Bei schönem Wetter auch auf der Gartenterrasse im Innenhof.

Familie Bernhard und Jens Leugermann wünscht Ihnen viel Erfolg mit diesem Rezept, welches Ihnen der Küchenchef Oliver Bosse vorstellt. Guten Appetit.

1. Zubereitung der Sauce: Aus dem Lammknochen eine Lammjus ansetzen. Zwiebeln, Sellerie und Möhren als Röstgemüse hinzufügen, mit Knoblauch, Salz, Pfeffer, Rosmarin und Thymian würzen, mit Rotwein und Portwein ablöschen und mit einer Mehlschwitze anbinden.

2. Zubereitung der Kruste: Alle Zutaten zu einer Masse vermengen.

3. Zubereitung der Beilage: Die Kartoffeln auf einem Backblech verteilen und mit Meersalz bestreuen. Rosmarinzweige dazwischen legen und im Ofen bei 180 °C goldbraun backen. Zwischendurch mit Butter einpinseln.

4. Zubereitung des Lammrückens: Das Fleisch von beiden Seiten ca. 2 Minuten anbraten, mit Salz und Pfeffer würzen, die Oberfläche mit feinem Dijon-Senf einstreichen und mit der Krustenmasse belegen. Noch einen Rosmarinzweig anlegen und dann im Ofen bei 160 °C (Umluft) ca. 8 Minuten garen. Aus dem Ofen nehmen und ca. 3 Minuten bei mittlerer Wärme stehen lassen.

5. Zubereitung des Gemüses: Die Hälfte der Schalotten und Rosmarin in Öl anschwitzen, Paprika und Zucchini hinzufügen und mit Salz und Pfeffer abschmecken. Dann die restlichen Schalotten mit Rosmarin in Öl anschwitzen, das Tomatenmark dazugeben und durchschwitzen lassen. Das angeschwitzte Gemüse zu der Tomatenmasse hinzufügen. Gegebenenfalls mit Salz und Pfeffer nachwürzen.

Zutaten für 4 Personen

Für die Sauce:
Lammknochen für die Jus
Zwiebeln, Sellerie, Möhren, Knoblauch,
Rosmarin, Thymian, Salz, Pfeffer
Rotwein, Portwein, Mehl

Für die Kruste:
50 g Semmelbrösel
40 g Parmesan, fein gerieben
1 Schalotte, fein gewürfelt
20 g Butter, weich, 1 Ei
Petersilie, fein gehackt
Rosmarin, fein gehackt
Thymian, fein gehackt

Für die Beilage:
800 g geschälte, gleich große Kartoffeln
Meersalz, Rosmarinzweige
zerlassene Butter

Für den Lammrücken:
800 g Lammrücken ohne Knochen
Dijon-Senf, Salz, Pfeffer, 1 Rosmarinzweig

Für das Gemüse:
2 Schalotten, fein gewürfelt
1 rote Paprika, in ca. 1,5 cm
lange Rauten geschnitten
1 gelbe Paprika, in ca. 1,5 cm
lange Rauten geschnitten
1 Zucchini, in Rauten geschnitten,
ohne Kerne
Rosmarinzweige, Tomatenmark
Öl, Salz, Pfeffer

Vegetarische Roulade
von Omas Pfannkuchen

Kaffeehaus „Lions"
Katharina Krohn und Michael Schiller erfüllten sich mit dem Kaffeehaus „Lions", das beide in der Innenstadt von Ibbenbüren betreiben, einen lang gehegten Traum.
Ihre Leidenschaft gehört dem Kaffee, und dass es im „Lions" guten Kaffee gibt, hat sich schon weit über die Grenzen Ibbenbürens herumgesprochen.

1. Zubereitung des Teiges: 500 ml Milch und 5 Eier mit ein wenig Salz und Pfeffer verrühren. Das Mehl hinzufügen und mit einem Mixer glatt arbeiten.
15 Minuten ruhen lassen, dann nochmals durchrühren. Anschließend in einer großen, flachen Pfanne mit Butter portionsweise hell ausbacken und bei 120 °C im Heißluftofen warmstellen.

2. Zubereitung der Gemüsefüllung: Die Gemüse sorgfältig putzen und anschließend in gleich große Stücke schneiden. Die Lauchzwiebel vom weißen Ende her ca. 10 cm kürzen, dann vierteln und das Grün fein hacken – es findet später Verwendung bei der Dekoration.
Eine Pfanne aufsetzen, ein wenig Butter darin auflösen und die Gemüse nach und nach in dieser Reihenfolge in die Pfanne geben: Paprika – Zucchini – Aubergine – Champignons – Lauchzwiebeln – Tomaten. Das Ganze vorsichtig schwenken und mit Salz und Pfeffer würzen. Wir empfehlen frisch gemahlenes Meersalz und Telly-Cherry-Pfeffer.

Achten Sie bitte darauf, dass die Bissfestigkeit des Gemüses erhalten bleibt. Crème fraîche und Sahne hinzufügen und ein wenig umrühren.

3. Die Pfannkuchen mit dem zubereiteten Gemüse füllen.
Ein köstlicher Genuss mit dem Geschmack der Natur!

Zutaten für 4 Personen
500 ml Milch
5 Eier
300 g Weizenmehl
3 bunte Paprika
1 Zucchini
1 Aubergine
2 Frühlingszwiebeln
10 Cocktailtomaten
200 g braune Champignons
100 g Crème fraîche
50 ml Sahne
Salz (Empfehlung: frisch gemahlenes Meersalz)
Pfeffer (Empfehlung: Telly-Cherry-Pfeffer)
Butter zum Braten

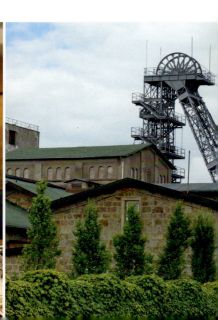

Tour

Länge: 132,26 km
Dauer: 8:49 Std.
Verbrannte Kalorien: 1958,81 Kcal

Kulinarische Reise

Die Aa-Vechte-Tour von Gregor Krabbe, Bürgermeister von Metelen

Gregor Krabbe, Jahrgang 1963, ist verheiratet und hat zwei Kinder. Seit dem 23. Juni 2014 ist er Bürgermeister seiner Heimatgemeinde Metelen.
Stellvertretend für seine Bürgermeisterkollegen aus Altenberge, Horstmar, Laer, Nordwalde, Ochtrup, Schöppingen, Steinfurt und Wettringen stellt er hier die Aa-Vechte-Tour vor: „Entdecken Sie das Steinfurter Land auf einem 150 Kilometer langen, ausgeschilderten Rundkurs, erradeln Sie die Erlebniskult(o)ur zwischen Aa und Vechte und erleben Sie die geschichtlichen und kulturellen Eigenheiten der neun Städte und Gemeinden im westlichen Münsterland."

Das Wetter ist schön, die Sonne scheint, und ich habe zwei Tage Zeit. Also setze ich mich aufs Fahrrad und fahre ab Metelen die Aa-Vechte-Tour.
Natürlich darf ich nicht versäumen, mir in Metelen zuerst Plagemanns Mühle und vor allem die Pfarrkirche mit dem Stift anzusehen; denn „Metelen hat was". Ich kann mich noch erinnern, wie ich als Schulkind in Plagemanns Mühle im Sägewerk zugeschaut habe. Heute beherbergt die Mühle, dank des Engagements des Heimatvereins Metelen, ein tolles Museum, das an jene Zeit erinnert. Übrigens feiert Metelen in diesem Jahr sein 1125-jähriges Bestehen. Aus diesem Anlass findet zwischen Mühle, Kirche und Stift das „Parkleuchten" statt. Alles wird illuminiert und mit Musik und gesprochenen Texten zur Geschichte Metelens stimmungsvoll ergänzt.
Dann folge ich der Beschilderung der Aa-Vechte-Tour Richtung Ochtrup, vorbei an Wiesen, Feldern und wunderschön gelegenen Bauernhöfen. Ich fahre über Wirtschaftswege und „Pättkes", fernab von größeren Straßen, und ich stelle fest: Hier kann man wirklich abschalten.
Dann sehe ich auch schon den Kirchturm von Ochtrup. Ochtrup ist als münsterländische Töpfer-, Textil- und Einkaufsstadt bekannt. So steuere ich auch direkt die Töpferei am Bahnhof an. Hier kann ich zuschauen, wie die „Ochtruper Nachtigall" gefertigt wird, bevor ich dann im Factory Outlet Center einkaufe.
Weiter geht`s, denn mein heutiges Übernachtungsziel ist Altenberge, und bis dahin gibt es noch viel zu sehen. Mein nächstes Ziel ist eine der ältesten westfälischen Wasserburgen – Haus Welbergen. Hinter der robusten Burgmauer verbirgt sich ein wunderschöner barocker Rosengarten. Hier verweile ich einen Moment lang, bevor ich weiter nach Wettringen fahre. Der idyllische Radweg von Welbergen nach Wettringen führt über die alte Bahntrasse. In Wettringen besuche ich das Heimathaus, ein fast 500 Jahre altes 2-Ständer-Haus. Jeden Mittwoch findet hier eine handwerkliche Ausstellung statt, die ich bei Kaffee und selbstgebackenem Kuchen genieße.
Frisch gestärkt mache ich mich auf den Weg nach Steinfurt. Vorbei an Wiesen, Feldern und gepflegten Bauernhöfen, die unsere münsterländische Parklandschaft ausmachen, erreiche ich nach einer weiteren guten Stunde mein Ziel. Steinfurt ist Kreisstadt und kann von einer 1000-jährigen Geschichte erzählen. Vom historischen Stadtkern aus erreiche ich das Burgstein-

◀ Stifts- und Pfarrkirche St. Cornelius

▲ Altes Rathaus in Schöppingen

▲ Altenberger Kirchplatz

furter Schloss, eines der ältesten Wasserschlösser Westfalens. Leider ist es nicht zur Besichtigung freigegeben, doch auch die Außenansicht des Schlosses und der nahegelegene Bagno Park, der in früheren Zeiten ein Lustpark war, laden zum Verweilen ein. Vom Schloss führt eine wieder hergestellte Allee bis zur Konzertgalerie, und ich stelle mir vor, wie hier in längst vergangenen Zeiten die Kutschen fuhren. Aber jetzt geht es weiter; ich fahre durch den Bagno Park, am See vorbei, Richtung Nordwalde. In Nordwalde ist mein Ziel der Bispinghof, ein von Wasser umgebener Gräftenhof.

Von hier aus führt die wunderschöne Route, zum Teil auf schmalen Wegen, mitten durch Weizenfelder und Wiesen nach Altenberge. In Altenberge gibt es einen historischen Eiskeller, von dem ich schon viel gehört habe, und ich habe das Glück, mich einer Gruppe anschließen zu dürfen, um diesen Eiskeller zu besichtigen. Über mehrere Stockwerke ziehen sich die Kelleranlagen der früheren Brauerei Beuing. Dort lagerten damals das Eis und die Fässer zur Kühlung und zur Gärung. Auch im Heimathaus „Kittken" möchte ich vorbeischauen. Ja, wie der Name schon vermuten lässt, ein ehemaliges Gefängnis. Auch ein Backhaus mit einem Bauerngarten ist dem Heimathaus angeschlossen. Hier wohnte einst Katharina Plettendorf, die Amme der Annette von Droste-Hülshoff.

Altenberge ist auch mein Übernachtungsziel, und ich lasse mich im Hotel Stüer mit einem guten Abendessen verwöhnen. Mein Rad steht sicher im Fahrradschuppen; denn hier in der Region sind die meisten Hotels und Pensionen auf Radtouristen eingestellt. Nach einer angenehmen Nacht, gut ausgeruht und gestärkt durch ein reichhaltiges Frühstück, schwinge ich mich wieder auf mein Rad. Ich freue mich auf die nächsten Sehenswürdigkeiten, denn davon gibt es entlang der Aa-Vechte-Tour, wie ich festgestellt habe, reichlich.

Laer ist mein nächstes Ziel. Mitten durch Laer sucht sich der Ewaldibach plätschernd seinen Weg. Er führt mich zum Dorfteich am Rathaus. Hier fasziniert mich die alte Klappwindmühle. Ich nehme mir Zeit, setze mich auf eine Bank, genieße den Tag und mein Lunchpaket, gefüllt mit Obst, Joghurt

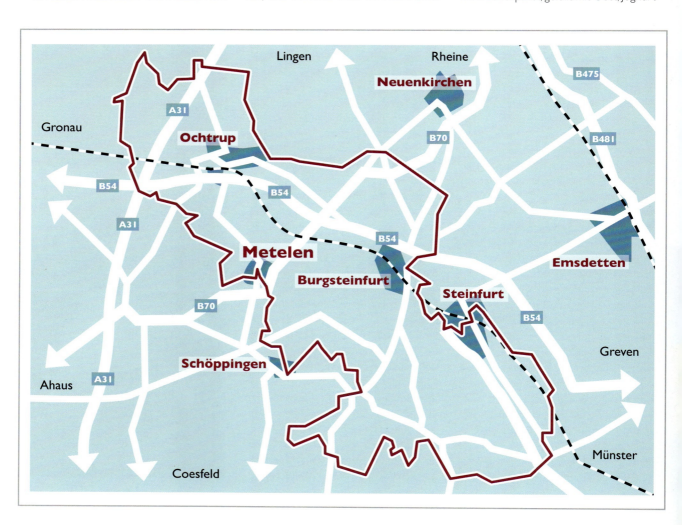

und Brötchen. Ein Lunchpaket bekommt man übrigens von jedem Hotel mit auf den Weg. Auf meiner Liste der Sehenswürdigkeiten, die ich mir nicht entgehen lassen möchte, steht auch das Holzschuhmuseum in Laer –, denn wo kann man heute noch einem echten Holzschuhmachermeister über die Schulter schauen?! Nachdem ich mich lange dort aufgehalten habe, geht`s weiter Richtung Horstmar.

Mein Weg führt mich, vorbei an reizvollen Mühlen und alten Hofanlagen, nach Eggerode, einem malerischen Wallfahrtsort, den jährlich über 70 000 Pilger besuchen. Übrigens, hier in Eggerode entsteht durch den Zusammenfluss von Burloer Bach und Rockeler Bach die Vechte.

Nicht mehr allzu weit, und ich bin in Horstmar. Die Stadt war noch bis 1800 der Verwaltungssitz des fürstbischöflichen Amtes. Mich faszinieren hier die Burgmannshöfe, die schon rein äußerlich ein herrschaftliches Wohnen vermuten lassen. Die Burgmannen waren verantwortlich für die Verteidigung der Stadt. Von Horstmar führen Rad- und Spazierwege durch das Herrenholz, ein naturbelassenes Waldgebiet. Das ansonsten so flache Steinfurter Land, eine bekannte und beliebte Fahrradregion, verwandelt sich zwischen Horstmar und meinem nächsten Ziel, Schöppingen, in eine hügelige Landschaft. Aber die Anstrengung lohnt sich, denn oben, an der Antoniuskapelle angelangt, kann ich eine beeindruckende Aussicht auf das Münsterland genießen.

Nach dem Anstieg geht es auch wieder bergab, und so komme ich ganz entspannt in Schöppingen an. Als Erstes fällt mir das alte Rathaus aus der Renaissancezeit im Ortskern auf. In der Eisdiele gegenüber gönne ich mir ein Eis und erfahre dabei in einem Gespräch, dass es rund um Schöppingen den „Plattdütsken Patt", einen Poetenpfad mit 40 plattdeutschen Gedichten gibt. Ich finde es schön, dass so die Tradition der plattdeutschen Sprache und die Erinnerung an die plattdeutsche Dichtung wachgehalten werden. Bevor ich wieder zurück nach Metelen fahre, schaue ich mir den „Plattdütsken Patt" an und erfahre dabei eine Menge über die münsterländische Lyrik.

Auf dem Weg nach Hause komme ich an zwei denkmalgeschützten Schulzenhöfen vorbei. Sie beherbergen die Stiftung „Künstlerdorf Schöppingen", die durch Ausstellungen und Lesungen weitere kulturelle Impulse setzt.

Ich stelle fest, ich habe auf meiner Tour eine Menge gesehen und gelernt und konnte dabei in einer Umgebung, die einer Parklandschaft gleichkommt, vom Alltag abschalten.

▲ Das Zentrum von Horstmar
▲ Der ehemalige Firmensitz van Delden
◄ Schwanennachwuchs in Laer
▼ Das Stiftsgebäude in Metelen

Schweinefiletrouladen

Hotel-Restaurant Stüer

Zu Recht hat sich Bürgermeister Krabbe aus Metelen das Hotel-Restaurant Stüer in Altenberge für seine Übernachtung im Rahmen der Aa-Vechte-Tour ausgesucht.

Das 3-Sterne-Haus der gehobenen Kategorie hält nicht nur für Radtouristen besondere Angebote bereit.

Küchenchef Andreas Pölking, der seine Ausbildung im Hotel-Restaurant Nettmann in Greven machte, sammelte sowohl im Ratskeller und im Hotel-Restaurant Feldmann in Münster, als auch im Alten Gasthof in Telgte berufliche Erfahrungen, bevor er 1993 Chefkoch im Hotel-Restaurant Stüer wurde. Sein Rezept „Schweinefiletrouladen, gefüllt mit eingelegten getrockneten Tomaten, Basilikum und schwarzen Oliven, an Kräuterfrischkäsesauce und Rucola-Bandnudeln mit tourniertem Gemüse" stellt er Ihnen hier vor

1. Für die Frischkäsesauce die Zwiebeln und die Knoblauchzehe in Olivenöl anschwitzen, mit Weißwein und Gemüsebrühe ablöschen, mit Sahne und Frischkäse verrühren und aufkochen lassen.

2. Alles mit einem Pürierstab mixen, zum Schluss die fein gehackten Kräuter zugeben und mit Salz, Pfeffer und Zucker abschmecken.

3. Für die Bandnudeln aus Mehl, Eiern, Olivenöl und Salz einen Pastateig kneten und zu Bandnudeln walzen. Die Bandnudeln in Salzwasser al dente kochen und mit klein geschnittenem Rucola in etwas Olivenöl anschwenken.

4. Für die Rouladen die Schweinefilets flach klopfen und mit Salz und Pfeffer würzen. Die Fleischstücke mit den Tomaten, dem Basilikum und den Oliven belegen, zu Rouladen formen und mit Holzspießchen fixieren. Nun die gefüllten Rouladen in Öl rundherum anbraten und anschließend bei 180°C im Ofen rosa garen (ca.10 Minuten).

5. Das Gemüse in Form tournieren und zusammen mit den Broccoliröschen nach Belieben in Salzwasser kochen.

Zutaten

Für die Frischkäsesauce mit Kräutern:
300 g Frischkäse
Sahne
100 ml trockener Riesling
100 ml Gemüsebrühe
20 g Zwiebeln, fein gewürfelt
1 Knoblauchzehe, gewürfelt
frisch gehackte Kräuter
(z. B. Petersilie, Kerbel, Schnittlauch)
1 Prise Zucker
Salz, Pfeffer, Olivenöl

Für die Bandnudeln mit Rucola:
400 g Weizenmehl
4 Eier, 3 EL Olivenöl
1 Prise Salz
1 Bund Rucola
etwas Olivenöl

Für die Schweinefiletrouladen:
8 gleich große Schweinefilets
200 g Tomaten, trocken eingelegt
20 schwarze Oliven, trocken eingelegt, in Stückchen geschnitten
einige Basilikumblätter, Salz, Pfeffer

Für das tournierte Gemüse mit Broccoliröschen:
450 g Gemüse (verschiedene Sorten)
150 g Broccoliröschen

Bunter Fitness-Salat mit Scampi
und Streifen vom Roastbeef

Restaurant „Am Viehtor"
... ein Ort zum Klönen und Genießen. Brigitte Sönksen ist in Metelen zu Hause. Nach 20 Jahren Gastronomie-Erfahrung ist das Restaurant „Am Viehtor" ihre neue Wirkungsstätte. Tatkräftige Unterstützung bekommt die Familie Sönksen von Küchenchef Ralph Kaiser. Hier stellt er Ihnen eines seiner Rezepte vor:

1. In einer Schüssel Olivenöl, Essig, Senf, Küchenkräuter, Salz und Pfeffer mit dem Schneebesen zu einer cremigen Vinaigrette verrühren.

2. Die Tomate waschen und in Viertel schneiden. Den geputzten Salat mit der Tomate in die Schüssel geben und vorsichtig unterheben, zur Seite stellen und ca. 30 Minuten durchziehen lassen.

3. In der Zwischenzeit das Roastbeef in Streifen schneiden, die Scampi kurz auf beiden Seiten anbraten und ebenfalls zur Seite stellen. Den Camembert nach Packungsanweisung im Backofen zubereiten.

4. Alles zusammen auf einem Teller anrichten, zum Schluss die Sonnenblumenkerne darüber streuen. Nach Belieben kann der Salat mit einem kleinen Flusskrebs dekoriert werden.

Dazu passen ein leckeres Weißbrot und eine kalte Weißweinschorle vom Riesling.

Zutaten für 1 Person
150 g frischer Salat, verschiedene Sorten
1 Tomate
150 g Roastbeef
4 Scampi
1 kleiner Flusskrebs (nach Belieben)
1 Backcamembert
1 EL frisch gehackte Küchenkräuter (Basilikum, Thymian, Oregano)
1 EL Balsamico oder Kräuteressig
1 EL Olivenöl
1 EL Sonnenblumenkerne
Senf
Salz
Pfeffer
2 Scheiben Weißbrot

Tour

Länge: 27,59 km
Dauer: 1:50 Std.
Verbrannte Kalorien: 408,62 Kcal

Dinkel-Goorbach-Tour

Lieblingsradroute von Sonja Jürgens, Bürgermeisterin von Gronau

Sonja Jürgens, Jahrgang 1978, wurde im März 2013 zur neuen Bürgermeisterin der Stadt Gronau gewählt. Die studierte Sozialarbeiterin war zuletzt beim Diakonischen Werk zuständig für die Projektleitung des Stadtteilzentrums GroW (Mein Gronauer Westen) und engagierte sich seit 2009 im Rat der Stadt Gronau. Die gebürtige Gronauerin freut sich, die besonderen Highlights ihrer Heimatstadt und Wirkungsstätte „radelnd" vorzustellen.

Meine Lieblingsradroute ist die Dinkel-Goorbach-Tour. Sie führt durch die Stadtteile Gronau und Epe vorbei an idyllischen Plätzen, attraktiven Bauwerken, interessanten Einrichtungen, wundervoller Natur und vielen Cafés und Restaurants, die zum Verweilen einladen.

Ich starte die Tour am Udo-Lindenberg-Platz auf dem Gronauer Inselparkgelände. Seit der Landesgartenschau Gronau-Losser 2003, die unsere Stadt nachhaltig bereichert hat, verfügt Gronau über eine weitere eindrucksvolle innerstädtisch angelegte Parkanlage mit einem ausgedehnten Grachtensystem und aufwändigen Themengärten. Hier haben Städtebauer aus dem einstigen Gelände der van-Delden-Spinnerei etwas ganz Besonderes geschaffen: Aus einer ehemaligen Industriebrache wurde das „Klein-Venedig des Münsterlandes".

Im Sommer spielen hier Kinder in einem großen Wasserlabyrinth mit springenden Fontänen, Wasserläufen und Nebel. Familien erklimmen die 20 Meter hohe Pyramide, die schon von Weitem zu sehen ist. Von dort hat man einen herrlichen Blick über das gesamte farbenprächtige Gelände. Ins Auge fällt dabei sofort das rock'n'popmuseum. Die ehemalige Turbinenhalle des Textilkonzerns wurde 2004, zum bundesweit einzigen Haus der Rock- und Popgeschichte dieser Art umfunktioniert, eröffnet. Das Museum bietet seinen Besucherinnen und Besuchern eine spannende Zeitreise durch die Popularmusik des 20. Jahrhunderts – vom Gassenhauer bis zum Hiphop, von Marlene Dietrich bis zu Eminem. Sounds, Plakate, Filme, Fotos und viele Erinnerungsstücke der Stars sind Glanzlichter der umfangreichen Museumssammlung, die ergänzt von zahlreichen interaktiven Elementen diese Ausstellung so besonders macht. Musik war und ist zentraler Teil der Entwicklung dieser Stadt – von den grenzüberschreitenden Chor- und Opernproduktionen der 30er-Jahre über die ersten Trommelversuche der in Gronau geborenen deutschen Rocklegende Udo Lindenberg bis hin zur Geburtsstunde des Gronauer Jazzfestes im April 1989. Entlang der Bahnhofstraße führt mich der Weg zum historischen Alten Rathausturm aus dem Jahre 1907, dessen Hauptgebäude 1945 durch Bombeneinwirkung zerstört wurde, mit seinem imposanten Uhrwerk. Im dahinter liegenden Gebäude ist das Drilandmuseum zu Hause, in dem sich wichtige Dokumente zur Geschichte der Gronauer Textilindustrie, das Stadtmodell von 1600 sowie Exponate bis hin zur Karbonzeit befinden. Ein Besuch lohnt sich. Der Heimatverein Gronau bietet auf Wunsch auch Gruppenführungen an. Weiter geht es vorbei an der katholischen St.-Antonius-Kirche und der evan-

gelischen Stadtkirche durch die Gronauer Innenstadt. In der Innenstadt sind nicht nur zahlreiche Geschäfte zu Hause, hier finden jedes Jahr auch attraktive Veranstaltungen statt, die immer wieder Gäste aus nah und fern nach Gronau locken. Im April kommen Musikfans aus ganz Europa für eine Woche in unsere Musikstadt. Denn dann geben sich beim legendären Jazzfest Top-Musiker aus den Bereichen Jazz, Swing,

◀ rock'n'popmuseum in Gronau

Blues, Soul, Boogie und Salsa die Klinke in die Hand und sorgen für eine einmalige Atmosphäre. Auch das Stadtfest mit seiner bekannten Gourmet- und Automeile lockt jedes Jahr Bürgerinnen und Bürger sowie Gäste in die Innenstadt.

Ich verlasse nun die Innenstadt Richtung Süden und erreiche direkt den weitläufigen Stadt- und Tierpark. Der große Teich mit Wasserfontäne ist umgeben von zahlreichen Parkbänken und großzügig angelegten Spielgeräten für Kinder. Von hier aus hat man außerdem einen herrlichen Ausblick auf das Wahrzeichen von Gronau, den Wasserturm von 1903, der heute nach einer weiteren Sanierung wieder begehbar ist und für kulturelle Veranstaltungen genutzt wird. Bis zum Jahr 1967 sorgte der im Turmkopf installierte Wasserbehälter für einen stabilen Wasserdruck im Leitungsnetz. Danach wurde er durch eine moderne Versorgungstechnik abgelöst.

Im Stadtpark stelle ich kurz mein Fahrrad ab und statte den Tieren im Tierpark einen Besuch ab. Das vor rund 70 Jahren geschaffene Gehege beherbergt circa 200 Tiere, die 40 verschiedenen Arten angehören, darunter Affen, Esel, Ziegen, Nasenbären, Damwild und verschiede Vogelarten. Der Tierpark ist das ganze Jahr geöffnet. Und das Beste: Der Eintritt ist frei.

Ein herrlicher Radweg entlang der Dinkel führt mich vorbei am Gronauer Parkfreibad in den Stadtteil Epe. Nach circa vier Kilometern erreiche ich den Eper Park. Im Rahmen einer „Arbeitsbeschaffungsmaßnahme" – man schrieb das Jahr 1926 – wurde der Park im Laufe mehrerer Jahre aus dem Nichts erschaffen. Nach einer Erweiterung in den 60er-Jahren und der Neugestaltung des Rosengartens und des Festplatzes ist er zu einem echten Refugium geworden. Alter Baumbestand umrahmt idyllische Alleen, und ein schön angelegter Schwanen- und Ententeich lädt ein zur Ruhe und Erholung. Ein Muss, gerade auch für Familien, bietet doch der großzügig angelegte Spielplatz mit Skaterbahn jede Menge Abwechslung.

Nach einer kurzen Pause am Ententeich mache ich einen kleinen Abstecher durch den Eper Ortskern zur St.-Agatha-Kirche. Dort kann man sich einen Überblick über „825 Jahre Eper Kirchengeschichte" ver-

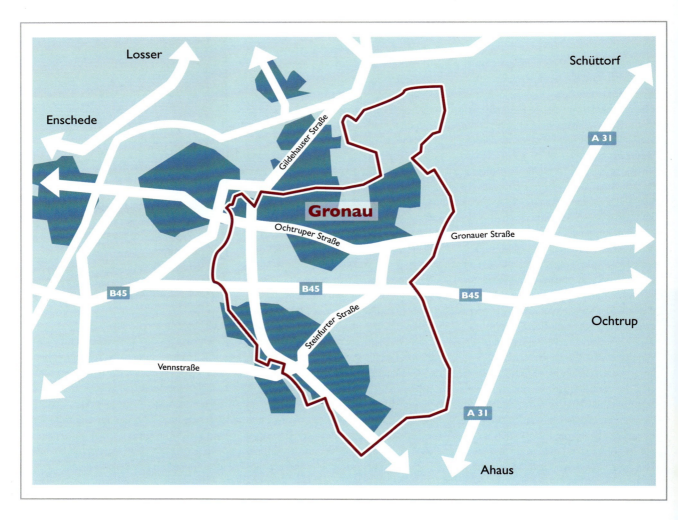

178　　　　　　　　　　　　　　　　　　　　　　　　　　　Zur Druckversion (1:25.000) www.naviki.org/kultouren

schaffen. Die dreischiffige gotische Hallenkirche mit einem Querhaus wurde 1892 der Heiligen Agatha geweiht. Hinter der St.-Agatha-Kirche ist der Heimatverein Epe zu Hause. Jedem, der mehr über die Geschichte des Stadtteils erfahren möchte, lege ich einen Besuch in der Heimatstube und im Heimatarchiv ans Herz.

Ich mache einen weiteren Zwischenstopp im Eper Ortskern. Urige Gaststätten und gemütliche Cafés laden hier ein, Platz zu nehmen und sich für die Weiterfahrt zu stärken. Im Eper Ortskern, der jetzt beschaulich wirkt, finden jedes Jahr zahlreiche Events statt, die inzwischen einen festen Platz im Veranstaltungskalender haben. Ob Altbiernacht, Michaelismarkt, Martinimarkt oder Musiknächte – hier kommt jeder auf seine Kosten.

Meine nächste Station ist Schepers Mühle. Von hier aus führt mich der idyllische Radweg entlang der Dinkel, vorbei am Freibad, zu den Eper Bülten. Dort treffe ich auf den Goorbach. Nach zahlreichen Eindrücken werde ich einfach nur die schöne Natur genießen, die hier für eine perfekte Kulisse sorgt. Ein weiteres Highlight wartet im Nordosten: Am Schnittpunkt zwischen Niedersachsen und Nordrhein-Westfalen sowie den Niederlanden befindet sich im sogenannten Dreiländereck das Naherholungsgebiet Dreiländersee. Neben Schwimmen, Segeln und Surfen lädt dieses Freizeitparadies vor allem auch zum Wandern, Reiten und Radeln ein. Vorbei an Biotopen und Vogelschutzgebieten führt ein vier Kilometer langer Rundwanderweg direkt am Uferbereich entlang. Hier genieße ich die Ruhe auf einer Bank mit Blick auf den See, bevor ich wieder auf mein Fahrrad steige. Durch den Rüenberger Wald geht es dann wieder zurück in Richtung Gronauer Innenstadt. Zum Abschluss eines perfekten Tages in unserer schönen Dinkelstadt besuche ich die aktuelle Ausstellung im rock'n'popmuseum und lasse den Tag musikalisch-kulinarisch ausklingen.

◀ *Inselparkgelände*

▲ *Kapuzineraffe im Tierpark*

◀ *St.-Agatha-Kirche*

▼ *Schepers Mühle*

Tranche vom Ostsee-Dorsch
mit Kräutern auf glasierten Kirschschwarzwurzeln und Biarritzer Kartoffelpüree

Restaurant Heidehof

Maximilian Lammers, Küchenmeister im Heidehof in Gronau-Epe, begann seine Lehre im Jahr 2004 im Hotel „Haus im Flör" in Ottenstein. Danach folgten Stationen im Restaurant Apicius, Jagdhaus Eiden in Bad Zwischenahn, im Colombi Hotel in Freiburg und bei Jörg Müller auf Sylt.

Im Jahr 2012 schloss er seine Ausbildung zum staatlich geprüften Küchenmeister in Hamburg ab. Hier stellt Ihnen Maximilian Lammers eines seiner Rezepte vor:

1. Dorsch in 4 Stücke schneiden, würzen und leicht in Mehl wenden.

2. In der Zwischenzeit die Schwarzwurzeln schälen und sofort in Scheiben schneiden. Die Schwarzwurzelscheiben in Salzwasser ¾ garen und dann abgießen. Den Kirschsirup in einen Topf geben, die Schwarzwurzeln und Butter hinzufügen, alles zusammen reduzieren, bis die Schwarzwurzeln die gewünschte Kirschfarbe erhalten. Mit Salz und etwas Muskat würzen.

3. Kartoffeln schälen und in Salzwasser kochen. In der Zwischenzeit Speck- und Zwiebelbrunoise in einem kleinen Topf anschwitzen, mit Milch und Sahne aufgießen, Butter, Salz und Muskat hinzufügen. Wenn die Kartoffeln gar sind, abgießen und durch eine Kartoffelpresse drücken. Die Speck-Zwiebel-Sahne hinzugeben und mit einem Holzlöffel zu einer Masse vermengen.

4. Öl in einer Pfanne erhitzen, den Fisch mit der Hautseite nach oben hineingeben und Schalotten und Kräuter hinzufügen. Sobald der Fisch Farbe angenommen hat, wenden und langsam garen.

5. Alle Zutaten nochmals erwärmen und anrichten.

Zutaten für 4 Personen
Für den Dorsch:
800 g Dorsch mit Haut
3 Schalotten, in Ecken geschnitten
1 Rosmarinzweig
1 Thymianzweig

Für die Schwarzwurzeln:
700 g Schwarzwurzeln
Kirschsaft (Weichselsirup)
50 g Butter
Salz, Muskat

Für das Kartoffelpüree:
600 g Kartoffeln (mehlig kochend)
Speckbrunoise
Zwiebelbrunoise
Petersilie, gehackt
100 ml Milch, 100 ml Sahne
80 g Butter
Muskat, Salz

Türmchen vom Rinderfilet
mit Garnele auf Paprika-Risotto

Schepers Hotel-Restaurant

Im Mai 1900 errichtete der Getreidekaufmann Hermann Schepers In Epe eine Villa im Stil der Gründerzeit, um englische Textilingenieure zu beherbergen. Seit fünf Generationen sind das Hotel-Restaurant und die nahe gelegene Schepers-Wassermühle jetzt schon in Familienbesitz. Die Tradition ist spürbar, die Ruhe und die Ursprünglichkeit der Landschaft wirken entspannend. Seit vielen Jahren gestalten die Seniorchefs, Hermann und Else Schepers und ihre Tochter Petra mit Erfahrung und mit Liebe zur Gastronomie die Rezepte für die schönen Stunden des Lebens. Heute leiten der 26-jährige John Schepers und sein Team die ausgezeichnete Küche mit saisonalen Highlights, köstlichen Produkten aus dem Münsterland und frischen Kräutern aus dem eigenen Kräutergarten. Am liebsten verwöhnt John Schepers seine Gäste mit feinen Fisch- und Krustentiergerichten und einem frischem Mix aus westfälischer und mediterraner Küche.

1. **Zubereitung des Paprika-Risottos:**
Schalotten abziehen und würfeln, die Hälfte der Butter in einem Topf zerlassen und die Schalotten darin anschwitzen. Den Reis und die anderen Zutaten hinzufügen, kurz andünsten und mit Wein ablöschen, dann ¼ l Gemüsebrühe nach und nach angießen. Den Reis bei mittlerer Hitze köcheln lassen, bis er die Flüssigkeit aufgesogen hat – dabei öfter umrühren.

2. Den Vorgang wiederholen, bis die Brühe aufgebraucht und der Reis gar ist, aber noch Biss hat.

3. Die restliche Butter und den Parmesan unterrühren, mit 2–3 EL Ajvar verfeinern und warmhalten.

4. **Zubereitung des Rinderfilettürmchens:**
Das Rinderfilet mit Salz würzen, scharf auf allen Seiten anbraten und 7 Minuten in den vorgeheizten Backofen bei 180 °C (Gas 2–3, Umluft 160 °C) geben. Im offenen ausgeschalteten Ofen 5 Minuten ruhen lassen.

5. Zwiebelwürfel in einer Pfanne mit Olivenöl anschwitzen, Spinat dazugeben, salzen und mit Muskat abschmecken.

6. 1 EL Olivenöl in einer Pfanne kurz erhitzen. Die Riesengarnelen kurz von beiden Seiten anbraten und mit Knoblauch, Salz und Pfeffer abschmecken.
Das Risotto auf 4 tiefen Tellern anrichten und darauf das Filettürmchen anrichten.

7. Die Steaks jeweils in 3 Scheiben schneiden, pfeffern und mit dem Spinat, den Ziegenkäsescheiben und den getrockneten Tomaten auftürmen, die Riesengarnele mit kleinem Spieß auf das Türmchen setzen.

Zutaten für 4 Portionen
Für das Paprika-Risotto:
2 Schalotten
30 g Butter
300 g Risottoreis (Carnaroli)
700 ml Gemüsebrühe
150 ml Weißwein
50 g Parmesan, frisch gerieben
1 Glas Ajvar (Paprikapaste)

Für das Rinderfilettürmchen:
750 g Rinderfilet (4 Steaks à 180 g)
400 g junger Blattspinat
1 kleine Zwiebel, gewürfelt
1 Knoblauchzehe, geschält
240 g Ziegenkäse in Salzlake, leicht schnittfest
4 Riesengarnelen ohne Darm
100 g getrocknete Tomaten in Öl
2 EL Olivenöl
1 Messerspitze Muskat
Salz
schwarzer Pfeffer

Lachsfilet mit Parmesan-Brotfladen
und Safransauce

Hotel-Restaurant „Gasthof Driland"

350 Jahre zurück in die Vergangenheit führen die Nachforschungen, denen das Hotel Restaurant „Gasthof Driland" in Gronau seinen Namen zu verdanken hat. Nach Verhandlungen Kaiser Ferdinands III. mit Frankreich und seinen Verbündeten in Münster sowie mit Schweden und seinen Verbündeten in Osnabrück wurde am 24. Oktober 1648 der Westfälische Friede unterzeichnet, der den Dreißigjährigen Krieg beendete. Durch diesen Vertrag wurden in Deutschland unter anderem auch die territorialen Grenzen neu festgelegt. So entstand auch der Grenzstein am Dreiländereck – auch Driland genannt –, der die Königreiche Hannover, Preußen und die Niederlande trennte.

So viel zur Geschichte, heute wird das Hotel von Birgit und Thomas Berning geführt. Birgit Berning ist auch Chefin in der Küche. Ihr hier vorgestelltes Rezept spricht für sich:

1. Aus den angegebenen Zutaten eine Marinade für den Lachs zubereiten.

2. Vom Lachsfilet die Bauchlappen entfernen und die Gräten ziehen. Den Lachs enthäuten, dann in 3 gleiche Stücke teilen und für ca. 4 Stunden in die Marinade legen.

3. Zubereitung der Parmesan-Brotfladen: Aus den Zutaten einen Hefeteig herstellen und 1 Stunde gehen lassen. Den Teig in pflaumengroße Stücke teilen und millimeterdünn ausrollen, ca. 3 Minuten bei 185 °C backen, die Fladen dünn mit Olivenöl bestreichen, mit geriebenem Parmesan bestreuen und weitere 5 Minuten in den Ofen schieben. Die dünnen Brotfladen kann man später brechen.

4. Zubereitung der Safransauce: Den Fischfond, den Geflügelfond und die Sahne leicht köcheln und reduzieren lassen, kalte Butter zur Bindung einrühren, Safran hinzufügen und mit Salz und Pfeffer abschmecken.

5. Den Fisch aus der Marinade nehmen, mit Meersalz und Pfeffer würzen und in Öl glasig braten.

6. Ein Stück Lachs auf den Teller legen, das Parmesanbrot brechen, auf den Lachs legen, ein weiteres Stück Lachs auf das Brot legen und mit Brot abschließen, sodass ein „Turm" entsteht.

Die Kirschtomaten waschen, in Öl frittieren und als Dekoration auf das Brot legen.

Zutaten
Lachsfilet (Pro Person 200 g)

Für die Marinade:
6 EL Olivenöl
Saft von 1 Zitrone
2 EL helle Sojasauce
1 EL Honig
1 rote Chilischote

Für die Parmesan-Brotfladen:
250 g Mehl
250 g Hartweizengrieß
½ Würfel Hefe (20 g)
¼ l warmes Wasser
eine Prise Salz

Für die Safranwsauce:
100 ml Fischfond
100 ml Geflügelfond
100 ml Sahne
etwas kalte Butter
1–2 Safranfäden

Zander
und knusprig-zarter Schweinebauch

Hotel-Restaurant Verst

Der in Gronau geborene Eperaner Stefan Verst machte seine 3-jährige Ausbildung im Romantik Parkhotel Wasserburg in Anholt (von 2004 bis 2007) und erlernte bei Sternekoch Hans Stefan Steinheuer im Restaurant „Zur Alten Post" in Bad Neuenahr-Ahrweiler von 2007 bis 2008 die Feinheiten der Kochkunst, die er bei Jürgen Köpp in Xanten festigte. Seit 2012 führen Stefan Verst und seine Frau Lisa-Marie den Familienbetrieb Hotel Restaurant Verst in Gronau. Gemeinsam widmen sie sich sowohl der traditionellen als auch der modernen westfälischen Küche. Stefan Verst stellt Ihnen hier eines seiner Rezepte vor, das Aspekte beider Richtungen miteinander verbindet:

1. Den Schweinebauch im Ganzen mit Öl, Rosmarin, Thymian, frischem Knoblauch und etwas Salz und Pfeffer einreiben und vakuumverpackt 48 Stunden bei 60 °C im Wasserbad oder alternativ im Backofen bei 80 °C etwa 5 Stunden garen, je nach Dicke. Rote Bete ungeschält in Salzwasser eine Stunde gar kochen. Die Kartoffeln schälen und ebenfalls in Salzwasser gar kochen.

2. Die Zwiebeln in Würfel schneiden und ¾ davon in 40 ml Öl langsam anschwitzen. Bevor sie bräunen, die Zwiebeln mit Weißwein ablöschen, aufgießen und einreduzieren lassen. Flüssigkeit mit Pürierstab fein pürieren, durch ein feines Sieb passieren und die Sauce mit 100 ml Sahne, Salz, Pfeffer und einer Prise Zucker abrunden. Zur Bindung ca. 100 g kalte Butterflocken untermixen.

3. Stielmus waschen, trockenschleudern und in Würfel schneiden. Die Bete schälen und mit einem Tourniermesser in eine schöne Form bringen. Die gekochten Kartoffeln gut ausdämpfen und noch heiß durch eine Kartoffelpresse geben. Danach durch ein feines Sieb streichen, bis eine klumpenfreie Kartoffelmasse vorhanden ist. Unter die Masse 100 g kalte Butterflocken, Salz, Pfeffer und Muskat geben und mit 75 ml heißer Sahne schön cremig rühren.

4. Den Schweinebauch entnehmen und in 5 cm × 6 cm große Würfel schneiden. Die Haut des Schweinebauchs quadratisch einschneiden und auf der Hautseite vorsichtig anbraten, bis sie kross und goldbraun ist.

5. Den portionierten Zander in etwas geklärter Butter mit einem Thymianzweig, Rosmarin und einer frischen Knoblauchzehe auf der Hautseite goldbraun kross anbraten, jedoch so, dass der Fisch noch saftig und glasig bleibt (ca. 3–5 Minuten), dann etwas salzen und pfeffern.

6. Etwas Butter leicht erhitzen, die Bete hinzugeben und kurz heiß anschwenken. Mit Salz, Pfeffer und Zucker abschmecken. Das geschnittene Stielmus in die glasig angeschwitzen Zwiebelwürfel geben, mit Salz und Pfeffer abschmecken und unter das feine Kartoffelpüree heben.

7. Alle Zutaten nach Geschmack auf Tellern anrichten, die Weißweinsauce mit einem Pürierstab noch einmal mixen, bis sich ein Schaum bildet und ebenfalls anrichten.

Zutaten für 4 Personen

2 Zanderfilets (je ca. 220 g)
500 g Schweinebauch
400 g mehlig kochende Kartoffeln
200 g Rote Bete
200 g Gelbe Bete
4 Zwiebeln
1 Bund Stielmus
400 ml Weißwein
200 g Butter
40 g geklärte Butter
40 ml Pflanzenöl
175 ml Sahne
Salz
Pfeffer
1 Bund Rosmarin
1 Bund Thymian
1 frische Knoblauchknolle

187

Tour
Länge: 30,65 km
Dauer: ca. 2 Std.
Verbrannte Kalorien: 454,00 Kcal

Fietstocht Losser

von Michael Sijbom, Bürgermeister der Gemeinde Losser

*Seit fast drei Jahren ist **Michael Sijbom** Bürgermeister der Gemeinde Losser – der Schatzkammer von Twente. Als Sohn einer deutschen Mutter fühlt er sich in der Grenzregion zu Hause.*

In den Niederlanden Fahrrad zu fahren ist so, als wäre man ein Junge in einem Süßwarenladen, vor allem in der wundervollen Region Twente, nah an der Grenze zu Gronau und Bad Bentheim. Dort gibt es mehr als 1000 Kilometer beschilderte Wander- und Radwege, die an regionale, überregionale und sogar an deutsche Routennetzwerke anschließen. Entlang der Routen finden sich zahlreiche Ausflugslokale, die sich um das leibliche Wohl kümmern. Häufig werden bei der Zubereitung der Mahlzeiten regionale Produkte aus der Twente verwendet. Luxuriöse Hotels, Campingplätze und besondere Pensionen, in den Niederlanden „Bed & Breakfast" genannt, sorgen für eine entspannte Mehrtagestour. Oft bin ich als Bürgermeister nahezu Tourist in meiner eigenen Gemeinde.

Im Dorf gibt es viele Möglichkeiten, Ihr Auto zu parken und gemütlich einzukehren. Viele Touristen wertschätzen dies und beginnen daher hier mit ihrer Fahrradtour. Genügend kostenfreie Langzeitparkplätze bietet zum Beispiel der „Martinusplein" (benannt nach der ehemaligen römisch-katholischen „Martinuskerk" aus dem 14./15. Jahrhundert – von dieser Kirche sind lediglich die Portale erhalten), oder Sie parken an der „Mariageboortekerk" in der „Gronausestraat 4".

Meine Fahrradroute beginnt direkt am Rathaus von Losser. Auf dem „Raadhuisplein" befindet sich die historische protestantische Kirche aus dem Jahr 1810 mit zwei historischen Häusern. In einem der Häuser ist das Restaurant „De Oude Apotheek" ansässig. Ich fahre an ihrem Vorderhaus vorbei, biege am Ende rechts ab in die „Brinkstraat" und dann gleich links in die „Kloosterstraat". Ich folge der „Kloosterstraat", fahre an der Schule vorbei und folge den Schildern der bekannten Gildehauser-Dinkel-Route – eine der meist gefahrenen Radrouten der Region – und erreiche schließlich über den „Kopshofweg" den „Gildehauserweg". An der linken Seite sehe ich die Dorfbleiche, in der alle Bewohner um 1774 ihr Leinen in der Sonne bleichen ließen. In dem Bleichhäuschen hatte der Bleichwächter alles in Sichtweite und konnte so das kostbare Leinen im Auge behalten.

Auf dem „Gildehauserweg" radle ich nun Richtung Deutschland und genieße dabei die wundervolle Natur. Die Landschaft der Twente ist bekannt für ihren Abwechslungsreichtum. Böschungen, Weidelandschaften, Gehölzsäume und Wälder prägen das Bild. Nach einigen Kilometern radle ich über die Dinkel, ein Flüsschen, das in Deutschland zwischen Coesfeld und Ahaus entspringt und rund 92 Kilometer weiter bei Neuenhaus in die deutsche Vechte mündet. Vom 1. September bis zum 31. März kann man hier sogar auf der Dinkel (mit Genehmigung) Kanu fahren. Das erste Ausflugslokal, Restaurant „Hof Aarnink", befindet sich am Ende der Straße „Gildehauserweg" – ein geschichtsträchtiger Ort, denn hier wurde nach dem Krieg gleich zweimal die Grenze verschoben. Zunächst fielen einige Dutzend Hektar vom deutschen Grund in niederländische Hand und im August 1963 wiederum zurück. Bereits um das Jahr 1447 war dies ein internationaler Streitpunkt, um den die Bischöfe von Utrecht und Münster verhandelten. Nun halte ich mich vom Restaurant aus links und gelange zu einem Naturschutz-

Blick auf die Kirche in Losser

gebiet, das zum „Graafschapspad" führt. Diesen überquerend erreiche ich den „Denekamperdijk" und biege rechts ab Richtung De Lutte. Unterwegs kommen mir einige Fahrradfahrer entgegen – da bin ich nicht der Einzige, dem die Schönheit dieser Route bekannt ist. Einige Kilometer weiter passiere ich die Eisenbahnlinie und biege danach direkt rechts auf die „Bentheimerstraat" Richtung Gildehaus ab. An der linken Seite sehe die A1, die internationale Verbindung von Amsterdam nach Berlin. Bevor ich nun wieder die Bahnschienen überquere, biege ich links in den „Zandhuizerweg" ein. Ich fahre nun zum wunderschönen Lutterzand, ein Naturgebiet mit Nadelwald, einer beeindruckend mäandrierenden Dinkel und jüngst erneuerten Radwegen. Nach nur drei weiteren Kilometern biege ich links ab. Auf dieser Radroute bekomme ich nun den schönsten Teil der Dinkel zu sehen: Der Sand in den Buchten dient den Kindern und ihren Eltern im Sommer als herrlicher Strandabschnitt. Fotos von diesem Ort sind überall in den Niederlanden bekannt. Am Ende dieses Weges befinden sich zwei Restaurants: Restaurant „Paviljoen 't Lutterzand" und ein wenig weiter (rechts ab) Restaurant „Florilympha". Eine gute Gelegenheit für eine Pause! Jetzt genieße ich ein typisch niederländisches Mittagessen – zwei Brotscheiben mit Kroketten und ein Glas Buttermilch. Lecker! Am liebsten möchte man den ganzen Tag auf der Terrasse sitzen bleiben, die Natur und all die gut gelaunten Menschen um sich herum genießen!

Aber ich muss weiter. Am Ende des Radweges biege ich links in den „Lutterzandweg" ein, fahre bis zum Ende und anschließend rechts auf die „Beuningerstraat". Zwischen den vielen Höfen und Ländereien lande ich bei der „Kruimelboerderij" (Hausnummer 35). Pauline Olde Olthuis lässt mich hier von leckerem selbstgemachtem Käse probieren. Die kleinen Käsestückchen mit allerlei Kräutern sind in der Twente berühmt. Zum Glück ist sie heute zu Hause und erzählt mir allerlei über die Herstellung von Käse. Mit dem herrlichen Käsegeschmack im Mund radle ich nun weiter Richtung Beuningen, um nach einigen Kilometern links in den „Ni-

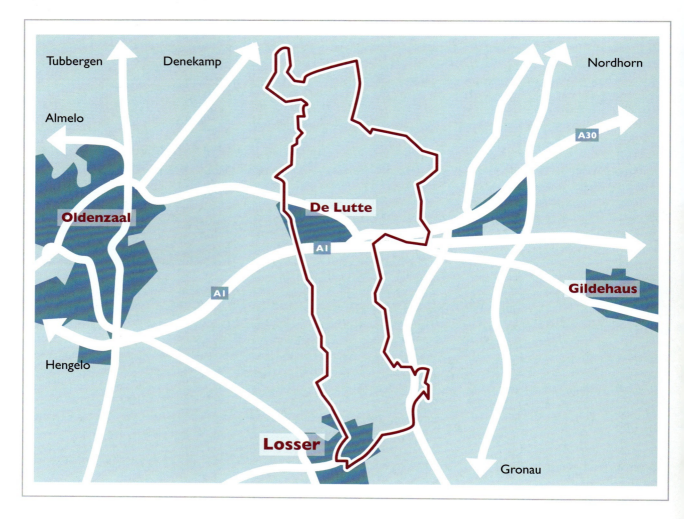

190   *Zur Druckversion (1:25.000) www.naviki.org/kultouren*

jenhaerweg" einzubiegen. In dieser Straße treffe ich auf das Haus mit der Nummer 25 und somit auf einen sogenannten Pausenplatz („Rustpunt"). Ein Ort, an dem sich alle Wanderer und Radfahrer kurz ausruhen und etwas kaufen können. In einer Blockhütte stehen Kaffee, Tee und selbstgemachtes Eis bereit. Man kann einfach nehmen, was man möchte und das Geld dafür in eine Geldbüchse legen. Alles auf Vertrauensbasis! Wo findet man dies heutzutage noch? Na, in Twente!

Ich folge dem „Nijenhaerweg" bis zum Ende, um am „Paandersdijk" links abzubiegen. Riechen Sie die frische Landluft?! Einen Kilometer weiter biegen wir in den „Voortmansweg" ein, wo das Weideland langsam den prächtigen Eichenbäumen Platz macht. Im Jahr 1900 kaufte der reiche Textilbaron Blijdenstein den Grund, um hier sein eigenes Landgut zu errichten. Um nun zum Landhaus Hakenberg (gebaut 1930) zu gelangen, biegen wir links in den „Hakenbergweg" ein. Der einstige Glanz dieses Landgutes wurde vom neuen Besitzer sowohl in der Villa als auch im Außenbereich durch Naturdenkmäler wiederhergestellt. Radfahrer und Wanderer trauen hier ihren Augen kaum! Auf dem Rad erreiche ich den „Lage Kaviksweg", der schließlich nach einer kurzen Fahrt auf dem „Hoge Kaviksweg" zum „Hanhofweg" führt. Dort biege ich rechts ab. Nach einigen hundert Metern erblicke ich auf der rechten Seite die Marienkapelle („Mariakapelletje"). In ganz Twente befinden sich ein Dutzend solcher Kapellen, meist von den umliegenden Bauern erbaut und unterhalten. Nach einigen Kilometern biege ich links in den „Peulkespad" ein. Auf diesem Weg komme ich zum Dorf De Lutte, eines der touristischsten Dörfer unserer Region. Die „Tourist Information" befindet sich am Ortseingang. Nachdem ich ein leckeres Eis genossen habe, nehme ich meinen Weg Richtung Losser wieder auf.

Es folgt eine schöne Route durch Wälder und Ländereien. Nicht weit von De Lutte entfernt befindet sich der Baum- und Pflanzenpark „Arboretum Poortbulten". Diesen schönen Park kann man kostenlos besichtigen. Mit mehr als 1000 unterschiedlichen Bäumen ist der Park einen Besuch wert. Nun fahre ich die letzten sechs Kilometer zurück nach Losser. Vor dem wohlverdienten Abendessen habe ich noch die Qual der Wahl zwischen den vielen schönen Restaurants ...

▲ *Auch schon die Kleinen feiern begeistert den neuen „Koningsdag" am 27. April zum Geburtstag von König Willem-Alexander*

◄ *Baum- und Pflanzenpark Arboretum Poort Bulten*

▼ *Kanufahren auf der Dinkel*

Fietstocht Losser

van Michael Sijbom, burgemeester van de gemeente Losser

Michael Sijbom (45) is bijna 3 jaar burgemeester van de gemeente Losser: de Schatkamer van Twente. Als zoon van een Duitse moeder voelt hij zich erg thuis in het grensgebied.

Fietsen in Nederland is als een jongen die in een snoepjeswinkel is. Zeker in het prachtige Twentse land net over de grens bij Gronau/Bad Bentheim. Met meer dan 1.000 kilometer goed bewegwijzerde wandel- en fietspaden die bovendien aansluiten op regionale, landelijke en zelfs Duitse routenetwerken. En langs de routes zijn er volop uitspanningen te vinden die goed voor de inwendige mens zorgen. Veelal worden er typische Twentse streekproducten bij de bereiding van maaltijden gebruikt. Tophotels, (boeren-)campings en bijzondere Bed-and-breakfast zorgen voor een aangenaam meerdaags verblijf. Als burgemeester ben ik vaak toerist in eigen gemeente. In het dorp Losser zijn vele gezellige restaurantjes en is plek genoeg voor het parkeren van auto's, iets dat veel toeristen op waarde weten te schatten en hier aan hun fietstocht beginnen. Voldoende gratis parkeerplek voor lang parkeren is bijvoorbeeld te vinden op het Martinusplein, genoemd naar de voormalige rooms-katholieke Martinuskerk uit de 14e/15e eeuw, waarvan alleen nog maar de toren resteert, of bij de Mariageboortekerk (Gronausestraat 4).

Mijn fietstocht begint vlak bij het gemeentehuis van Losser. Op het Raadshuisplein ligt de historische protestantse kerk uit 1810 en twee historische boerderijen. In één daarvan is restaurant de Oude Apotheek gevestigd. Ik begin te fietsen vanaf het Raadhuisplein en rijd langs de voorkant van de Oude Apotheek. Vervolgens sla ik rechtsaf naar de Brinkstraat en gelijk linksaf naar de Kloosterstraat. Ik vervolg de Kloosterstraat links, rijd langs de school en volg de bordjes van de bekende Gildehaus-Dinkelroute, een van de meest gefietste routes in de regio en kom dan via de Kopshofweg uit op de Gildehauserweg. Links zie ik de Dorpsbleek waar al vanaf 1774 bewoners hun linnen in de zon lieten bleken. In het bleekwachtershuisje had de bleekwachter overzicht en kon zo het kostbare linnen in de gaten houden.

Op de Gildehauserweg fiets ik richting Duitsland en kan direct genieten van de prachtige natuur. Het Twentse landschap staat bekend om zijn glooiingen, weilanden met houtwallen afgewisseld met bos. Na enkele kilometers passeer ik een brug over de Dinkel een riviertje dat ontspringt in Duitsland, tussen Coesfeld en Ahaus, om 92 kilometer later bij Neuenhaus in de Duitse Vechte uit te monden. Van 1 september tot 31 maart is kun je zelfs kanoën op de Dinkel (met vergunning van het waterschap).

Aan het einde van de Gildehauserweg ligt een eerste uitspanning, Restaurant Hof Aarnink. Een locatie met geschiedenis. Hier

werd na de oorlog twee keer de grens verlegd. Eerst werden enkele tientallen hectaren Duits grondgebied Nederlands gemaakt om in augustus 1963 weer in Duitse handen te komen. Al rond 1447 was dit een internationale ontmoetingsplaats, waar werd onderhandeld door de bisschoppen van Utrecht en Munster.

Ik fiets links van het restaurant en kom uit in een Naturschutzgebiet dat uitmondt in het Grafschapspad. Hierover fietsend kom ik uit op de Denekamperdijk en daar ga ik rechtsaf richting De Lutte. Onderweg kom ik enkele fietsers tegen, ik ben dus niet de enige die deze route weet te waarderen! Enkele kilometers verderop rijd ik onder de spoorlijn door en ga direct rechtsaf richting Gildehaus. Op de Bentheimerstraat zie ik links de A1 liggen, de internationale verbinding van Amsterdam naar Berlijn. Voordat ik weer de spoorlijn kruis sla ik linksaf de Zandhuizerweg op. Ik fiets nu naar het prachtige Lutterzand, een natuurgebied met naaldbossen, een spectaculair meanderende Dinkel en recent vernieuwde verharde fietspaden. Na een kleine 3 kilometer fietsen sla ik links af. Ik zie vanaf dit fietspad de Dinkel op zijn mooist, in de bochten ligt zand dat in de zomer als een soort strand door kinderen en hun ouders wordt gebruikt. Foto's van deze plek zijn bekend in heel Nederland! Aan het einde van het fietspad liggen twee restaurants: Restaurant Paviljoen 't Lutterzand en een stukje verderop rechtsaf restaurant Florilympha. Prima plekken om te stoppen! Ik geniet van een typisch Nederlands lunchgerecht: twee boterhammen met kroketten en een glas karnemelk. Heerlijk! Je zou er in de zon de hele middag op het terras willen blijven zitten, genieten van de natuur en de altijd vrolijke mensen. Maar ik moet verder. Aan het einde van het fietspad ga ik linksaf de Lutterzandweg op. Aan het einde hiervan sla ik rechtsaf de Beuningerstraat op. Tussen de vele boerderijen en landerijen kom ik uit bij de Kruimelboerderij (huisnummer 35). Pauline Olde Olthuis laat mij proeven van heerlijke zelfgemaakte kazen. De kleine kaasjes met allerlei kruiden zijn vermaard in Twente. Gelukkig is ze nu thuis waar ze prachtig vertelt over het kaasmaken. Met de lekkere kaasmaak in de mond fiets ik verder richting Beuningen om na enkele kilometers linksaf de Nijenhaerweg in te slaan. Aan deze weg zie je op huisnummer 25 een zogenaamd rustpunt, een plek waar je als fietser of wandelaar even kunt uitrusten en vaak iets kunt kopen. Hier staat koffie, thee, fris en eigengemaakt boerenijs in de blokhut klaar. Je pakt wat je wilt en legt het geld hiervoor in een geldbusje. Allemaal gebaseerd op vertrouwen! Waar vinden we dit nog? In Twente dus!

Ik vervolg de Nijenhaerweg tot aan de Paandersdijk om daar linksaf te gaan. Je ruikt het boerenland! 1 km verder slaan we de Voortmansweg in, waar de weilanden langzaam plaats maken voor prachtige eikenbomen. Hier op deze plek kocht in 1900 een rijke textielbaron, Blijdenstein, land om daar een landgoed van te maken. Ik sla daarom de Hakenbergweg linksaf in om naar het landhuis de Hakenberg gebouwd in 1930 te gaan. De nieuwe eigenaar heeft de villa en samen met Natuurmonumenten het landgoed in oude glorie hersteld. Fietsers en wandelaars kijken hun ogen uit! Op de fiets bereik ik de Lage Kaviksweg die uiteindelijk via een korte rit op de Hoge Kaviksweg uitmondt in de Hanhofweg. Daar sla ik rechtsaf.

Na enkele honderden meters zie ik rechts een Mariakapelletje liggen. In heel Twente liggen tientallen van dit soort kapelletjes, vaak gebouwd en onderhouden door de omliggende boeren. Na enkele kilometers rijd ik links het Peulkespad in. Dit pad komt uit in het dorp De Lutte, een leuk toeristisch dorp in ons land. De VVV ligt aan het begin van het dorp. In De Lutte vervolg ik mijn weg, na het nuttigen van een lekker ijsje richting Losser.

Dan volgt een mooie route door de bossen en landerijen. Net buiten De Lutte ligt het gratis te bezoeken Arboretum Poortbulten. Met meer dan 1000 verschillende bomen zeker een bezoek waard. De laatste 6 km fiets ik terug naar Losser. Voor het welverdiende diner heb ik de keuze uit diverse leuke restaurantjes.

▲ *Früh übt sich, wer ein richtiger Feuerwehrmann werden will*

▲ *Viele Attraktionen warten auf dem „Koningsdag" (Königstag)*

◀ *Sehr beliebt, das kleine Dorf De Lutte*

Dreierlei vom Bunten Bentheimer

Confit von Schweinebäckchen
Filet vom Rücken im Heu gegart
Schaum und Chips von der getrockneten Mettwurst

Restaurant „De Oude Apotheek"
In Losser, NL, nahe der deutsch-niederländischen Grenze, stand mitten im Ortskern das denkmalgeschützte Haus der alten Apotheke frei zur Miete. Nach einer gründlichen Renovierung richtete Peter Kok hier sein Restaurant „De Oude Apotheek" ein. Zum Team des Familienbetriebs gehören Ehefrau Desiree, gelernte Sommelière, Tochter Lisa, gelernte Hotelfachfrau und Michael Baas, der Zweite Küchenchef. Hier stellt Ihnen Peter Kok eines seiner Rezepte vor:

1. Zubereitung des Confit von Schweinebäckchen: Das Fleisch in einem Bräter mit Butter rundum braun anbraten, dann die gewürfelten Schalotten und den Knoblauch dazugeben und mit Bier und Brühe ablöschen. Die weiteren Zutaten hinzufügen, und dann den Bräter in den Backofen schieben. Bei einer Temperatur von 90 °C ca. 12 Stunden gar ziehen.

2. Zubereitung des Filets vom Rücken: Das Fleisch mit Pfeffer und Salz würzen und dann in der Pfanne von allen Seiten kurz anbraten. In der Zwischenzeit eine Mischung aus Heu, Öl, Wasser, Thymian, Rosmarin und etwas Knoblauch ansetzen. Die Heumischung auf einem Stück Alufolie verteilen, und das Filet in die Mitte geben, gut einpacken und anschließend in den auf 90 °C vorgeheizten Backofen schieben. Das Fleisch ist gar, wenn es eine Kerntemperatur von 65 °C erreicht hat.

3. Zubereitung des Schaums von der Mettwurst: Ca. 120 Gramm Kartoffeln kochen. Die Mettwurst in kleine Würfel schneiden und in einer Pfanne auslassen, durch ein Sieb geben und das Fett zur Seite stellen. Die gekochten Kartoffeln ebenfalls durch ein Sieb geben, anschließend den Kartoffelbrei mit Sahne und dem Mettwurstfett in einem Siphon aufschäumen. Den Schaum in einem Wasserbad mit einer Temperatur von 68 °C zur Seite stellen.

4. Zubereitung der Chips von der Mettwurst: Die Mettwurst in dünne Scheiben schneiden, auf einem Backblech auslegen und bei ca. 100 °C im Backofen schwitzen lassen. Anschließend auf einem Küchentuch trocknen.

Die Bäckchen, das Filet und die Mettwurst mit dem Schaum und den Beilagen auf einem Teller anrichten und servieren.

Als Beilagen empfehlen wir Topinambur und ein Püree aus Mais und Cherry-Tomaten.

Das Team von Peter Kok wünscht guten Appetit!

Zutaten für 4 Personen

Für das Confit von Schweinebäckchen:
4 kleine Schweinebacken
Meersalz
Schmalz/Butter
Schalotten
Thymian
1 Lorbeerblat
Knoblauch
½ l Kalbsbrühe
½ l Altbier
4 EL Apfelsirup

Für das Filet vom Rücken im Heu:
750 Gramm Rückenfilet
50 Gramm Heu
etwas Thymian
etwas Rosmarin
Knoblauchöl
Speiseöl
Pfeffer
Salz
Alufolie

Für den Schaum und die Chips von der getrockneten Mettwurst:
120 Gramm Kartoffeln
Mettwurst
Sahne

Tour

Länge: 22,47 km
Dauer: 1:29 Std.
Verbrannte Kalorien: 332,76 Kcal

Ochtruper Fietsen-Tour

Radtour von Kai Hutzenlaub, Bürgermeister der Stadt Ochtrup

Kai Hutzenlaub ist seit 2009 hauptamtlicher Bürgermeister der Stadt Ochtrup. Seit Mai 2014 befindet er sich bereits in seiner zweiten Amtszeit. Kai Hutzenlaub ist Jurist. Er ist verheiratet und Vater zweier Kinder.
Ochtruper Fietsen Tour mit Bürgermeister Kai Hutzenlaub

Meine Fahrradtour startet am Töpfereimuseum Ochtrup, wo im ehemaligen Ackerbürgerhaus der Töpferfamilie Eiling die geschichtliche Entwicklung des Ochtruper Töpferhandwerks gezeigt wird. Die ältesten Objekte stammen aus dem 14. und 15. Jahrhundert und sind restaurierte Schwarzirdenwaren, die im Feldbrand hergestellt wurden – Zierschüsseln, Pfannkuchenteller, Gebrauchsgeschirr und Blumentöpfe. Mit dem Malhorn bemalte Irdenwaren aus mehreren Jahrhunderten zeugen von der breiten Palette der Töpfereiprodukte, die zur Blütezeit in 23 Ochtruper Töpfereien hergestellt wurden. Natürlich sind dort auch der berühmte und praktische Siebenhenkeltopf sowie die noch berühmtere Ochtruper Nachtigall zu sehen. Ein Besuch im Töpfereimuseum lohnt sich immer.

Vom Töpfereimuseum aus geht es auf der Töpferstraße in die Innenstadt zum neugestalteten Platz mit einem tollen Wasserspiel in der Bahnhofstraße, um langsam durch die Fußgängerzone zu fahren und über die Weinerstraße durch die historische Innenstadt zur St.-Lamberti-Kirche und zum ältesten Ackerbürgerhaus in der Kolpingstraße zu gelangen. Weiter geht es durch die Hellstiege und dann am Ehrenfriedhof vorbei über die Lindhorststraße, die Seilerstraße und den Alt-Metelener-Weg. Nun biegt man an der Bahnlinie Münster-Enschede links ab und fährt an Wiesen und Feldern entlang nach Langenhorst. Die Kreisstraße 73 überquerend geht es über den Metelener Damm zur Stiftskirche Langenhorst, die an der Vechte liegt. Diese Kirche finde ich besonders sehenswert, und ich präsentiere sie auswärtigen Besuchern gerne. Die doppeltürmige Stiftskirche des ehemaligen freiweltlichen adeligen Damenstiftes wurde 2013 renoviert und lädt zur stillen Einkehr ein.

Dem Wassergraben folgend umrundet man den mittelalterlichen Stiftsbezirk mit seinen burgähnlichen Wohnhäusern und dem Südflügel. Den Kirchplatz beherrscht der mächtige zweistöckige Ziegelbau der Äbtissin von Westerholt. 1722 erbaute sie mit eigenen Geldmitteln dieses palastartige Gebäude im Stil der Wohnungen der Domherren am Domplatz in Münster. Bekannt wurde Langenhorst auch als Standort der 1841 gegründeten Gehörlosenschule, die 1968 nach Münster verlegt wurde.

Zurück geht es jetzt mit dem Fahrrad zum Metelener Damm, an dem Fachwerkhaus Alter Spieker vorbei bis zum Brookkamp. Vom Brookkamp aus geht es durch die münsterländische Parklandschaft mit Feldern, Wiesen und Baumheckenreihen zur Wasserburg Haus Welbergen. Die imposante Burganlage aus dem 13. Jahrhundert mit Wassergräfte, Wassermühle, Speicher, Haupthaus und einem barocken Garten entführt den Besucher in eine

andere Welt. Besonders zur Blütezeit des Rhododendrons im Mai fasziniert die Blütenpracht nicht nur Gartenfreunde. Direkt gegenüber dem Tor zur Vorburg von Haus Welbergen liegt die Wassermühle. Diese Mühle macht sich vor allem die Kraft des aufgestauten Gauxbachs zu nutze, um das weitverzweigte Gräftensystem der Burg mit Wasser zu versorgen. Bereits um das Jahr 1548 errichteten die damaligen Herren auf Welbergen, die Familie

◀ *Langenhorst*

▲ *Brunnen mit Wahrzeichen: „Die Ochtruper Nachtigall"*

Oldenhaus, eine erste Mühle, die spätestens um das Jahr 1590 zu einer Doppelmühle für Korn und Öl umgebaut wurde. Hier kann der Besucher die Seele baumeln lassen und die Natur und die altertümliche Burganlage bei einem Spaziergang genießen.

Danach geht es durch die Anlage mit Vor- und Hauptburg mit dem Fahrrad durch den Wald nach Welbergen. Dort steht im Dorf die romanische alte Kirche an den Wiesenauen der Vechte, die in der zweiten Hälfte des 11. Jahrhunderts gebaut worden ist. Sie zählt heute zu den am besten erhaltenen romanischen Bauwerken im Münsterland. Auf den ersten Blick wirkt die kleine Kirche mit ihren Mauerflächen aus Naturstein und ihrem Pfannendach zwar einheitlich, doch lassen sich bei näherem Hinsehen verschiedene Baustile und -abschnitte erkennen. Auch das macht den Reiz dieses Bauwerks aus, das mich immer wieder aufs Neue fasziniert.

Von der Kirchmauer aus geht der Blick über Wiesen, Getreidefelder und die Vechte bis zur Eisenbahnbrücke der ehemaligen Bahnlinie Ochtrup-Rheine. Diese ehemalige Bahntrasse ist heute eine bequeme und gut zu fahrende Radstrecke. Wo einst die mit Kohle befeuerten Dampfloks mit ihren Personenwagen und Güterwaggons fuhren, geht es nun mit dem Fahrrad zurück Richtung Ochtrup bis zur Kreisstraße 57 am Langenhorster Bahnhof. Für mich als begeisterter „Eisenbahner" ist es natürlich ein besonderes Vergnügen, mit dem Fahrrad auf der ehemaligen Bahntrasse unterwegs zu sein. Entlang der K 57 führt der Fahrradweg durch eine Baumallee zum Langenhorster Weg und zum Postdamm in die Oster Bauerschaft.

Von hier aus geht es wieder zurück über den Postdamm an den ehemaligen Arbeiterhäusern des Textilunternehmens Gebrüder Laurenz entlang in die Stadt Ochtrup. Am Ende des Postdamms kommen die Radfahrer auf die Laurenzstraße und zum ehemaligen Verwaltungsgebäude der Gebrüder Laurenz, dem heutigen Factory Outlet Center Ochtrup mit münsterländischen Häuserzeilen. Das schlossähnliche, klassizistische Verwaltungsgebäude aus dem Jahr 1893 ist geprägt von Stilelementen der Renaissance. Der Beltman-Bau

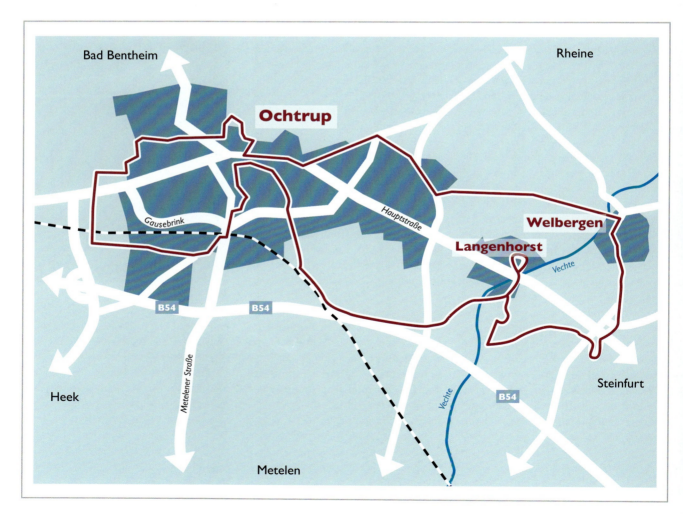

ist sozusagen das Gesicht der Stadt. Jeder, der die Stadt Ochtrup kennt, erinnert sich an das Gebäude und verbindet Ochtrup mit diesem Prachtbau. Damit ist es für mich das Wahrzeichen dieser Stadt. In seiner anspruchsvollen und außergewöhnlichen Bauweise ist das Gebäude einzigartig in Westfalen. Vorbei am eindrucksvollen Beltman-Bau im „Zuckerbäckerstil" mit der Eingangshalle des Architekten Dominikus Böhm und ihrem imposanten Mosaik „Apokalyptische Reiter" von Hubertus Brower und dann den Hoffmannschen Rundbau und die wunderschönen Laurenz'schen Weberhäuser passierend, geht es Richtung St.-Lamberti-Kirche bis zur ehemaligen Alten Post am Dränkeplatz. Von dort führt der Weg zum Ochtruper Pius-Hospital und weiter zum Stadtpark mit der ehemaligen Fabrikantenvilla der Familie Laurenz. Der Stadtpark lädt zum Spazierengehen ein mit Spielplatz, Minigolfanlage, Bouleplatz, Schützenplatz, Bienenhaus, Wildgehege und einer Seebühne für Open-Air-Veranstaltungen. Die Parkanlage und die Villa Winkel, in der heute die Volkshochschule beheimatet ist, zeigt das beindruckende kulturhistorische Erbe der Textilfabrikantenfamilie Laurenz. Ich verbringe gerne meine Freizeit mit den Kindern in der Parkanlage, wo sie unbeschwert spielen und toben können.

Mit der Villa Winkel im Rücken fährt man über die Parkstraße und den Klockenbrink zur Bentheimer Straße, überquert diese zum Bergweg hin und gelangt so auf den fast 80 Meter hohen Ochtruper Berg. Von dort kann man auf der Nordseite bis zur 12 Kilometer entfernten Burg Bentheim schauen und bis etwa 25 Kilometer weit in Richtung Niederlande nach Enschede. Auf dem Ochtruper Berg steht die funktionsfähige Bergwindmühle des Windmüllers Hermann Nobbenhuis und beeindruckt die Besucher mit ihrer jahrhundertalten Mühlentechnik. Die Bergwindmühle ist von der Bauart her eine sogenannte Wallholländer Mühle. Sie ist von einem Wall umgeben, und der Rumpf ist starr. Nur die Kappe mit den Flügeln wird in den Wind gedreht. In der direkten Nachbarschaft liegt das Bergfreibad aus den 1930er Jahren, welches mit Schwimmbecken, Sprungturm, Liegewiesen und alten Baumbestand zum Schwimmen und Sonnenbaden einlädt. Weiter geht es vom Berg hinunter über Jahnstraße, Rüenberger Straße, Am Hang und geradeaus über die Gronauer Straße zur Reithalle am Kreuzweg. Nicht nur während der Ochtruper Reitertage können Fahrradfahrer den Pferden und Reitern beim Training auf dem Platz zuschauen. Der Kreuzweg führt direkt zum Nienborger Damm, an dem noch die ehemalige Spinnerei des Textilunternehmens Gebrüder Laurenz steht. Von dort kommt man direkt zum Bahnhof mit der Bahnlinie Münster-Enschede.

Die Metelener Straße und die Bahnhofstraße führen die Radfahrer wieder in die Ochtruper Innenstadt zur St.-Marien-Kirche, die von dem Architekten Dominikus Böhm aus Köln entworfen und mit modernen, kraftvollen Glasbildern von Hubertus Brouwer ausgestaltet wurde. Gleich hinter der St.-Marien-Kirche liegt auch schon das Töpfereimuseum Ochtrup, der Ausgangspunkt einer gut 21 Kilometer langen Ochtruper Fietsen-Tour. Diese Tour präsentiert die kulturelle und historische Vielfalt Ochtrups mit den schönen „Ecken" der münsterländischen Parklandschaft – eine kurzweilige, spannende, erlebnisreiche Radroute für Familien mit Kindern, kleine Gruppen oder auch für einen Ausflug zu zweit, die das wunderschöne Ochtrup zeigt. Meine Tour kann gut bewältigt werden – ich möchte sie als „Flachetappe" bezeichnen. Bei dieser Route können auch gerne verschiedene interessante Teilabschnitte gefahren werden.

▲ *Bergwindmühle Ochtrup*

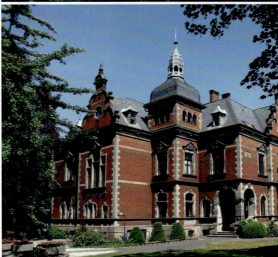

▲ *Villa Winkel*

▲ *Töpfereimuseum*

Crème brûlée vom Ziegenkäse
mit Tomatenkompott

Althoff's Landgasthaus

Küchenchef Marco Althoff, Jahrgang 1974, begann seine gastronomische Ausbildung im Parkhotel Wittekindshof in Dortmund. Weitere Stationen seiner beruflichen Laufbahn waren der Breidenbacher Hof in Düsseldorf, das Schlosshotel Wilkinghege in Münster und die Landhaus-Brennerei Niehues in Neuenkirchen. Seit 2003 leitet er zusammen mit seiner Frau den ehemals elterlichen Betrieb. Eines seiner Dessert-Rezepte stellt Marco Althoff Ihnen hier vor:

1. Zubereitung der Crème: Den Ziegenkäse, die Sahne und die Milch im Wasserbad erwärmen und glatt rühren. Bei ca. 60 °C die Masse aus dem Wasserbad nehmen und die Eigelbe unterrühren. Bei Bedarf mit etwas Meersalz würzen, und die Ziegenkäsecrème in 6 kleine, feuerfeste Förmchen füllen.
Die Förmchen auf ein Backblech stellen. Das Backblech mit heißem Wasser füllen, sodass die Förmchen etwa zur Hälfte im Wasser stehen.
Im Backofen bei 90 °C Heißluft etwa eine Stunde lang garen, bis die Masse gestockt ist. Über Nacht abkühlen lassen.

2. Zubereitung des Tomatenkompotts: Einen EL Olivenöl in einer Stielkasserolle erhitzen, die Schalotten- und Knoblauchwürfel darin glasig anschwitzen, die Dosentomaten hinzufügen, bei mittlerer Temperatur zum Kochen bringen und dabei die ganzen Tomaten mit einer Gabel zerdrücken.
Die Nadeln von den Rosmarinzweigen abziehen, sehr fein hacken und mit einer Prise Zucker und 4 cl Gin zu den Tomaten geben. Alles im offenen Topf ca. 45 Minuten leicht köcheln lassen. Dann die Cocktailtomaten und die Olivenscheiben unter die heiße Masse geben und abkühlen lassen.

3. Servieren: Das Tomatenkompott auf einem Teller anrichten. Die Crème vor dem Servieren mit schwarzem Pfeffer aus der Mühle und Rohrzucker bestreuen und mit einem Bunsenbrenner flambieren.
Die Crème wird durch das Karamellisieren des Zuckers leicht warm, sollte aber vorher schon etwa Zimmertemperatur haben.

Dazu Salatröschen mit Balsamico Dressing und geröstetes Knoblauchbrot reichen.

Zutaten für 6 Personen
Für die Crème brûlée:
250 g Ziegenfrischkäse
125 ml Sahne
125 ml Milch
4 Eigelb
6 TL Rohrzucker
schwarzer Pfeffer aus der Mühle
evtl. Meersalz

Für das Tomatenkompott:
400 g geschälte Tomaten aus der Dose
10 Cocktailtomaten
1 fein gewürfelte Schalotte
1 fein gewürfelte Knoblauchzehe
10 in Ringe geschnittene schwarze Oliven
2 Zweige Rosmarin
4 cl Gin
Olivenöl
Zucker

Schichtarbeit

Restaurant „Chalet"

„Tausendsissi" – so nennen Freunde und Bekannte liebevoll Petra Kortmann, was wohl auf der Tatsache beruht, dass Petra Kortmann in mehreren Töpfen gleichzeitig rührt. In der Tat ist die gelernte Kauffrau Hotelmanagerin, Küchenchefin und Entertainerin in einer Person. Dass sie ihr Handwerk versteht, zeigt das von ihr kreierte Rezept „Schichtarbeit":

1. Die Reibekuchen: Die Kartoffeln reiben (eine große Reibe benutzen), mit viel Salz und wenig Pfeffer würzen. Die Eier und die gewürfelten Zwiebeln dazugeben. Alles gut miteinander verrühren. Portionsweise kleine Reibekuchen ausbacken (müssen in Öl schwimmen), auf Küchenpapier abtropfen lassen.
Bis zum Anrichten warm stellen.

2. Das Rinderfilet: Das Rinderfilet in einer Pfanne mit Rapsöl scharf anbraten, mit Salz und Pfeffer würzen und dann im Ofen bei 180°C ca. 12 Minuten garen. Erst kurz vor dem Anrichten in Tranchen schneiden.

3. Die Gänsestopfleber: 1 Scheibchen Gänsestopfleber (ca. 40 g) kurz anbraten und mit etwas Salz und Pfeffer würzen.

4. Die Rotwein-Zwiebelsauce: Die Silberzwiebeln aus dem Glas nehmen und abtropfen lassen. Anschließend in einem Topf mit Butter und braunem Zucker angehen lassen, mit Rotwein und Traubensaft ablöschen, den Thymian dazugeben und mit Salz und Pfeffer würzen. Bei geschlossenem Deckel einkochen lassen.

5. Anrichten: Die Rotwein-Zwiebelsauce mittig auf dem Teller platzieren. Die Reibekuchen und die Tranchen vom Rinderfilet abwechselnd aufeinander schichten, sodass ein Türmchen entsteht. Darauf die Gänsestopfleber legen und das Ganze durch einen senkrecht hineingestochenen Rosmarinzweig zum Stehen bringen.

Zutaten für 1 Person
3 große Kartoffeln
1 kleine Zwiebel
1 Ei
150 g Rinderfilet
40 g Gänsestopfleber
(ein Scheibchen)
Salz
Pfeffer
Rapsöl

Für die Rotwein-Zwiebelsauce:
1 Glas Silberzwiebeln
brauner Zucker
Rotwein
Traubensaft
Thymian
Salz
Pfeffer

Zum Anrichten:
1 Rosmarinzweig

Tour
Länge: 43,89 km
Dauer: ca. 3 Std.
Verbrannte Kalorien: 649,99 Kcal

Klimafreundlich unterwegs

Fahrradtour von Wilfried Roos, Bürgermeister von Saerbeck

Wilfried Roos, Jahrgang 1952, verheiratet, drei Kinder; Diplom-Verwaltungswirt; 1976–1979 Kreisjugendamt Steinfurt, 1979–1993 Stadt Lengerich, 1994–1999 Gemeindedirektor in Saerbeck, seit 1999 hauptamtlicher Bürgermeister in Saerbeck.

Aufgrund der flachen Topographie ist die Tour familienfreundlich und kann auch mit Kindern gefahren werden.

Zum Radfahren ist die Parklandschaft des Münsterlandes mit circa 4500 Kilometern gekennzeichneter Radwege hervorragend geeignet. Die Gemeinde Saerbeck mit ihren rund 7200 Einwohnern liegt inmitten dieser Parklandschaft. Im Jahre 2009 wurde der Gemeinde vom Land Nordrhein-Westfalen die Auszeichnung „NRW-Klimakommune der Zukunft" verliehen. Diese Auszeichnung verpflichtet! Als Verkehrsmittel im Alltag und erst recht für die Freizeit ist mit dem Fahrrad die klimafreundlichste Mobilität möglich.

Treffpunkt für unsere Tour rund um Saerbeck ist der Platz vor der „Gläsernen Heizzentrale", mitten im Dorf gelegen und ein guter Einstieg in die Klima-Thematik. Die „Gläserne Heizzentrale" versorgt mit zwei leistungsstarken Pellet-Heizkesseln ein innerörtliches Nahwärmenetz, klimaschonend mit dem nachwachsenden Rohstoff Holz. An der Heizzentrale beginnt auch der Energie-Erlebnispfad, hier kann man sich auf die Spur eines kleinen Holzpellets begeben und viel Wissenswertes über Klimaschutz und Energiesparen erfahren.

Wir starten mit den Fahrrädern Richtung Rathaus, biegen dort rechts ab, überqueren die Bundesstraße B 475 und fahren geradeaus in den Bevergerner Damm. Hier ist der Weg mit den rotweißen Fahrradwegweisern ausgeschildert (Radverkehrsnetz NRW). Nachdem wir einige Bauernhöfe passiert haben, fahren wir an einer Weggabelung rechts und verlassen den beschilderten Weg. Vor uns sehen wir schon einige der sieben großen Windräder, markante Punkte im Bioenergiepark. Das rund 90 Hektar große Gelände war bis Ende 2010 ein Munitionsdepot der Bundeswehr. Bis zu 13 000 Tonnen Munition lagerten in über 70 Spezialbunkern. Die Gemeinde hat das Gelände samt Gebäuden gekauft und entwickelt hier seit 2011 den Bioenergiepark mit dem Ziel, soviel Energie in regenerativer Form zu gewinnen, wie das Dorf (einschließlich Gewerbe) benötigt. Gruppen können eine Besichtigung des Bioenergieparks buchen.

Weiter geht es über die Zufahrtstraße des Bioenergieparks bis zur Riesenbecker Straße, wir überqueren diese und treffen etwas links an einem „Schlagbaum" auf einen naturbelassenen Pfad, der uns zu einem See führt. Auch wenn dieser See das Resultat einer Tiefentsandung ist, hat er sich im Lauf der Jahre zu einem Biotop entwickelt und steht unter Naturschutz. Bald gelangen wir wieder auf asphaltierte Wirtschaftswege, am Feldhoek halten wir uns links, überqueren die Bundesstraße B 219 und erreichen das nächste Naturschutzgebiet. Der Aussichtsturm ermöglicht uns einen Überblick über das etwa 200 Hektar große Feuchtwiesengebiet Saerbeck, und eine Schau-

tafel informiert über die „Bewohner" der Feuchtwiesen. Während der Brutphase im April und Mai lässt sich die Vogelwelt hier besonders gut erleben.

Wir befinden uns jetzt auf der Brachvogelroute und folgen der Beschilderung zunächst in östliche, dann in südliche Richtung. Dieser 40 Kilometer lange Rad-Rundkurs verbindet das Feuchtwiesengebiet Saerbeck und Naturschutzgebiete in Ladbergen, unserem östlichen Nachbarort,

Die Sinninger Mühle

miteinander und ist Teil der NaTourismus-Route im Tecklenburger Land. Bald passieren wir eine Informationstafel, die Auskunft gibt über die Geschichte der früheren Heidelandschaft zwischen Saerbeck und Ladbergen.

Auf dem weiteren Weg halten wir uns an einer Kreuzung links, fahren auf dem alten Kirchweg Richtung Osten und erreichen das Wildfreigehege am Nöttle Berg. In diesem Waldgebiet von 25 Hektar Größe leben etwa 40 Arten von Hoch- und Niederwild. Neben heimischen Arten, wie Rotwild, Wildschweinen, Haushühnern und Ziegen, kann man hier auch allerlei fremdartige Tiere, wie Bisons, vietnamesische Hängebauchschweine und malaysische Kämpfhähne, erleben.

Dem Kirchweg folgen wir. Wer zwischendurch eine Pause einlegen möchte, dem sei ein Abstecher zu Hotel-Restaurant Stegemann empfohlen. Kurz vor dem Dortmund-Ems-Kanal erreichen wir die Bundesstraße B 475, überqueren sie und fahren geradeaus weiter auf dem Weg Klosteresch. Der Name weist darauf hin, dass in früheren Jahrhunderten hier bewirtschaftetes Ackerland (der Esch) in kirchlichem bzw. klösterlichem Besitz war. Der Weg führt uns nördlich am Flughafen Münster/Osnabrück vorbei, rechts erstreckt sich die Aue des Ladberger Mühlenbaches. An einer Weggabelung liegt rechts der Gasthof Waldesruh, ein kleiner Abstecher auf dem Weg nach rechts führt uns zu einem modernen Mühlenbetrieb.

Er steht an historischer Stelle: Hier befand sich die sogenannte Neue Mühle, die bis in das 19. Jahrhundert die Kirchspielsmühle von Saerbeck war. Gemahlen wird heute nicht mehr direkt mit Wasserkraft, aber eine Turbine produziert mit Wasserkraft Strom auf klimaneutrale Art – und damit ganz im Sinne der „Klimakommune Saerbeck".

Zurück zum Gasthof Waldesruh folgen wir dem Wirtschaftsweg weiter in westliche Richtung. Wir überqueren die Hüttruper Straße und erreichen bald eine Kreuzung. Hier biegen wir rechts ab, überqueren den Ladberger Mühlenbach und nutzen die nächste Abbiegemöglichkeit links. Auf nicht befestigtem Weg geht's aus der Bachaue hinaus, zunächst durch die Feldflur, dann

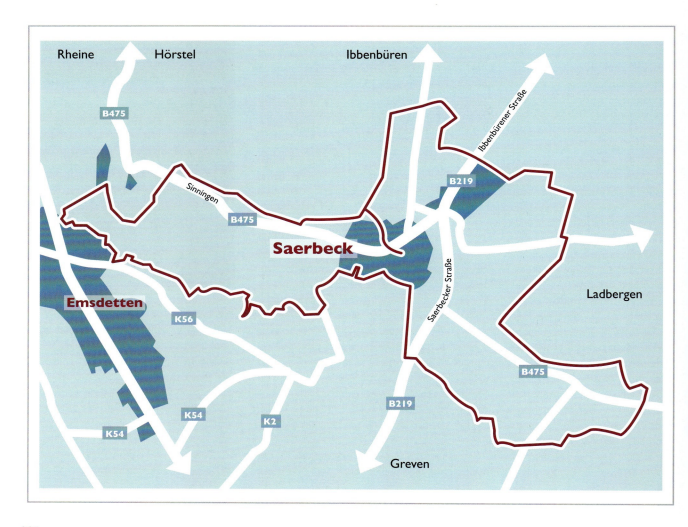

206   *Zur Druckversion (1:25.000) www.naviki.org/kultouren*

durch ein kleines Waldstück. Hier treffen wir auf Bauernhöfe und fahren geradeaus weiter, nun wieder auf asphaltiertem Wirtschaftsweg. Auf der linken Seite öffnet sich der Blick in die Talniederung der Glane, so heißt das kleine Flüsschen, das aus dem Zusammenfluss des Ladberger Mühlenbaches und des Eltingmühlenbaches entsteht. An der Bundesstraße B 219, der östlichen Ortsumgehung Saerbecks, nutzen wir die Unterführung und gelangen auf die Trasse der alten B 219, heute Südhoek. Der Bau der Ortsumgehung war 1989 begleitet von einer archäologischen Ausgrabung, bei der u. a. ein großes bronzezeitliches-eisenzeitliches Gräberfeld entdeckt wurde. Wir befinden uns jetzt auf dem Hochufer der Ems. Ursprünglich stark mäandrierend wurde die Ems bereits im 19. und vor allem im 20. Jahrhundert an vielen Stellen begradigt. Wir stehen nahe an einer solchen Ems-Begradigung, die 1936 erfolgte und einen weiten Emsbogen durch einen etwa 900 Meter langen kanalartigen Abschnitt vom Fluss abtrennte. Im Rahmen einer Renaturierungsmaßnahme wird der Ems-Altarm nun wieder in den Flusslauf eingebunden.

Die ehemalige Bundesstraße führt uns auf schnurgeradem Weg Richtung Dorf. An der Kreuzung biegen wir links ab in die Straße Eichengrund, vorbei an einigen Bauernhöfen, an einer Gabelung halten wir uns rechts und erreichen auf geschottertem Weg den Badesee. Er ist ebenfalls das Ergebnis einer Tiefentsandung und wird als Badegewässer genutzt. Zwischen dem Badesee auf der rechten und einem Angelteich auf der linken Seite geht es für die nächsten Kilometer auf beschilderter Route weiter, zunächst durch ein Wohngebiet und dann weiter an der Hembergener Straße in südliche Richtung.

Nachdem wir die Ems überquert haben, halten wir uns an der nächsten Abbiegemöglichkeit rechts. Wir sind nun auf dem EmsRadweg. Der Abschnitt zwischen Warendorf und Rheine wurde im Rahmen der REGIONALE 2004 zunächst als EmsAuenWeg konzipiert und ausgebaut. Er ist heute Teil des 375 Kilometer langen EmsRadweges, der von der Quelle bis zur Mündung diesen Fluss begleitet und sich als Fernradweg wachsender Beliebtheit erfreut. Wir fahren durch die Emsaue Richtung Emsdetten und können an einem Beobachtungsturm Fernblicke in die weitläufige Emsaue genießen. Auf dem weiteren Weg gibt uns das Projekt „Mühlenbach Emsdetten" einen Eindruck von den Möglichkeiten, ehemals begradigte Fließgewässer und deren Umland wieder naturnah zu gestalten.

An der Landstraße (Sinninger Straße) halten wir uns rechts, überqueren die Ems und biegen in die Straße Lütkenfelde ein. Wir nehmen den nächsten Weg rechts und fahren bis zum links abbiegenden Rauhen Weg, über den wir zur Sinninger Mühle gelangen. Die Kornmühle wurde 1867 als Wall-Holländer-Windmühle errichtet und 2000/2001 umfangreich restauriert. Das Kulturdenkmal dient heute als Fahrzeug- und Gerätehaus der Freiwilligen Feuerwehr Saerbeck, Löschzug Sinningen.

Rechter Hand, direkt an der Bundesstraße, ist eine Eiche mit weit ausladender Krone nicht zu übersehen, daneben bietet Gasthaus Ruhmöller Gelegenheit zu einer Pause. Wir überqueren die Bundesstraße, erreichen einige Bauernhöfe und biegen bei nächster Möglichkeit rechts ab. Der Weg verläuft parallel zur Bundesstraße und führt uns in östlicher Richtung wieder ins Dorf zurück. Unsere Radtour nähert sich ihrem Ende. Nördlich einer Wohnbebauung treffen wir wieder auf den Bevergerner Damm, auf dem wir zurück ins Dorfzentrum fahren.

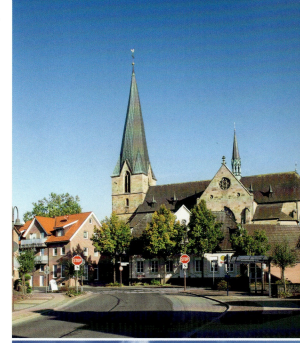

▲ *Kirche in Saerbeck*

▲ *Die schöne Landschaft bei Saerbeck*

▲ *Pfau im Wildfreigehege*

Rehrücken mit Pumpernickelkruste
an Holundersauce, dazu Orangen-Ingwer-Möhren und Steckrübenpüree

Restaurant Ruhmöller
Parkhotel Surenburg in Hörstel-Riesenbeck, Romantik Hotel Telsemeyer in Mettingen, Restaurant La Table in Dortmund-Hohensyburg und das Hotel Weissenburg in Billerbeck – das sind die eindrucksvollen Stationen in der noch jungen Kochkarriere von Stephan Bernd Ruhmöller aus Saerbeck. Seit 1995 setzt der Küchenchef die gute Tradition des Hauses Ruhmöller fort. Seine Leidenschaft gilt ganz dem Kochen und der Jagd.

1. Steckrübenpüree: Steckrüben schälen und in Würfel schneiden. Mit Butter und Sahne in einen Topf geben, mit Salz, Pfeffer und Muskat würzen und weich kochen. In der Küchenmaschine pürieren.

2. Orangen-Ingwer-Möhren: Möhren schälen und in Stifte schneiden. Von den Orangen etwas Schale abreiben und die Orangen auspressen. Die Möhren mit dem Orangensaft, der Schale, dem Ingwer, Salz und Zucker in einen Vakuumbeutel geben und vakuumieren. Bei 85 °C 75 Minuten im Sous-Vide-Becken garen.

3. Holundersauce: Das Butterfett im Bräter erhitzen, die Knochen darin gut anrösten. Das Mirepoix zugeben und ebenfalls mitrösten, dann das Tomatenmark zugeben. Mit Rotwein ablöschen, völlig einkochen lassen und Nelken, Lorbeerblätter und Pfefferkörner zugeben. 1 Liter Wasser zugießen und kochen lassen. Nach einer Stunde den Quittengelee und den Holundersaft zugeben und regelmäßig abschäumen. Nach 2 Stunden Kochzeit den Fond durch ein feines Sieb oder Tuch passieren und bei Bedarf mit Speisestärke nachbinden.

4. Rehrücken in Pumpernickelkruste: Pumpernickel in der Küchenmaschine zerkleinern. Den Rehrücken mit Szechuanpfeffer und Meersalz würzen und in dem Pumpernickel wenden. Den Rehrücken auf Klarsichtfolie legen und stramm einrollen. Dann auf höchster Stufe vakuumieren und im Sous-Vide-Becken bei 58 °C 18 Minuten garen. Den Rehrücken aus der Folie nehmen, kurz heiß anbraten, etwa 3 Minuten ruhen lassen, in Scheiben schneiden und anrichten.

Zutaten für 4 Personen

Für das Steckrübenpüree:
800 g Steckrüben
150 g Butter, 300 ml Sahne
Salz, Pfeffer, Muskat

Für die Orangen-Ingwer-Möhren:
500 g Möhren, 150 g Butter
3 Orangen
½ TL Ingwer, frisch gewürfelt
Salz, Zucker

Für die Holundersauce:
2 EL Butterfett
500 g Rehknochen,
in kleine Stücke gehackt
350 g Mirepoix (Lauch, Sellerie, Möhren)
1 EL Tomatenmark, 1 Flasche Rotwein
3 Nelken, 2 Lorbeerblätter
1 TL Pfefferkörner
200 ml Quittengelee
500 ml Holundersaft

Für den Rehrücken:
600 g Rehrücken
ohne Häute und Sehnen
1 EL Butterfett zum Braten
0,5 TL Szechuanpfeffer,
geröstet und gemörsert
200 g Pumpernickel
grobes Meersalz

Zanderfilet
an Gurkenschaum mit Kartoffelwaffel

Traditionshaus Stegemann

Das Traditionshaus Stegemann besteht seit 1953 als Familienbetrieb. Es wird heute in der dritten Generation von Udo und Christel Stegemann geführt.
Der heutige Chefkoch, Jörg Drieling, kocht Gerichte der regionalen, saisonalen und internationalen Küche.
Gelernt hat er sein Handwerk in Steinfurt-Borghorst. Über vier Kontinente führte ihn sein Weg am 1. Juni 2001 nach Saerbeck-Westladbergen.
Heute kocht er für Sie „Zanderfilet an Gurkenschaum mit Kartoffelwaffel".
Guten Appetit!

1. Die Kartoffeln auf einer Küchenreibe fein reiben, den Knoblauch pressen.

2. Nun alle Zutaten miteinander vermengen und eine Stunde gehen lassen.

3. Danach den Teig im Waffeleisen ausbacken.

4. Für den Gurkenschaum den Weißwein in einen Topf geben und um die Hälfte einreduzieren lassen. Die Sahne und die klein geschnittene halbe Salatgurke hinzugeben, mit einem Handstabmixer aufschäumen und mit Salz und Pfeffer abschmecken.

5. Das Zanderfilet mit Zitronensaft, Salz und Pfeffer würzen und in der heißen Butter von beiden Seiten ca. 3 Minuten braten. Anrichten!

Zutaten
Für die Kartoffelwaffeln:
300 g gekochte Kartoffeln
125 g Mehl
3 Eier
2 EL feingeschnittener Schnittlauch
1 Knoblauchzehe
20 g frische Hefe
30 g Butter
200 ml Milch
Salz
Pfeffer

Für den Zander mit Gurkenschaum:
720 g Zanderfilet mit Haut
½ Salatgurke
Saft einer ½ Zitrone
50 ml trockener Weißwein
100 ml Sahne
Butter zum Braten

Bauernkarre

Restaurant „Markt 23"

Mitten im Zentrum von Saerbeck liegt das urgemütliche Restaurant „Markt 23". Hier kümmert sich Jürgen Steinberg um seine Gäste, und die wissen die heimelige Atmosphäre zu schätzen – ob am Herdfeuer, im Biergarten oder auf der Terrasse.

Der Chef des Hauses serviert seinen Gästen vornehmlich traditionelle westfälische Gerichte – und das am liebsten bei Live-Musik.

Hier stellt Ihnen Jürgen Steinberg eines seiner Rezepte vor:

1. Die beiden Schnitzel nur leicht klopfen und mit Salz und schwarzem Pfeffer aus der Mühle würzen. Dann die Schnitzel panieren, dazu erst in Mehl, dann in geschlagenem Ei und zuletzt in den Semmelbröseln wenden. Die Semmelbrösel leicht andrücken. Das Butterschmalz in einer Pfanne erhitzen, und die Schnitzel auf der ersten Seite anbraten. Wenn die erste Seite eine schöne braune Farbe angenommen hat, die Schnitzel wenden und die Temperatur klein stellen, damit die Schnitzel nicht verbrennen. Das Schnitzel nicht noch einmal wenden, sondern auf der zweiten Seite fertig garen. Nach dem Braten die Schnitzel auf Küchenpapier legen. Dadurch entfernen Sie überflüssiges Bratfett von der Panade, und die Schnitzel bleiben knusprig.

2. Die Zwiebeln in Ringe schneiden und in Butterschmalz scharf anbraten. Wenn die Zwiebeln eine goldgelbe Farbe angenommen haben, mit Gemüsebrühe ablöschen und mit Salz und schwarzem Pfeffer aus der Mühle würzen. Die Zwiebeln auf kleiner Flamme gar schmoren.

3. Die Kartoffeln in Scheiben schneiden, die Abschnitte der Zwiebeln in kleine Würfel schneiden. Die geräucherten Speckwürfel in Butterschmalz kurz anbraten, dann die Kartoffeln dazugeben und das Ganze durchschwenken. Mit Salz und schwarzem Pfeffer aus der Mühle nach Geschmack würzen. Wenn die Kartoffeln eine leicht braune Farbe angenommen haben, die Zwiebelwürfel beifügen. So können sie nicht verbrennen. Noch einmal durchschwenken, bis die Zwiebelwürfel glasig und die Kartoffeln knusprig sind. Bratkartoffeln gelingen am besten in einer unbeschichteten Eisenpfanne.

4. Anrichten: In unserem Haus wird das Gericht in einer kleinen Holzkarre serviert. Man kann die Bratkartoffeln aber auch auf einem Teller anrichten und darauf die Schnitzel legen. Die Zwiebeln werden dann auf die beiden Schnitzel gehäuft und mit geschnittener Petersilie bestreut. Dazu passt ein kleiner Salat mit frischen Kräutern.

Zutaten

2 × 100 g Schweineschnitzel aus dem Schweinerücken
3 mittelgroße Zwiebeln
200 g Kartoffeln, festkochend
ca. 30 g Speckwürfel, geräuchert
Gemüsebrühe
Mehl
Ei
Semmelbrösel
Butterschmalz
Petersilie, fein geschnitten

Tour

Länge: 26,38 km
Dauer: 1:45 Std.
Verbrannte Kalorien: 527,01 Kcal

Schöne Aussicht in Riesenbeck

Eine Rundfahrt mit Constantin Freiherr Heereman von Zuydtwyck

Constantin Bonifatius Herman-Josef Antonius Maria Freiherr Heereman von Zuydtwyck, wurde 1931 in Münster geboren. Länger noch als sein Name ist die Liste seiner Ämter – so hatte er das Amt des Bauernpräsidenten 28 Jahre lang inne. Für sein Engagement bekam er zahlreiche Auszeichnungen – unter anderem das Große Silberne Ehrenzeichen mit dem Stern für Verdienste um die Republik Österreich.

Dass Constantin Freiherr Heereman von Zuydtwyck seiner Heimat immer verbunden geblieben ist, dokumentiert seine Fahrradtour rund um Riesenbeck.

Meine Rundfahrt starte ich an der Katholischen Pfarrkirche St. Kalixtus im schönen Ortskern von Riesenbeck mit dem künstlerisch wertvollen Grabstein der Volksheiligen Reinhildis im Inneren des Gotteshauses. Die Kirche ist dem Hl. Kalixtus geweiht. Nur zwei Kirchen in dem alten Missionsbezirk Westsachsen sind diesem Heiligen geweiht – die Kirchen zu Groenlo und zu Riesenbeck. Sie unterstanden dem Bischof von Utrecht. Da die Reliquien um 830 nach Flandern überführt wurden, darf man vermuten, dass bald nach diesem Zeitpunkt das Kalixtus-Patrozinium bei Gründung der Pfarre verliehen wurde.

Weiter geht die Tour über Sünte-Rendel-Straße und Oberdorf. Ich überquere den Dortmund-Ems-Kanal und von der Dorfbrücke genieße ich den Blick auf den Uferpark Riesenbeck. Im Zuge der Ausbaumaßnahmen Dortmund-Ems-Kanal ist dort am bekannten Kanal-Radweg ein immer wieder gern angesteuerter Rastplatz für Radler entstanden. Über die Teutostraße geht es weiter bis zu den Ausläufern des Teutoburger Waldes. Es lohnt sich, das Rad auf dem Parkplatz für Wanderer abzustellen und über die gut ausgebaute Treppe zur „Schönen Aussicht" hinaufzusteigen. Dieses markante Wahrzeichen von Riesenbeck auf der Höhe des Teutoburger Waldes, 116 Meter über dem Meeresspiegel, erfreut sich seit Jahren einer großen Beliebtheit bei Wanderern, die das umfangreiche und gut ausgedehnte Wanderwegenetz im Teuto nutzen oder auf dem bekannten Hermannsweg unterwegs sind, dem qualifizierten Kammweg im Naturpark TERRA Vita. Vom „Balkon des Münsterlandes" hat man einen herrlichen Ausblick auf die typisch münsterländische Parklandschaft mit ihren Feldern, Wallhecken und Bauernhöfen. Eine Gusseisenplatte auf der „Schönen Aussicht" mit Richtungs- und Entfernungsangaben für die sichtbaren Orte erleichtert die Orientierung. Nach dieser lohnenswerten Pause geht die Fahrt weiter am Teutohang entlang hinunter zum Dortmund-Ems-Kanal. Begleitet vom Tuckern der Binnenschiffe geht es am so genannten „Nassen Dreieck" vorbei, dem Treffpunkt von Dortmund-Ems-Kanal und Mittellandkanal, hinauf zur „Millionenbrücke" und dann an der anderen Seite wieder hinunter zum Kanal. Nach einigen Metern biege ich links ab und erreiche über die schöne alte Fußgängerbrücke – den Bergeshöveder Steg – vorbei an der Riesenbecker Schleuse die Bevergerner Schleusenanlagen. Besucher

◄ *Das Wasserschloss Surenburg*

▲ *Die Klostermühle bei Gravenhorst*

finden auf einer eigens aufgestellten Tafel ausführliche Informationen zur Schleuse und können Schiffsverkehr und Schleusenbetrieb beobachten. Dieser gesamte Bereich am „Nassen Dreieck" mit der alten Fußgängerbrücke, der „Red Box" – einem Kunstobjekt der Regionale 2004 mit informativen Schautafeln zur Geschichte des Kanals und der Wasserschifffahrtsverwaltung – und den Schleusenanlagen ist natürlich aufgrund der malerischen Prägung immer wieder ein gern angesteuertes Ziel für Gäste und Erholungssuchende. Ich verlasse die Schleuse, biege links ein in die Kanalstraße und über Angerstraße und In der Welle stoße ich auf die Westfalenstraße und fahre über Wikingerstraße und Sendstraße bis zur Bevergerner Aa. Ein Stück der Aa entlang und über Sendwall durch den Surenburger Wald erreiche ich nach kurzer Zeit die größte Wasserburg des Tecklenburger Landes, Schloß Surenburg, herrlich gelegen in den Surenburger Wäldern, mein Heimatdomizil, umgeben von einer Gräfte und schönem alten Baumbestand. Erbaut wurde die Surenburg zwischen 1580 und 1790 im Baustil der Renaissance mit typisch münsterländischen Giebeln und Halbkreisaufsätzen. Die Surenburg bereichert durch Baustil und Lage die weit über die Region hinaus bekannte 100-Schlösser-Route. Hier empfiehlt sich natürlich, Rast zu machen im benachbarten und neu erbauten Parkhotel Surenburg, ein 60-Betten-Haus mit Wellness-Oase und exzellenter Küche in feinem Ambiente, welches keine Wünsche offen lässt für Gäste, Feiern und Business.

Meine Runde geht weiter durch die wunderschöne Allee in Richtung Emsdetten. Von der Emsdettener Straße, vorbei am benachbarten Reit- und Fahrsportzentrum mit seinen jährlichen nationalen und internationalen Reit- und Fahrsportveranstaltungen, biege ich links ab in den Flöttenweg. Dann, nach circa 800 Metern einmal rechts und einmal links, fahre ich an der Flötte entlang bis zum Ludwigswald, biege wieder einmal links und hinter der Flötte rechts ab und radele dem Holzkenpatt folgend und den Saerbecker Damm kreuzend am Gasthof Birkenhof vorbei. Das nordrhein-westfälische Landgestüt Waren-

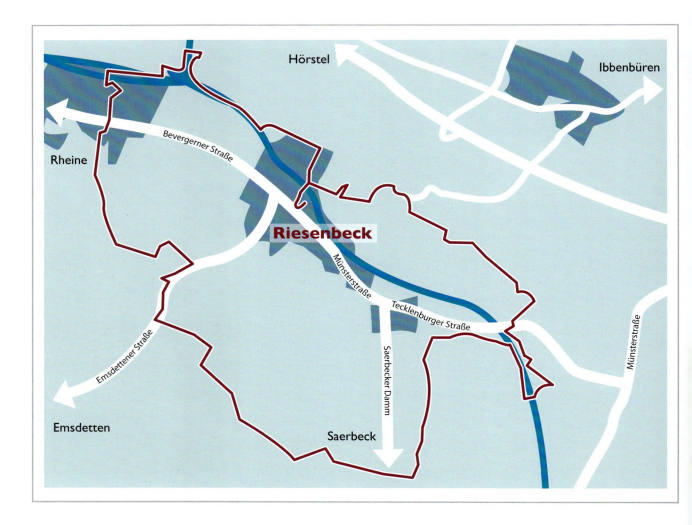

Zur Druckversion (1:25.000) www.naviki.org/kultouren

dorf unterhält übrigens am Birkenhof mit seiner ausgedehnten Pferdeinfrastruktur eine Deckstation. Bei der nächsten Abzweigung radele ich links, halte mich immer geradeaus und erreiche über Schnellebrinks Wall den Riehenweg. – In den Monaten April bis Juli lohnt ein kleiner Abstecher vom Ludwigswald über Brachtesendeweg in nördlicher Richtung, um nach circa 300 Metern rechter Hand ganz in der Nähe die Farbenpracht der Rhododendronkulturen zu bewundern. Weiter geht es über Riehenweg und Im Hoek, mit seinen alten Bauernhöfen, am Dortmund-Ems-Kanal entlang bis zur Loismanns Brücke. Ich überquere den Kanal und erreiche linker Hand den botanischen Garten. Es empfiehlt sich, eine Rast einzulegen und die zahlreichen exotischen Pflanzen und Bäume einmal aus der Nähe zu betrachten. Vom botanischen Garten aus halte ich mich links und fahre in Richtung Riesenbeck-Birgte bis zur L 591, quere diese und radele weiter über die Brumleystraße am Teutohang entlang bis zur Kaiserstraße. Über Postdamm erreiche ich, am Sportstadion Riesenbeck vorbeifahrend, die öffentliche Begegnungsstätte Hof Lammers und das Landmaschinenmuseum Riesenbeck. Hier hat der Heimatverein Riesenbeck seine Bleibe gefunden und mit großem Engagement und in liebevoller Kleinarbeit ein sehenswertes Museum eingerichtet. Entsprechend den im Jahreszyklus durchzuführenden landwirtschaftlichen Tätigkeiten gliedert sich auch die Gruppierung der Ausstellungsstücke. Die Geräte für die Bodenbearbeitung, das Säen und Pflanzen sowie das Düngen und Ernten zeigen die Entwicklung aus einfachen Anfängen bis hin zu modernerer Technik. Neben diesen bei der Feld- und Weidenbewirtschaftung eingesetzten Maschinen bilden die für die Weiterverarbeitung des Erntegutes benutzten Geräte einen weiteren Schwerpunkt. Kappschuppen, Werkstatt und Backhaus runden das Ensemble ab. Ein Besuch lohnt sich. Von hier erreiche ich über Vogelsang und den Dortmund-Ems-Kanal nach kurzer Zeit den Ausgangspunkt meiner Rundfahrt an der Katholischen Pfarrkirche St. Kalixtus mit dem Reinhildis-Brunnen.

◀ *Das Kloster Gravenhorst ist ein ehemaliges Zisterzienserinnenkloster in der Hörsteler Bauerschaft Gravenhorst*

▲ *Die Katholische Pfarrkirche St. Kalixtus in Riesenbeck*

◀ *Die Kanalbrücke auf dem Weg nach Riesenbeck*

▼ *Parkhotel Surenburg*

Rinderfilet
mit Apfelpüree

Parkhotel Surenburg

Im Mai 2013 übernahm Richard Nussel, der in seiner mehr als 20-jährigen Karriere viele Sterneküchen dieser Welt kennen gelernt hat, die Leitung der Küche des Restaurants im Parkhotel Surenburg. Neben Riesenbeck bleibt aber auch Palma de Mallorca weiterhin seine Wirkungsstätte, wo er im Restaurant AQUA by Richard Nussel eine Genuss-Oase direkt am Meer betreibt.

Hier stellt Ihnen Richard Nussel eines seiner Rezepte vor:

1. Die Butter in einem Topf erhitzen. Die Zwiebel darin gar dünsten. Die Äpfel werden klein geschnitten, entkernt und dann dazugegeben. Alle weiteren Zutaten werden zu den Äpfeln gegeben und auf geringer Hitze geschmort. Wenn die Äpfel und die Zwiebel weich sind, werden sie mit Weißwein abgelöscht und einreduziert. Die Sahne wird hinzugegeben, und alles wird wieder einreduziert. Man muss jetzt darauf achten, dass man die Masse öfter umrührt, da sie sonst schnell anbrennen könnte.

2. Nelken, Vanilleschote, Rosmarin, Thymian und das Lorbeerblatt herausnehmen. Alle weiteren Zutaten aufmixen und abschmecken.

3. Die Butter wird in einer Pfanne erhitzt. Das gewürzte Rinderfilet wird beidseitig angebraten und im vorgeheizten Backofen bei 180 °C 6–8 Minuten gegart. Am besten stellt man die ganze Pfanne in den Ofen.

4. Nach der angegebenen Zeit wird die Pfanne herausgenommen, und der Thymian und das Lorbeerblatt werden hinzugegeben. Das Rinderfilet wird aus der Pfanne genommen und die Foie gras in dieser Pfanne mit einem Stück Ingwer angebraten. In der Zwischenzeit kann das Rinderfilet in dem heißen Backofen ruhen.

5. Das Gemüse einputzen und schmoren. Dadurch behält es seinen eigenen Geschmack.

Zutaten für 4 Personen
Für das Apfelpüree:
3 Äpfel (Granny Smith)
1 große Zwiebel
1 Lorbeerblatt
2 Zweige Thymian
ein wenig Rosmarin
2 Scheibchen Ingwer
2 Knoblauchzehen
200 ml Weißwein
1 Vanilleschote
3 Nelken
½ Päckchen (125 g) Butter
100 ml Sahne

Für das Rinderfilet:
800 g Rinderfilet
4 × 40 g Leber (Foie gras)
40 g Foie Gras
250 ml Rotweinsauce
Thymian
1 Lorbeerblatt
Ingwer
Butter

Gemüse nach Jahreszeit, z. B. Spargel, Tomaten, Gartengemüse
Empfehlung: Schmorgemüse

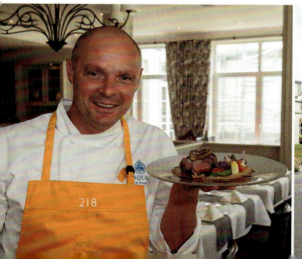

Tour

Haupttour = rote Tour
Länge: 36 km
Dauer: ca. 3:00 Std.
Höhenunterschied: max. 10 m
Schwierigkeitsgrad: leicht

Exkurs = orangefarbene Tour
Länge: 14 km
Dauer: ca. 1:50 Std.
Höhenunterschied: max. 90 m
Schwierigkeitsgrad: mittel, wegen Steigungen

Mehr über das Sehenswerte in Recke erfahren Sie im Video

Natur erleben in Recke

Lieblingsfahrradtour von Eckhard Kellermeier, Bürgermeister von Recke

Eckhard Kellermeier, Jahrgang 1964, verheiratet, drei Kinder, ist seit 2009 Bürgermeister der Gemeinde Recke. Der Dipl. Kommunalbeamte ist bereits seit 1987 in der Gemeindeverwaltung Recke tätig und freut sich darüber, als Bürgermeister die Zukunft von Recke aktiv mitzugestalten.

Liebe Leserinnen und Leser, ich lade Sie herzlich ein, meine Lieblingsfahrradtour nachzufahren und dabei einige Schönheiten der Gemeinde Recke zu entdecken. Mit einer Höhendifferenz von maximal 10 Metern ist die Route auch für nicht so durchtrainierte Radler (er)fahrbar, für die ambitionierteren unter Ihnen biete ich einen Exkurs mit einer kleinen Bergetappe an. Nicht umsonst startet meine Lieblingsfahrradtour vom Innenhof des Rathauses aus. So kann ich bei idealem Wetter nach der Büroarbeit noch ein wenig ausspannen. Ich folge dem Hinweisschild zum Marktplatz, der guten Stube Reckes. Bereits auf dem Weg dorthin ist rechts ein schöner Blick auf die sehenswerte evangelische Kirche, die älteste Kirche Reckes (um 1250 im romanischen Stil erbaut) und unser Wappensymbol, möglich. Am Marktplatz erinnern Fachwerkhäuser mit aufwändig verzierten Giebeln an die „Tödden", die Wanderkaufleute des 17. bis 19. Jahrhunderts. Auch der mit drei Sternen des ADFC ausgezeichnete Töddenland-Radweg (www.toeddenland-radweg.de) folgt hier ihren Spuren. Interessantes aus dem Leben und Wirken der Wanderhändler mit ihrer Geheimsprache vermitteln die Info-Tafeln am Marktplatz bzw. an den einzelnen Häusern.

Wer noch mehr über die Tödden und über Reckes Geschichte erfahren möchte, sollte eine Ortsführung nicht versäumen. Auch das leibliche Wohl kommt nicht zu kurz. Am Marktplatz und an der Hauptstraße bieten mehrere Gastronomiebetriebe eine vielfältige Küche.

Durch die Wieboldstraße fahre ich nun zur Fußgängerampel an der Hauptstraße, fahre dann vor der Volksbank in den Pottkamp, folge der Bodelschwinghstraße und halblinks dem Vidum. Am Ende der Straße biege ich links in den Imbusch ein, überquere die Neuenkirchener Straße, fahre geradeaus in den Buchenweg, dann rechts in den Holunderweg und anschließend rechts in die Straße Am Wall. Diese Straße folgt dem im Volksmund auch als Napoleondamm bekannten Straßenzug. Der Straße Am Wall, auf der auch die Na-Tourismus-Radroute (Moorroute) – www.biologische-station-steinfurt.de – verläuft, folge ich circa 2,2 Kilometer, um dann nach links zum ersten Aussichtsturm des Naturschutzgebietes Recker Moor, einem der letzten lebenden Hochmoore Deutschlands (Führungen möglich), zu gelangen. Auf dem Weg zum Aussichtsturm vermittelt mir eine Schautafel viel Wissenswertes über die Entstehungsgeschichte dieser einzigartigen Landschaft, die zahlreichen seltenen Pflanzen und Tieren einen Lebensraum bietet. Ich folge dem Moorweg weiter nach Westen. Nach etwa 1 Kilometer erscheint rechts ein zweiter Aussichtsturm mit besonders gutem Rundblick. Nun fahre ich geradeaus, das NSG Recker Moor, Teil der NRW-Naturerbe-Liste, lasse ich rechts liegen und überquere die Rothertshausener Straße. Kurz vor der nächsten Hauptverkehrsstraße, der Voltlager Straße, befindet sich links der Ehrenfriedhof mit Soldatengräbern aus beiden Weltkriegen. Weiter geradeaus folge ich nun der Straße Kreienfeld bis zur Halverder Straße über den Osnabrücker Damm (wieder Napoleondamm) mit Feldern, Wald und Wiesen Richtung Halverde.

An der Schutzhütte biege ich links in die Straße Up de Blickhaar, dann dem Straßenverlauf circa 4,2 Kilometer folgend, fahre ich bis zu einem Naturdenkmal, der 1000-jährigen „Dicken Eiche" – eine der ältesten Stieleichen Westfalens. Der mächtige Baum spendet mir wohltuenden Schatten.

Weiter geht's, denn „Ägypten" ist nicht weit. Nach etwa 300 Metern entlang der Hauptstraße Richtung Hopsten biege ich links ab nach „Ägypten", in die Ägypterstraße. Nach der Überlieferung flohen die Bewohner von Hopsten während des 30-jährigen Krieges in die außerhalb ge-

Marktplatz Recke mit Blick auf die evangelische Kirche

221

legene Bauerschaft, vergleichbar mit der Flucht der Heiligen Familie nach Ägypten. Nun fahre ich links in die Osterholtstraße bis zur Landesstraße und dort wieder links zum Naturschutzgebiet Heiliges Meer. Der Sage nach lag dort ein Kloster, dessen Mönche jedoch nicht viel vom frommen Leben hielten. Zur Strafe wurde das Kloster bei einem heftigen Gewitter vom Blitz zerstört. Tatsächlich ist das NSG Heiliges Meer mit dem größten natürlichen See Westfalens durch den plötzlichen Einbruch unterirdischer Hohlräume entstanden. Zentraler Punkt ist die Biologische Station des LWL mit einer Ausstellung/Ton-Dia-Schau. Auf einem circa 2 Kilometer langen Rund-Wanderweg ab der Biologischen Station können an fünf Stationen mit einzelnen Holzpfählen Infos als QR-Code mit einem internetfähigen Smartphone direkt abgelesen werden.

Exkurs = orangefarbene Tour

Recke ist eine Bergbau- und Töddengemeinde. Die Geschichte der Tödden stand am Anfang der Tour, die Ursprünge und auch die jüngere Geschichte des Ibbenbürener Steinkohle-Bergbaus lässt sich im Rahmen der sportlichen Variante meiner Lieblingstour erfahren.

Heute entscheide ich mich für die orangefarbene Tour. Von der Biologischen Station fahre ich zurück bis zum Wegweiser des Radwegesystems, hier links Richtung Ibbenbüren auf den NaTourismusrouten und der Sagenroute (www.tecklenburger-land-tourismus.de – auf der rechten Seite liegen der Erdfallsee und der Heideweiher) bis zum Ende des Weges, dort biege ich links in die Straße Im Hilgen Feld ein. Ich fahre weiter geradeaus, überquere die Landesstraße (Nordbahnstraße), fahre dann über die Brücke des Mittellandkanals und links in den Uffelner Esch/Berg Richtung Ibbenbüren-Dickenberg. Am Ende der Straße biege ich links ab auf die Rheiner Straße. Nach etwa 150 Metern fahre ich wieder links in die Heinrich-Brockmann-Straße, dann sofort rechts in die Straße Grube Sonnenschein und dann an der Gabelung links in den Heitkampweg bis zur Landesstraße Hopstener Straße. Dort fahre ich circa 100 Meter nach rechts und wieder links in das Forstgebiet Buchholz und auf

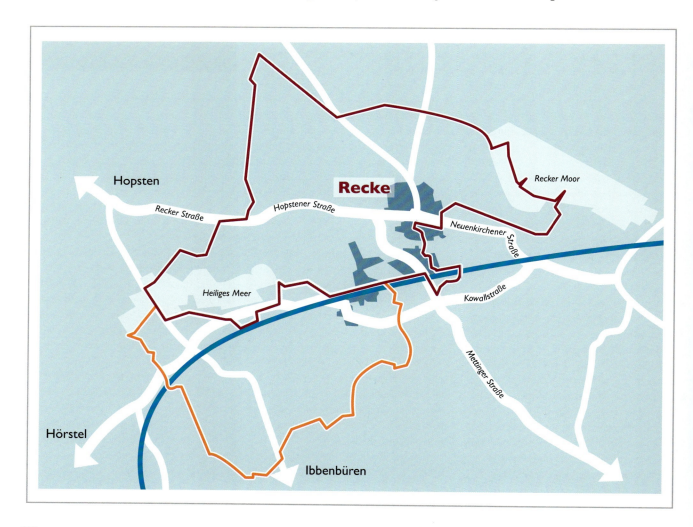

222

Zur Druckversion (1:25.000) www.naviki.org/kultouren

dem Waldweg nochmals links. Hier hat der Kohlebergbau eine lange Tradition. Ein Abstecher zur Bergehalde Rudolfschacht mit herrlichem Rundumblick lohnt die Mühe. Ich fahre weiter geradeaus, überquere die Buchholzstraße, fahre dann nach 200 Metern links zum Bergbau-Förderturm (Aussichtsturm – hier TERRA.vista – Aussichtspunkt, kostenlose App unter www.cultureapp.com/terravista). Dort steht auch ein Schachtgebäude. Ich lege – wie es sich für Bergleute gehört – eine Brotschicht ein und lasse mir meinen Proviant schmecken. Frisch gestärkt radle ich weiter geradeaus, vorbei am Parkplatz des Trimm-Dich-Pfads, folge der Straße Im Hagen und fahre dann links auf den Radweg an der Ibbenbürener Straße. Nach circa 1,6 Kilometern fahre ich am Hinweisschild Marina Recke links und sofort wieder rechts zum Yachthafen am Mittellandkanal.
Dort treffe ich erneut auf die rote Haupttour. Aber zuerst genieße ich bei strahlend blauem Himmel das maritime Flair auf der Terrasse des Panoramacafés und schaue den Skippern auf ihren Booten zu.

Ende Exkurs = orangefarbene Tour

Wenn ich mich nicht für den Exkurs entscheide, fahre ich stattdessen an der Biologischen Station des NSG Heiliges Meer vorbei auf den Radweg parallel zur Bergstraße, biege links in die Hugostraße ein, fahre dort bis zum Ende der Straße und erreiche den Ortsteil Obersteinbeck. Jetzt biege ich links in die Hörsteler Straße ein und fahre nach etwa 150 Metern rechts in den Töddenweg. Der Mittellandkanal (mit 325 Kilometern die längste künstliche Wasserstraße Deutschlands) ist mein Begleiter, ihm folge ich auf dem Töddenweg. Gerade kommt ein Schiff – ich gönne mir eine kurze Pause und schaue zu, wie das voll beladene Schiff langsam aus meinem Blickfeld verschwindet. Dann führt mich mein Weg wieder zurück auf die Hörsteler Straße. Nach circa 600 Metern biege ich links ab Richtung Schwefelbad Steinbeck mit staatlich anerkannter Heilquelle.

Auf dem Weg zum Schwefelbad liegt ein Gastronomiebetrieb, hier kann ich mich für den Rest der Tour stärken. Leider fehlt mir für das Schwefelbad die Badekleidung, denn ein Bad im 34 °C warmen Schwefelwasser des Thermalbeckens ist etwas ganz Besonderes. Am Schwefelbad vorbei fahre ich geradeaus, biege dann rechts in die Kanalstraße und wechsle auf den Leinpfad direkt am Mittellandkanal. Nach etwa 750 Metern verlasse ich den Leinpfad, fahre links erneut auf die Kanalstraße, dort in die Bachstraße, dann rechts zur Steinbecker Straße zu meinem nächsten Ziel, dem Heimat- und Korbmuseum „Alte Ruthemühle". In der ehemaligen Wassermühle mit Café, Remise, Backhaus, Bienenhaus und Heimathaus wird beim Mühlentag und Denkmaltag Heimatgeschichte lebendig (Führung, auch mit Kaffeetrinken, ist zu empfehlen).
Von der Ruthemühle fahre ich auf der Steinbecker Straße zurück über die Kanalbrücke, dann rechts auf den Leinpfad am Mittellandkanal am Waldfreibad Recke (Naturbad mit einer Fläche von 30.000 Quadratmetern) vorbei zur Marina Recke (s. orangefarbene Tour).
Ich folge dem Verlauf des Mittellandkanals circa 900 Meter und fahre dann auf die Mettinger Straße. Nach 450 Metern biege ich links in die Straße Im Brink ein und fahre nach etwa 700 Metern links über die Kanalbrücke. Danach geht es links über die Straße Stichlinge, entlang am Mittellandkanal bis zum Ende der Straße, dann links und sofort wieder rechts in den Möllenkamp. Am Ende macht die Straße einen Bogen, ich fahre nun wieder auf die Straße Stichlinge und dort rechts über die Recker Aa. Nun überquere ich die Wellerstraße und die Straße Am Zollhaus und fahre geradeaus in den Bürgerpark – die grüne Oase inmitten von Recke. Durch den Bürgerpark fahre ich zurück auf die Hauptstraße und dort an der Kreissparkasse vorbei zum Ausgangspunkt Innenhof Rathaus. Ein schöner Tag geht zu Ende, und müde, aber zufrieden, steige ich von meinem Rad.

▲ *Aussichtsturm im NSG Recker Moor*

▲ *Tödden und Kiepenkerl vor der Ruthemühle*

▲ *Marina Recke*

Lasagne vom Wolfsbarsch & Lachsfilet
unter der Tomaten-Parmesan-Kruste an Safranschaumsauce

Restaurant Landhaus Bad Steinbeck

Natürlich ist auch Heiner Determeyer ein ausgewiesener Fachmann auf seinem Gebiet. Seine Ausbildung zum Koch absolvierte er im Kasino Hotel in Georgsmarienhütte. Es folgten Stationen in der Schweiz, u.a. als Souschef im Carlton Hotel Villa Moritz in Lugano und als Chef de Cuisine im Sporthotel in Sörenberg.
1988 übernahm er dann den elterlichen Betrieb in Recke-Steinbeck.
Er wünscht viel Spaß beim Kochen seiner Lasagne vom Wolfsbarsch & Lachsfilet.

1. Den Fisch waschen und trocknen, mit Salz und Pfeffer würzen und mit Zitronensaft beträufeln. Den Blattspinat in kochendem Wasser blanchieren, anschließend in Eiswasser abschrecken. Zwiebeln und Knoblauch in heißem Öl anschwitzen, den gut ausgedrückten Blattspinat hinzugeben, mit Salz, Pfeffer und etwas frisch geriebenem Muskat abschmecken.

2. Die Kartoffeln in der Schale kochen, pellen und durch die Kartoffelpresse drücken. Milch-Butter-Mischung mit einem Holzlöffel unterrühren. Mit Salz und frisch geriebener Muskatnuss würzen. Den frischen Rucola mit etwas Rapsöl und Wasser mixen. Die Masse kurz vor dem Servieren unter das Kartoffelpüree mischen.

3. Die Tomaten kreuzweise einschneiden und in kochendem Wasser kurz blanchieren, anschließend in Eiswasser abschrecken. Die Haut abziehen, die Tomaten vierteln und entkernen. Anschließend mit dem geriebenen Parmesankäse bestreuen. Im Backofen bei Oberhitze gratinieren.

4. Für die Sauce, Béchamelsauce mit etwas geschlagener Sahne und Safran erhitzen und aufschäumen.

5. Die Butter in einer Pfanne erhitzen und den Fisch darin von beiden Seiten anbraten. Lachsfilet, Blattspinat und Wolfsbarsch in dieser Reihenfolge schichten.
Als vierte Schicht die gratinierten Tomaten auflegen. Die aufgeschäumte Sauce angießen und mit Rucola-Kartoffelpüree servieren.

Zutaten für 4 Personen
350 g Lachsfilet
350 g Wolfsbarschfilet
600 g Blattspinat
4 Strauchtomaten
1 kg Kartoffeln
125 g frischer Rucola
300 g Béchamelsauce
100 g geriebener Parmesankäse
Milch, Butter, Öl, Zitrone, Safran,
Zwiebeln, Knoblauch
Pfeffer, Salz, Muskatnuss

Tour

Länge: 20,05 km
Dauer: 1:20 Std.
Verbrannte Kalorien: 296,88 Kcal

Von Brochterbeck zur Tecklenburg

Lieblingsradtour von Stefan Streit, Bürgermeister der Stadt Tecklenburg

Stefan Streit, Jahrgang 1973, ist seit 2009 Bürgermeister der Stadt Tecklenburg. Der gelernte Verwaltungsfachangestellte ist Standesbeamter und gehört seit 1999 als Mitglied dem Rat der Stadt Tecklenburg an. Stefan Streit ist in Tecklenburg-Brochterbeck Aufgewachsen und freut sich darüber, seine Heimatstadt Tecklenburg mitzugestalten.

Ausgangs- und Zielpunkt unserer Reise mit dem Rad ist der neu gestaltete Ortskern des Erholungsortes Brochterbeck. Vor der katholischen Kirche befinden sich der Adolf-Kolping-Platz, der Heinz-Lienkamp-Platz, der Bürgergarten und der Mühlenpark mit einem Kneipp-Tretbecken, mit Generationenspielgeräten, einer Boule-Bahn und einem Basketballplatz. Der Mühlenpark lädt aber nicht nur zum Verweilen und zu sportlichen Aktivitäten ein – mit seiner Mühlenteichbühne dient er auch vielen Veranstaltungen als Austragungsort. Zudem können Kinder inmitten des Ortskerns vier süße Alpakas bestaunen, die auch als Therapietiere eingesetzt werden. Der Weg über die gepflasterte Moorstraße führt einmal quer durch den Ortskern und über die Dorfstraße an der historischen Gaststätte Franz vorbei, die ein berühmtes Ausflugslokal ist. Mit Hilfe vieler Brochterbecker wurde eigens eine Genossenschaft gegründet, sodass dieses beliebte Lokal – nachdem es jahrelang leergestanden hatte – wieder eröffnet werden konnte.

Hinter der evangelischen Kirche geht es dann weiter über den ländlich gelegenen Wallenweg, vorbei an farbenprächtigen Feldern parallel zum Teuto. Über den wunderschönen 9-Loch-Golfplatz führt der Weg in den Teutoburger Wald hinein, vorbei am sagenumwobenen Heidentempel und dann weiter Richtung Tecklenburg, einem Luft- und Kneippkurort. In den Nischen des Heidentempel-Felsens sollen der Überlieferung nach Tieropferungen stattgefunden haben. Im Mittelalter, nach der Christianisierung, sind die Nischen dann für ein Madonnenbild, für ein Kreuz und für das ewige Licht genutzt worden. Vor der Straße „Auf dem Saatkamp" geht es weiter auf die Bahnhofstraße, von der man einen kurzen Abstecher über den Marcker Esch zum Haus Marck einplanen sollte. Das historische Wasserschloss Haus Marck ist nicht nur der ehemalige Landratssitz des Altkreises Tecklenburg, sondern auch der Ort, an dem vor über 366 Jahren die Vorverhandlungen zum Westfälischen Frieden, der den Dreißigjährigen Krieg beendet hat, stattfanden. Heute dient das ehemalige Landratszimmer auf Haus Marck vielen Paaren als Trauungsraum in besonderem Ambiente.

Zurück auf der Bahnhofstraße führt der Weg in Serpentinen hoch in die nördlichste Burg- und Bergstadt Deutschlands, nach Tecklenburg. Dort lädt der historische Marktplatz mit seinen gut erhaltenen Fachwerkhäusern und den in der gesamten Region bekannten Cafés zum Verweilen ein. Vor dem Haus des Gastes findet der E-Biker zudem eine Lademöglichkeit für seine Fahrradbatterie. Schon vom Marktplatz aus erkennt man einen Rundbogen der ehemaligen Stadtmauer, die sogenannte Legge, die beidseitig die Jahreszahl 1577

◀ *Die ev. Stadtkirche mit Altstadt von Tecklenburg*

▲ *Ev. Pfarrkirche in Brochterbeck mit Mühlenteich*

trägt. Zwischen 1660 und 1850 befand sich hier die staatliche Leinenprüfanstalt, in der das von den Tecklenburgern auf ihren Hauswebstühlen hergestellte Leinen zur Begutachtung ausgelegt wurde. Zur Verschiffung gelangte es von Bremen aus in den gesamten Ostseeraum und über London und Bergen bis nach Amerika. Die Leinenfertigung war von besonderer Bedeutung, da die kargen Böden im Tecklenburger Land für die Landwirtschaft nicht sehr ertragreich und auch arm an Bodenschätzen waren.

Durch die Legge hindurch geht es nun weiter entlang der Schlossstraße mit ihren gastronomischen Angeboten zur linksseitig gelegenen Schlossbastion und dann hinauf bis zum Burgtor. Die Schlossbastion wurde im 16. Jahrhundert mit bis zu acht Meter dicken Mauern als Wehranlage am Burggraben errichtet. Im 18. Jahrhundert wurde das Rondell verschüttet. Erst 1944 wurde die Bastion beim Bau eines Luftschutzbunkers wiederentdeckt. Heute kann die nun unterirdische Anlage, in der eine konstante Temperatur von 7°C herrscht, im Inneren des Berges besichtigt werden. Oberhalb der einzelnen Schießscharten sind noch die Abzugsöffnungen für den Pulverqualm zu erkennen. Eine steile Treppe verbindet die Bastion mit der etwa 15 Meter höher liegenden Burg. Ein Pulvermagazin, ein heute verschütteter Brunnen und eine Abortanlage zeigen, dass die Bastion im Hinblick auf längere Belagerungszeiten konstruiert worden war. Heute sind nur noch die Umfassungsmauern, der Mittelwall und einige Gewölbe erhalten, da die Burg als Steinbruch ausgebeutet und zum Teil abgetragen worden ist.

Zur Anpassung an neue Waffentechniken hatten im Laufe der Geschichte zahlreiche Umbauten stattgefunden. Während 1388 ein Angriff noch mit Hilfe von Wurfmaschinen erfolgte, wissen wir, dass die Tecklenburg bereits im Jahre 1493 durch die Bischöfe von Münster und Osnabrück mit Kanonen beschossen wurde. Erstmals urkundlich erwähnt wurde die Burg im Jahre 1180 beim Ankauf durch den Kölner Erzbischof. Auf dem höchsten Punkt des Geländes steht der Wierturm, der dem Leibarzt der Gräfin Anna von Tecklenburg-

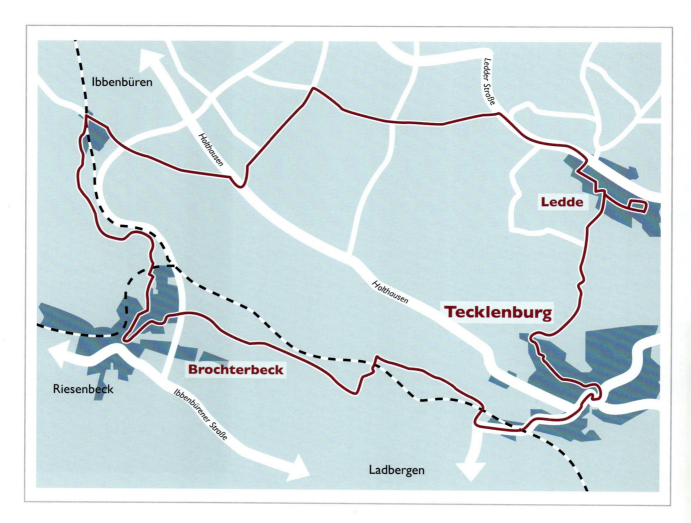

Zur Druckversion (1:25.000) www.naviki.org/kultouren

Schwerin gewidmet ist. Jan Wier oder Johann Weyer wandte sich mit seiner 1563 erstmalig gedruckten Schrift „Von den Täuschungen der Dämonen" gegen die Hexenverfolgung. Die Tecklenburger Grafen waren aufgeschlossene Befürworter seiner Ausführungen, was in ihrem Hoheitsgebiet die Exzesse der Hexenverfolgung verhinderte. Jan Wier, der in der Gräfin Anna eine große Befürworterin seiner damals alternativen Heilkünste fand, starb 1588 auf der Tecklenburg. Noch heute erinnern der Kräutergarten im Kultur- und Landschaftspark sowie der Hexenpfad an die damalige Zeit.

Auf dem historischen Burggelände findet der interessierte Besucher das größte Freiluftmusiktheater Deutschlands, das mit seiner über 100-jährigen Geschichte die Festspielstadt Tecklenburg prägt. Während der Hauptsaison von Mai bis September locken die Freilichtspiele Tecklenburg über 100 000 Besucher zu diversen Musical- und Festspielaufführungen.

Weiter geht es die Brochterbecker Straße herunter und dann auf die Straße „Am Handal". Der Weg führt vorbei am beliebten Waldfreibad und durch den Staatsforst Sundern in die Ortschaft Ledde. Hier lohnt sich ein kurzer Abstecher zum Grundschulgelände mit einem Bewegungspark, einem Kneipp-Becken, einem Beachvolleyballplatz und Generationenspielgeräten. Weiter geht es auf der Ledder Dorfstraße. Sie führt vorbei an den Ledder Werkstätten – einer der größten Einrichtungen ihrer Art für Menschen mit Behinderung – und durch das schöne Aatal bis nach Holthausen. Entlang der Grenze zur Stadt Ibbenbüren führt der Weg dann weiter durch das malerische Bocketal, dem sogar ein eigenes Lied gewidmet wurde: „In Bocketal da gibt's Wacholder, und wo's Wacholder gibt, da ist es schön."

Wieder im Erholungsort Brochterbeck angekommen, beenden wir meine Lieblingsradtour am Mühlenteich mit einem leckeren Eisbecher.

◀ *Jedes Jahr lockt der Geranienmarkt zahlreiche Besucher an*

▲ *Fachwerkhaus in Ledde*

◀ *Die roten Dächer der am Hang liegenden Häuser leuchten weit ins Land*

▼ *Mühle Heimatverein Brochterbeck*

Grüne Puy-Linsen mit gebratenem Zanderfilet
und grünem Spargel an Zitronen-Dill-Sauce

Hotel-Restaurant „Drei Kronen"

Schon als Kind entdeckte Martin Allmenröder in der Küche seiner Oma sein Interesse am Kochen. Nach erfolgreicher Ausbildung und jahrelanger Erfahrung im In- und Ausland, führte ihn ein glücklicher Zufall nach Tecklenburg.

Im Hotel-Restaurant Drei Kronen verwöhnt er seit Mai 2009 die Gäste mit saisonalen gutbürgerlichen Gerichten. Hier stellt er Ihnen eines seiner Rezepte vor:

1. Die Linsen mit den Kartoffeln, den Tomaten, der Zwiebel und dem Knoblauch in 900 ml Gemüsebrühe zum Kochen bringen und ca. 20 Minuten leise weiterkochen lassen, bis die Kartoffeln gar sind.

2. Die Kartoffeln, die Tomaten und den Knoblauch zerdrücken und verrühren. Mit Rotweinessig, Salz und Pfeffer abschmecken.

3. Die Zanderfilets mehlieren und auf der Hautseite knusprig braun braten. Den Spargel kurz in Butter schwenken. Sahne, Zitronensaft und Kurkuma in einem Topf erhitzen und mit Dill abschmecken.
Die Puy-Linsen auf einem Teller anrichten, den gebratenen Zander anlegen und mit der Sauce garnieren.

Zutaten für 4 Personen
- 300 g grüne Puy-Linsen
- 3 kleine Kartoffeln
- 3 Tomaten
- 1 Zwiebel
- 3 Knoblauchzehen
- 900 ml Gemüsebrühe
- Rotweinessig
- 3 Zanderfilets
- Mehl
- 100 g grüne Spargelspitzen
- 150 ml Sahne
- Saft einer Zitrone
- 1 Bund frischer Dill
- Salz, Pfeffer
- ½ TL Kurkuma

Warmer Rhabarberstreusel
mit Joghurtmousse

Historische Gaststätte Franz

In den Räumen der Historischen Gaststätte Franz wird seit 1878 eine Schankwirtschaft betrieben. Eine Ära, die 2012 kurz vor ihrem Ende stand. Gebäude und Grundstück sollten durch eine Zwangsversteigerung veräußert werden, was eine ganze Gemeinde aktivierte, sich für ihr Traditionslokal einzusetzen.

296 Bürger bildeten eine Genossenschaft, die heute Träger des Restaurants ist.

Nicht nur für die Genossenschaft, sondern auch für die Betreiberin und Pächterin Johanna Klein, die gemeinsam mit ihrem Partner Kai Burford die Gaststätte führt, ist der Erfolg ihres Konzepts eine Herzensangelegenheit. Johanna Klein absolvierte ihre Ausbildung zur Hotelfachfrau im Hotel Savoy in Köln und erlebte weitere interessante berufliche Stationen bis zu ihrer Weiterbildung zur Sommelière in der Rheinmetropole. Die Sehnsucht nach dem Tecklenburger Land brachte sie in die Heimat zurück.

Kai Burford, der seine Ausbildung im Hotel Theissen in Halverde abgeschlossen hat, liebt die Einflüsse der saisonalen heimischen Küche und stellt Ihnen hier eines seiner Rezepte vor:

1. Zubereitung der Mousse: Joghurt, Zitronensaft und den Zucker vermengen, bis sich der Zucker aufgelöst hat. Die Gelatine in kaltem Wasser aufweichen.
Eiweiß zu steifem Eischnee schlagen. Zusammen mit der Sahne unter die Joghurt-Zitronen-Zucker-Mischung heben. Die aufgelöste Gelatine mit einer kleinen Menge Joghurtmasse verrühren, um Klumpenbildung zu vermeiden, dann schnell mit der restlichen Joghurtmasse vermengen und ca. 1 Stunde kalt stellen.

2. Zubereitung des Rhabarberkompotts: Die Stärke mit dem Wasser vermischen. Rhabarber und Zucker im Topf andünsten. Wenn die Masse kocht, mit dem Stärke-Wasser-Gemisch andicken. Mit Vanille und einer Prise Salz abschmecken.

3. Zubereitung der Streusel: Die Butter und den Puderzucker miteinander verrühren, dann das gesiebte Mehl und den Vanillezucker unterrühren, bis es zur Streuselbildung kommt.

Das Kompott in ein Gefäß geben und mit den Streuseln bedecken. Bei 180°C ca. 10 Minuten backen. Auf einem Teller mit der Joghurtmousse ausgarnieren.

Zutaten
Für die Mousse:
500 g Joghurt
3 Eiweiß
200 ml Sahne, geschlagen
150 g Zucker
10 g Zitronensaft
7 Blatt Gelatine

Für das Rhabarberkompott:
500 g Rhabarber
125 g Zucker
1 Prise Salz
15 g Stärke
20 g Wasser
½ Vanilleschote

Für die Streusel:
50 g Puderzucker
100 g Butter
200 g Mehl
10 g Vanillezucker

Tour
Länge: 23,62 km
Dauer: ca. 1:30 Std.
Verbrannte Kalorien: 349,84 Kcal

Mehr über das Sehenswerte in Telgte erfahren Sie im Video

Telgte – das trauliche Städtchen an der Ems

Lieblingsfahrradtour von Wolfgang Pieper, Bürgermeister der Stadt Telgte

Wolfgang Pieper, Jahrgang 1961, verheiratet, zwei Töchter, ist seit 2010 Bürgermeister der Stadt Telgte. Er gehört seit 1989 als ehrenamtliches Mitglied dem Rat der Stadt Telgte an. Wolfgang Pieper ist begeisterter Telgter und kennt jeden Winkel seiner Stadt.

In der Erzählung „Das Treffen in Telgte" bezeichnet der Literatur-Nobelpreisträger Günter Grass unsere Stadt als „das trauliche Städtchen an der Ems". Ich finde, schöner kann man es kaum ausdrücken. Grass hat Telgte als Ort des Geschehens gewählt, weil der Ort am historischen Friedensweg zwischen Münster und Osnabrück liegt, also inmitten der geschichtsträchtigen Stätten. Und – Telgte muss sich nicht verstecken: Unsere Stadt konnte im Jahr 2013 auf 775 Jahre Stadtrechte zurückblicken, ist größter Wallfahrtsort im Münsterland, westfälische Hansestadt und zieht mit seinen interessanten Häusern in der Altstadt, den vielen Cafés, Gaststätten und Restaurants sowie einem mediterran anmutenden Ambiente viele Gäste von nah und fern an. Wie Mosaiksteine fügen sich in Telgte die Dinge harmonisch ineinander. Das Herzstück der Altstadt bildet der sogenannte Telgter Dreiklang: Die barocke Wallfahrtskapelle, die St.-Clemens-Kirche und das RELíGIO – Westfälisches Museum für religiöse Kultur. Das Ensemble liegt direkt an der Ems, die prägend für die Landschaft ist. Direkt vor der Haustür beginnt ein Stück Urlaub im Grünen. Die Emsaue und die ausgezeichneten Radrouten rund um Telgte laden zu Pättkesfahrten ein.

Eine meiner Lieblingstouren führt von Telgte über den Ortsteil Westbevern zum Nachbarort Ostbevern und zurück nach Telgte. Eine Tour, die auch mit Kindern gut zu fahren ist und sich für einen entspannten Nachmittagsausflug eignet.

Die Bronzeskulptur des Ausrufers am Marktplatz ist Treffpunkt für die Radlerinnen und Radler, mit denen ich heute unterwegs bin. Der wohltuende Duft von frisch geröstetem Kaffee verführt den einen oder anderen zu einem schnellen Espresso in einem der umliegenden Cafés.

Schließlich ist die Gruppe komplett, und los geht es über die Münsterstraße zur Marienlinde, einem Naturdenkmal. Dieser über 750 Jahre alte Baum steht am Ort eines der ehemaligen Stadttore von Telgte. Der Legende nach entdeckte ein Bauernsohn das Gnadenbild der schmerzhaften Muttergottes, das aus dem Stamm des Baumes wuchs. Eine Stimme sprach zu ihm: „Bringe mein Bild zu den Menschen". So tat er es, und noch heute verehren die Pilgerinnen und Pilger diese Statue. Das Telgter Gnadenbild ist Mittelpunkt der Wallfahrt und hat seinen Platz in der Wallfahrtskapelle. Datiert wird die lebensgroße Pietà auf die Zeit um 1370. Allerdings ist sie aus Pappelholz und nicht aus Lindenholz geschnitzt, was immer uns dies über Wunder sagen soll.

Wir fahren weiter rechts über die August-Winkhaus-Straße, vorbei am Komplex der Firma Winkhaus, und folgen der Straße Richtung Lauheide.

Nach etwa zwei Kilometern führt uns unsere Tour schon nach rechts in Richtung Westbevern. Wir entscheiden uns aber für einen kurzen Abstecher. Die Birkenallee leitet uns zum Waldfriedhof Lauheide. Dieses

Haus Langen in Westbevern

St.-Clemens-Kirche in Telgte

Kleinod zwischen Münster und Telgte bietet weit mehr als ein herkömmlicher Friedhof. Er ist nicht nur als geschichtsträchtiger Bestattungsort bekannt, sondern auch ein besonderer Naturschauplatz mit zahlreichen seltenen und bedrohten Tier- und Pflanzenarten. Regelmäßige Naturführungen finden dort statt.

Wieder auf dem Rad, fahren wir die 500 Meter zurück, biegen links ab und folgen der schnurgeraden Straße Richtung Emshof. Seit mehr als zwanzig Jahren erleben Schulklassen hier bei ihren Ausflügen, wie gesät, gepflegt, geerntet, gebaut, repariert, verarbeitet, ausgemistet oder erforscht und erkundet wird. Weiter geht es über den Fluss Ems durch den Wald bis zum ehemaligen Adelssitz Haus Langen.

Das Haus ist umgeben von einer großen Ringwallanlage mit doppeltem, teilweise sogar dreifachem Graben. Sie entstand vor dem Jahr 1000. Die Ringwallanlage diente früher als Fliehburg für die Bewohner der umliegenden Bauerschaften. Bereits in der zweiten Hälfte des 12. Jahrhunderts ist diese Anlage aus Allgemeinbesitz an die Herren von Langen übergegangen, die ihren Sitz ursprünglich in der Nähe von Lingen hatten. Sie legten innerhalb der Ringgräfte eine Burg an. Von der alten Burganlage existiert nur noch das Torhaus, ein Backsteingiebelhaus münsterscher Art mit Schießscharten und dem Wappen derer von Letmathe. Heutiger Besitzer ist Freiherr von Elverfeldt genannt von Beverförde-Werries.

Mit dem Ausbau der Burganlage im 13. Jahrhundert dürfte die Errichtung einer Mahlmühle einhergegangen sein. Bis in die 1950er Jahre war die Mahlmühle noch in Betrieb. Mich zieht es immer wieder an diesen Ort: Das Rauschen des Flusses, die Rast im Schatten der mächtigen Bäume und der Blick auf die ursprünglichen Auen sind die richtige Mischung für eine Auszeit. Nach einer kurzen Pause radeln wir nach rechts durch den Wald Richtung Westbevern. Einige hundert Meter weiter fällt ein großes Wegekreuz auf, das Gröninger Kreuz, ein vier Meter hohes Koppelkreuz aus Baumberger Sandstein.

Hier geht es rechts ab in Richtung Westbevern, und schon sieht man in der Ferne den Turm der St.-Cornelius-und-St.-Cyprianus-

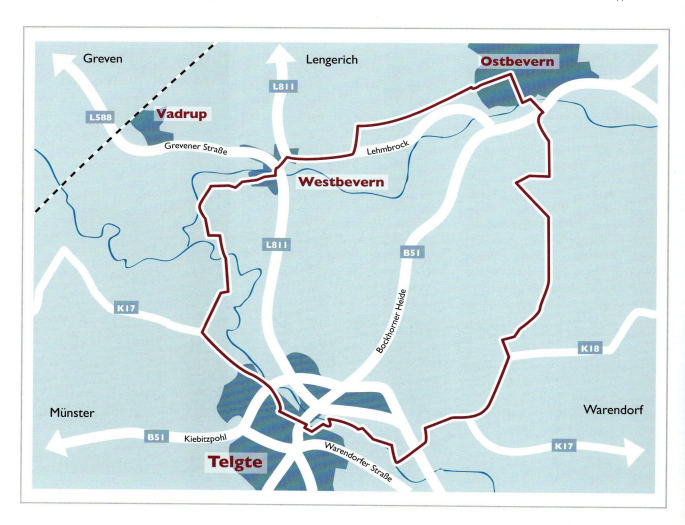

Zur Druckversion (1:25.000) www.naviki.org/kultouren

◀ Emsblick

▲ Kutschenwallfahrt auf Christi Himmelfahrt

Kirche aus dem 19. Jahrhundert. Ein Besuch der Kirche lohnt auf jeden Fall. Der imposante Altar stammt aus dem Jahr 1631 und wurde ebenfalls von dem Künstler Gerhard Gröninger geschaffen, der zahlreiche sakrale Werke in Westfalen und in den Niederlanden gefertigt hat.

Gegenüber der Kirche lädt ein Biergarten unmittelbar am Flüsschen Bever zum Verweilen ein. Dann geht es weiter auf der 100-Schlösser-Route in den Nachbarort Ostbevern. Hier angekommen, sollte man auf jeden Fall die Zeit für einen Besuch am Wasserschloss Loburg einplanen. Erbaut wurde es ursprünglich im 18. Jahrhundert nach Plänen des Barockbaumeisters Johann Conrad Schlaun. In der Loburg befindet sich heute ein katholisches Internatsgymnasium. Die schöne Allee und der Park sind eine Augenweide. Wir folgen dem Radweg bis zum Ortskern Ostbevern und fahren über die Schulstraße auf der Friedensroute durch die Schirlheide und die Fockenbrocksheide zurück nach Telgte. Kurz vor Telgte erreichen wir wieder die Ems, die uns ein Stück begleitet. Vorbei an der Heidnischen Prozession, der Nachbildung einer Begräbnisstätte aus der Bronzezeit. Der ursprüngliche Grabhügel wurde in Telgte-Raestrup bei Ausgrabungen gefunden. In der Mitte des Hügels befand sich das eigentliche Grab. Sehr ungewöhnlich waren die Spuren einer fast 40 Meter langen Pfostenallee, die auf den Hügel zuführte. Diesen langen und schmalen Gang, so nehmen Wissenschaftler an, durchschritten die Menschen vor circa 3700 Jahren in einer Art Prozession mit kultischem Hintergrund.

Weiter fahren wir auf dem EmsRadweg Richtung Innenstadt. Die Emsauen sind ein beliebtes Naherholungsgebiet. Ein Naturlehrpfad informiert über Flora und Fauna, die sich hier entwickelt haben. Nach rund 25 Kilometern ist unser Startpunkt, der Marktplatz in Telgte, wieder erreicht. Hier schließt sich der Kreis nach einer abwechslungsreichen Tour durch den Ortsteil Westbevern und die Gemeinde Ostbevern.

Jetzt ist es Zeit für eine Stärkung in einer der zahlreichen Gaststätten im Herzen von Telgte und für gute Gespräche mit netten Menschen.

◀ Wallfahrtskapelle

▼ Marktplatz in Telgte

Skreifilet an Beurre blanc
und sauren Butterlinsen

Heidehotel „Waldhütte"
1985 im Saarland geboren, absolvierte und beendete Dennis Wäsche von 2003 bis 2006 erfolgreich seine Ausbildung zum Koch im Heidehotel Waldhütte in Telgte. Nach vier Jahren in Düsseldorf, u. a. im Restaurant Victorian (1 Stern, 17 Gault-Millau-Punkte) und im Monkey`s West (1 Stern, 16 Gault-Millau-Punkte) kehrte er 2011 mit viel Erfahrung und neuen Ideen zurück nach Telgte, wo er bis heute erfolgreich die Küche führt. Dennis Wäsche stellt Ihnen hier eines seiner Rezepte vor:

Skrei, so heißt der Kabeljau in Norwegen. Im Januar und Februar wandert der Skrei von Norwegen in die Ostsee und baut dabei viel Muskelfleisch auf. Deshalb sind seine Filets besonders zart und saftig.

1. Zubereitung des Skrei: Skrei in 4 gleich große Portionen teilen. Auf der Hautseite mehlieren, mit Salz würzen und anschließend anbraten. Bei 180 °C auf der Hautseite bei Oberhitze garen.

2. Zubereitung der Beurre blanc: Für die Beurre blanc die Schalotten würfeln und mit dem Weißwein und den Kräutern einkochen. Nun die Butter einrühren und das Ganze durch ein Sieb passieren. Mit dem Zitronensaft und Salz würzen.

3. Zubereitung der Linsen: Die Möhren, den Sellerie und die Zwiebel schälen und in feine Würfel schneiden.
Das gewürfelte Gemüse in einem Topf anschwitzen und leicht mit Salz und Zucker würzen. Die Linsen kalt abspülen und zu dem Gemüse geben. Nun den Essig, die Gemüsebrühe sowie Rosmarin und Thymian dazugeben, das Ganze aufkochen lassen und bei milder Hitze garen. Zum Schluss die Butter einrühren und mit Salz und Zucker abschmecken.

Zutaten für 4 Personen

Für den Skrei und die Beurre blanc:
1 kg Skreifilet
2 kleine Schalotten
200 ml Weißwein
1 Bund Rosmarin
1 Bund Thymian
250 g Butter
Mehl, Salz, Pfeffer
Saft von 1 Zitrone

Für die Linsen:
200 g Möhren
200 g Knollensellerie
1 Zwiebel, Salz, Zucker
250 g Tellerlinsen
500 ml Gemüsebrühe
100 g Butter
1 Zweig Rosmarin
1 Zweig Thymian
200 ml heller Balsamico

Tour

Länge: 54,66 km
Dauer: 3:38 Std.
Verbrannte Kalorien: 809,55 Kcal

Von Warendorf zu Radelssitzen in Sassenberg-Füchtorf

Radtour von Dr. Olaf Gericke, Landrat des Kreises Warendorf

Dr. Olaf Gericke wurde in Münster geboren. Er ist mit Jutta Gericke verheiratet und hat zwei Kinder. Seit dem Jahr 2006 ist er hauptamtlicher Landrat des Kreises Warendorf. Zuvor war der Jurist hauptamtlicher Bürgermeister der Stadt Greven.

Ausgangspunkt unserer Radtour ist der historische Marktplatz in Warendorf. Auf der 100-Schlösser-Route, einem 960 Kilometer langen Rundkurs durch das gesamte Münsterland, starten meine Frau Jutta und ich unseren Ausflug. Es geht in Warendorfs Nachbarort Sassenberg – wir radeln vorbei an Ems und Emsseepark in Richtung Norden. Der Radweg führt idyllisch direkt am Wasser entlang und ermöglicht uns einen schönen Blick auf den Fluss und den Emssee. Das Gewässer wurde 1974 aus einem Teil der Emsaue als Maßnahme zum Schutz vor Hochwasser zu einem See ausgebaut, der in eine großzügige Parkanlage eingebettet ist. Dort, wo früher Ödland, Wiesen und Warendorfs ehemals in Europa berühmte Bleichen waren, erstreckt sich heute der rund 1,4 Kilometer lange See, der von der Überlaufschwelle der Ems bis zum Lohwall reicht. Der Park hat sich zu einem beliebten Naherholungsgebiet entwickelt, das die Warendorfer gerne für zahlreiche sportliche Aktivitäten nutzen, und das auch bei Besuchern aus Nah und Fern hoch im Kurs steht.

Kurz vor dem Ortsausgang lädt das Nordrhein-Westfälische Landgestüt Radfahrer zu einem kurzen Abstecher ein. Hier stehen die Stalltüren während der Dienstzeiten den Besuchern stets offen, und ein Blick hinter die altehrwürdigen Stallmauern lohnt sich. Bewundert werden können hier elegante Hengste, sofern sie nicht in Sachen Sport oder Zucht gerade anderswo im Dienst sind. Durchschnittlich sind hier 60 Warmbluthengste, zwei Vollblüter und 22 Kaltbluthengste beheimatet. Ein besonderes Highlight des Nordrhein-Westfälischen Landgestütes sind die jährlich Ende September stattfindenden Hengstparaden. Hier zeigen die Hengste in eindrucksvollen Schaubildern und Choreographien ihr Können.

Auf einheitlich ausgeschilderten Wegen geht unsere Fahrt weiter durch die abwechslungsreiche Parklandschaft des Kreises Warendorf – vorbei an Wiesen, Feldern und Bauernhöfen. In Sassenberg ist ein Abstecher in das Naturschutzgebiet Tiergarten sehr zu empfehlen. Der größtenteils von naturhaften Buchenwäldern geprägte Staatsforst Brock war im 18. Jahrhundert der Tiergarten des damaligen fürstbischöflichen Schlosses am Hesselbogen. Zum Naturschutzgebiet gehört auch die direkt an der Hessel gelegene Schachblumenwiese – das letzte größere natürliche Vorkommen der Schachblume in Nordrhein-Westfalen. Vor allem in der Blütezeit im April wird ein Besuch zu einem einmaligen Erlebnis.

Nach knapp zwei weiteren Kilometern fahren wir durch das Erholungsgebiet Feldmark. Die Strecke führt direkt vorbei am Feldmarksee – einem anerkannten EU-Badegewässer. Der Sandstrand ist besonders beliebt bei Familien. Eine Badeaufsicht der DLRG sorgt für die Sicherheit

◀ Schloss Harkotten ist eines der seltenen Beispiele für eine Doppelschlossanlage

▲ Kutschenwallfahrt in Warendorf

der kleinen und großen Schwimmer. Bei schönem Wetter lädt der Feldmarksee zu zahlreichen weiteren Freizeitaktivitäten ein – wie Segeln, Surfen, Angeln oder auch Tretbootfahren.

Fast nahtlos schließt sich das Naturschutzgebiet Füchtorfer Moor an. Vorbei fahren wir hier am Auerochsstein, der an das nahezu vollständig erhaltene Skelett eines Auerochsen erinnert, das im Jahr 1844 bei der Abtorfung des Moores hier gefunden wurde. An ausgedehnten Spargelfeldern vorbei geht die Route weiter in das Spargeldorf Füchtorf. Rund 20 Spargelhöfe mit einer Gesamtanbaufläche von etwa 400 ha begründen Füchtorfs Ruf als Spargelmetropole, der weit über die Grenzen des Kreises Warendorf hinaus bekannt ist.

Am Dreiländereck markieren ein Grenzstein und eine Schutzhütte den früheren Grenzpunkt der Fürstbistümer Münster und Osnabrück sowie der Grafschaft Ravensberg. Hier verbreiteten die Unkemänner, eine Diebes- und Mörderbande, in früheren Zeiten Angst und Schrecken. Heute grenzen die Kreise Warendorf, Gütersloh und Osnabrück sowie die Bundesländer Niedersachsen und Nordrhein-Westfalen an dieser Stelle aneinander.

Ein weiterer Zwischenstopp unserer Radtour ist die wohl einmalige Doppelschlossanlage Harkotten, die es nördlich von Füchtorf zu entdecken gilt. Haus Harkotten war eine wichtige Grenzburg und der Sitz der Ritter von Korff. Als erster Vorbote der Doppelschlossanlage von Ketteler und von Korff grüßt eine mächtige Atlas-Figur mit Weltkugel die Besucher auf ihrem Weg auf das Schlossgelände. Schloss von Korff, ein klassizistisches Herrenhaus, ist nicht nur Drehort des ersten Münster-Tatortes – es ist ebenfalls ein tolles Ausflugsziel sowie der Schauplatz zahlreicher kultureller Veranstaltungen.

Über die 100-Schlösser-Route geht es weiter durch Felder und Heidegebiete. Auf den sandigen Böden ließ die Plaggendüngung im Mittelalter große Heideflächen entstehen. Erst die moderne Agrarwirtschaft mit ihren Düngemitteln konnte die Flächen gewinnbringend erschließen.

Nächster Zwischenstopp ist das Kloster Vinnenberg, das sich etwa auf halbem Weg zwischen Füchtorf und Milte befindet. Die

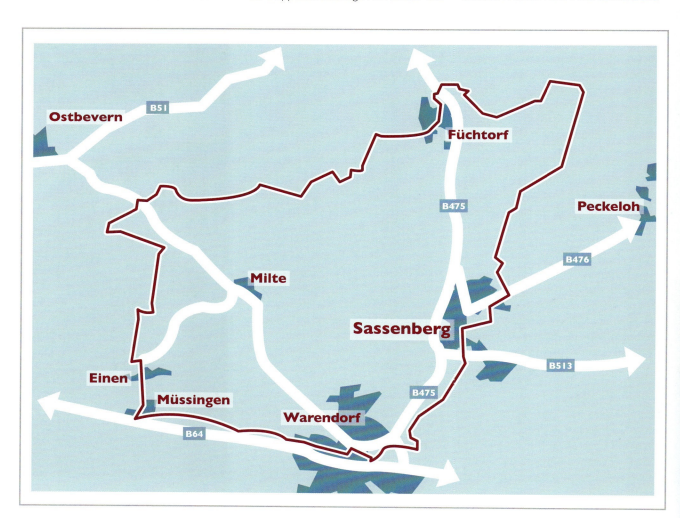

Zur Druckversion (1:25.000) www.naviki.org/kultouren

Anlage bildet zusammen mit der Mühle ein idyllisches Ensemble. Hier soll der Überlieferung nach die Jungfrau Maria den Brüdern Bernhard und Johann von Vinnenberg erschienen sein, woraufhin sie das Kloster gründeten. Seit August 2010 stehen in dem Klostergebäude 30 Gästezimmer zur Verfügung. Als Ort geistlicher Begegnung und für verschiedene Kursangebote wird es gerne genutzt. Auch das Alte Rektorat neben dem eigentlichen Klostergebäude ist ein heimeliges Gästehaus, das in schlichter Schönheit bestens geeignet ist, zur Ruhe zu kommen. Dem Beverstrang folgend führt der Weg nun vorbei am Gelände des ehemaligen Klosters Rengering. Das Kloster wurde inzwischen aufgelöst, seine Gebäude abgetragen. Eine alte Brücke mit einer Statue des heiligen Nepomuk ist das letzte Zeugnis der Anlage.

Weiter führt der Weg durch die Hörster Mark und die Dorfbauerschaft nach Einen. Die alte Dorfkirche steht in reizvollem Kontrast zum Baustil moderner Kirchen und ist einen Besuch wert. Über den EmsRadweg geht es wieder zurück in Richtung Warendorf. Vom Münstertor aus führt der Weg in die Stadt. Der historisch gewachsene, gut erhaltene Stadtkern lädt zum krönenden Abschluss der Radtour zu einem ausgiebigen Bummel ein. Mehr als 600 denkmalgeschützte Objekte – Gebäude und Plätze aus sechs verschiedenen Jahrhunderten – sorgen für ein Stadtbild, das vor allem durch seine einmalige Geschlossenheit beeindruckt. Beim Bummel durch romantische Gassen, über historische Straßen und alte Plätze verschmelzen Geschichte und Gegenwart zu einer anschaulichen Einheit. Die Bedeutung des Handelsplatzes an der Ems-Furt spiegelt sich in den prachtvollen Fassaden der Kaufmannshäuser, Bürgerstolz in Rathaus und Kirchen. Neben dem Historischen Rathaus sind Häuser mit Treppen- und Blendgiebeln zu sehen. Bunte „Drachenköppe" und ein prunkvoller Hirsch in der Fassade verdeutlichen den Reichtum der alten westfälischen Hansestadt. Insbesondere die schönen Giebel tragen zu einer einzigartigen Atmosphäre in der Warendorfer Altstadt bei. Den Abschluss unserer Radtour genießen wir auf dem schönen historischen Marktplatz in Warendorf.

❮ *Schlosscafe „Wappensaal" im Schloss Harkotten*

⌄ *Kutschenwallfahrt in Warendorf*

Wappenkuchen
Rührkuchen mit Quittengelee und Äpfeln

Wappensaal des Schlosses Harkotten
Die Doppelschlossanlage Harkotten liegt an der Grenze der Bundesländer Nordrhein Westfalen und Niedersachsen. Auf dem Gelände des klassizistischen Schlosses von Korff befindet sich das Schlosscafé, der „Wappensaal". Im geschmackvoll eingerichteten Ambiente können die Gäste bei täglichem Mittagstisch, Kaffee und Kuchen in eine geschichtsträchtige Atmosphäre eintauchen.

1. Die Margarine mit dem Zucker, einer Prise Salz und Zitronensaft schaumig rühren. Nach und nach die Eier unterrühren. Zum Schluss das Mehl mit dem Backpulver vermischen und vorsichtig unter die Masse heben.

2. DieTarteform fetten, mit Paniermehl ausstreuen und die Rührmasse einfüllen. Nun den Quittengelee auf dem Teig verteilen.

3. Zwei mittelgroße Äpfel schälen, entkernen, in schmale Spalten schneiden und auf den Kuchen legen.

4. Die Butter schmelzen, Hagelzucker und Mandeln einrühren und auf den Kuchen geben.

5. Kuchen bei ca 180°C langsam 35–45 Minuten backen.

Der Wappenkuchen schmeckt sehr gut mit Schlagsahne!

Zutaten
250 g Margarine
250 g Zucker
1 Prise Salz
1 TL Zitronensaft
250 g Eier
250 g Mehl
½ Päckchen Backpulver
½ Glas Quittengelee
2 mittelgroße Äpfel
75 g Butter
75 g Hagelzucker
75 g gehobelte Mandeln
Schlagsahne
Paniermehl

Tarteform mit 30 cm Durchmesser

Geschmorte Ochsenbäckchen
auf getrüffelter Selleriecreme und Kartoffelkrapfen

Hotel „Im Engel"

Daniel Elling, am 25. Juli 1977 in Greven geboren, vollendete seine Ausbildung zum Koch in Wilminks Parkhotel in Neuenkirchen. Nach seiner Ausbildung war er in verschiedenen Restaurants in Düsseldorf, Dortmund und Bad Oeynhausen tätig. Seit dem 1. Februar 2012 ist Daniel Elling Küchenchef im Hotel „Im Engel" in Warendorf. Hier stellt er Ihnen eines seiner Rezepte vor:

1. Die Ochsenbäckchen in Öl scharf anbraten. Die Gemüse in walnussgroße Stücke schneiden, zu den Ochsenbäckchen geben und mitrösten. Das Tomatenmark hinzufügen und anrösten, danach den Shiraz aufgießen und komplett wieder einkochen. Den Vorgang noch zwei Mal mit Wasser wiederholen, dann den Ansatz komplett mit Wasser auffüllen, sämtliche Gewürze und Kräuter hinzugeben und ca. 1 ¼ Stunde köcheln lassen.

2. Die Ochsenbäckchen entnehmen, Sauce durch ein Sieb geben und auf ein Drittel reduzieren lassen. Danach mit Mondamin und Butter binden. Mit Salz und Zucker abschmecken.

3. Den Sellerie schälen und in Salzwasser weich kochen. Zusammen mit der Butter in einer Küchenmaschine fein pürieren. Die Trüffelpaste und den gehobelten Trüffel dazugeben, mit Salz, Zucker und Muskat abschmecken.

4. Die Kartoffeln schälen und in Salzwasser weich kochen.

5. Die Kartoffeln durch eine Kartoffelpresse geben und mit den Eiern und den Eigelben vermengen. Mit Salz und Muskat würzen.

6. Die Kartoffelmasse in der Hand mit Hilfe eines Löffels zu Krapfen formen und in der Fritteuse goldbraun ausbacken.

Zutaten

Für die geschmorten Ochsenbäckchen:
1,2 kg Ochsenbäckchen
Öl
2 Möhren
2 Gemüsezwiebeln
100 g Sellerie
100 g Tomatenmark
1 l Shiraz
1 Zweig Thymian
1 Zweig Rosmarin
50 g Butter
10 Wacholderbeeren
Nelken, Piment
Salz, Zucker, Mondamin

Für die getrüffelte Selleriecreme:
800 g Sellerie
20 g Trüffelpaste
5 g schwarzer Trüffel
100 g Butter
Salz, Zucker, Muskat

Für die Kartoffelkrapfen:
800 g weich kochende Kartoffeln
5 Eier, 8 Eigelb
Salz, Muskat

247

Tour
Länge: 19,49 km
Dauer: 1:17 Std.
Verbrannte Kalorien: 288,63 Kcal

Biberroute

Der Biber weist mir den Weg –
Wolfgang Annen, Bürgermeister der Gemeinde Ostbevern

Wolfgang Annen, Jahrgang 1969, verheiratet und drei Kinder, ist seit Juni 2014 Bürgermeister der Gemeinde Ostbevern. Zuvor war der Polizeibeamte und diplomierte Verwaltungswirt 15 Jahre ehrenbeamteter Bürgermeister in der rheinland-pfälzischen Gemeinde Pluwig. Nicht nur, um sich die typische „Münsterländer Brise" um die Nase wehen zu lassen, sondern auch um seine neue Heimat schneller kennen zu lernen, steigt der „Wahl-Ostbeverner" gerne auf das Fahrrad. Auf einem seiner ersten Ausflüge per Rad folgte er dem Biber – auf der Biberroute 2.

Was gibt es Besseres, als einen Ort per Fahrrad kennen zu lernen? Das denke ich mir auch, als ich abends das Rathaus verlasse und mich auf mein Rad schwinge. Aus meiner rheinland-pfälzischen Heimat habe ich mir ein sportliches Mountainbike mit ins Münsterland gebracht. 21 Gänge können auch im Flachland nicht schaden, überlege ich und trete in die Pedale.
Ich habe mich entschieden, heute eine der Biberrouten zu „erradeln". Diese Tourenvorschläge sind nach dem Wappentier von Ostbevern, dem Biber, benannt. Insgesamt gibt es fünf verschiedene Biberrouten, die der Verein Ostbevern Touristik ausgearbeitet hat. Ich wähle spontan die Tour Nummer 2.
Von der Kirche aus folge ich der gelben Beschilderung mit dem roten Biber, radle durch die Hauptstraße und lasse das quirlige Treiben im Ortskern hinter mir. Vorbei am Geburtshaus des Münsteraner Bischofs Johannes Poggenburg, dem heutigen Heimathaus Ostbeverns, bin ich in wenigen Minuten in die Münsterländer Parklandschaft eingetaucht und biege in die Schlossallee ein.

Mächtige und hochgewachsene Kastanienbäume säumen den Weg zum Schloss Loburg. Am Ende dieses grünen Tunnels taucht die Abendsonne das kleine Barockschloss in ein warmes Licht, auf der Schlossgräfte zieht ein Schwan gemächlich seine Runden und ein Entenpärchen kreuzt schnatternd meinen Weg – Idylle pur. Wäre ich nicht erst am Anfang meiner Tour, wie gerne würde ich hier einige Minuten verharren und diese Beschaulichkeit genießen.

Schloss Loburg wurde um 1760 nach den Plänen von Johann Conrad Schlaun erbaut. Nach einem Blitzschlag brannte das Schloss 1899 völlig nieder und wurde nur zwei Jahre später nach den Plänen des Hannoveraner Architekten Prof. Hermann Schaedtler in stilistischer Anlehnung an den Schlaun'schen Bau wieder aufgebaut und vergrößert. Das Schloss ist im Besitz der Familie von Elverfeldt, genannt von Beverfoerde zu Werries.

Heute wird das Schloss als bischöfliches Internat und Gymnasium genutzt. Innenbesichtigungen sind daher nicht möglich. Doch auch der 1903 im Stil eines englischen Gartens angelegte Schlosspark lohnt einen Besuch, besonders im Frühsommer, wenn die zahlreichen Rhododendronsträucher den Park in ein leuchtendes Blüten- und Farbenmeer verwandeln. Auch der Bestand an zahlreichen über 100-jährigen Douglasien, bei denen es sich laut Kreisforstamt Warendorf um die erste An-

◄ Die „Keimzelle Kunst" von dem Bildhauer und Maler Peer Christian Stuwe (geb. 1952) steht direkt vor dem Rathaus in Ostbevern.

▲ Ostbevern empfängt seine Besucher mit Ausgelassenheit. „La Folie" (franz. „Ausgelassenheit", „Spaß"), so heißt der kleine Kunstpavillon auf der Telgter Straße.

pflanzung dieses amerikanischen Baumes in Norddeutschland handelte, zeugt von der Besonderheit der Anlage.

Die Wegeverbindungen im Park wurden erst vor wenigen Jahren nach historischen Plänen wieder hergestellt ebenso wie die „Sektbude", eine kleine runde Holzhütte, die rechts am Hauptweg zum Schloss liegt. Einst war das Häuschen als Schutzhütte für die Tennisspieler gedacht, es verdankt seinen Namen aber zweifellos dem Getränk, welches man nach dem Spiel dort öfter genossen haben wird.

„Das nächste Mal", nehme ich mir vor und setze meine Tour fort. Satte Mais- und Kornfelder säumen den Weg, eine leichte Brise schiebt mich sanft vorwärts, ich muss nichts tun, darf mein Fahrrad einfach rollen lassen und schauen. Die Luft riecht nach frischem Heu und Blumen, ich atme durch – die Luft ist doch der beste Treibstoff. Der überdachte Picknickplatz, auf den ich direkt zugefahren bin, lädt mich zwar zu einer Rast ein, aber ich biege hier links ab, um weiterzuradeln.

Plötzlich wird die Stille von einem Summen unterbrochen, das immer lauter wird. Sehen kann ich indes nichts, was Quelle und Ursache dieses Geräusches sein könnten. Doch schon nach der nächsten Kurve lüftet sich das Geheimnis: – ein Modellflugplatz! Das herrliche Wetter hat einige Männer auf das Gelände des Modellflugvereins Ostbevern gelockt, die nun ihre selbstgebauten Fluggeräte durch die Lüfte steuern. Fasziniert beobachte ich die „Piloten en miniature" bei ihren Start- und Landeübungen. Hier wird Luftfahrtgeschichte im Modell wieder lebendig, überlege ich beim Anblick des alten Doppeldeckers, der gerade gelandet ist und auf seinen Besitzer zurollt.

Nach einer Weile des Zuschauens radle ich weiter. Nachdem etwa die Hälfte der Tour hinter mir liegt, erreiche ich die „Friedenslinde". Diese hatten im Jahr 1947 Ostbeverner Bürger aus Dankbarkeit für ihre glückliche Rückkehr aus dem 2. Weltkrieg und zur Mahnung für alle kommenden Generationen gepflanzt. Ich genieße für einen Augenblick die Ruhe, die dieser geschichtsträchtige Ort ausstrahlt, bevor ich meine „Leeze" wieder besteige.

Mein Fahrrad und ich haben über weite Strecken die Pättkes für uns alleine.

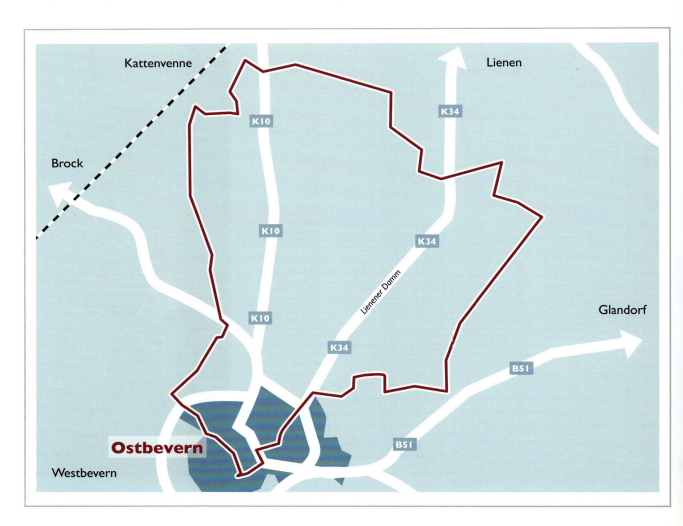

Zur Druckversion (1:25.000) www.naviki.org/kultouren

Gesellschaft leisten mir lediglich ein paar Vögel und die Tiere auf den Weiden. Doch die kümmern sich nicht weiter um mich einsamen Radler – Radfahrer sind sie natürlich schon längst gewohnt. Als ich die Landstraße K 10 überquere, erregt ein Schild am Wegesrand meine Aufmerksamkeit: „Obst zum Selberpflücken". Welch eine verlockende Einladung und spontan entschließe ich mich, mich für die letzte Etappe meiner kleinen Abendradtour mit einigen frischen Vitaminen zu stärken. Nie schmeckten Blau- und Himbeeren besser als in diesem Moment!

Der Rest der Strecke ist dann nur noch ein Kinderspiel, es geht immer geradeaus. Schon sehe ich die Kirchturmspitze von St. Ambrosius am Horizont auftauchen und in der Erwartung eines kulinarischen Abschlusses meiner Tour, rollt mein Rad schon fast von alleine nach Ostbevern zurück. Die 21 Gänge an meinem Fahrrad habe ich gar nicht benötigt, „Bergetappen" galt es nicht zu bezwingen, und das Fahren auf den gut asphaltierten Wegen war pures Vergnügen. Ich nehme mir vor, mit meiner Familie diese Tour noch einmal nachzufahren. Dann werden wir uns sicherlich auch die Zeit nehmen, hier und da von der Route abzuweichen, um z. B. durch die Baumschul- und Gartenanlage der Familie Schönhoff zu schlendern oder die leckeren Obstköstlichkeiten zu probieren, die die Familie Plautz in ihrem Hofladen anbietet. Außerdem laden die Rastplätze am Wegesrand geradezu zu einem Picknick ein. Aber auch die anderen vier Biberrouten, die in die unterschiedlichsten und schönsten Landschaften um Ostbevern führen, möchte ich noch „erradeln". Alle fünf Biberrouten sind zwischen 18 und 27 Kilometern lang, daher familientauglich und genau richtig für all diejenigen, die ihre Radtouren mehr als Ausflug und weniger als sportliches Projekt sehen.

◀ *„Sektbude" im Loburger Schlosspark*

▲ *Sonnenblumenfeld am Straßenrand*

◀ *Kornblumenfeld auf der Route*

▼ *Schloss Loburg*

Zweierlei vom Rinderherz
mit Lavendeljus und Babyspinat

Gasthof Mersbäumer

Kevin Irish ist ein echter Ostbeverner und mit seinen 23 Jahren schon ausgesprochen erfolgreich. So wie zuvor sein Vorbild und Chef Michael Mersbäumer möchte er in naher Zukunft weitere Erfahrungen an neuen Wirkungsstätten sammeln. Hier stellt Ihnen Kevin Irish eines seiner Rezepte vor – Zweierlei vom Rinderherz, geschmort und gegrillt, mit Lavendeljus und Babyspinat in Aprikosen-Sesam-Vinaigrette:

1. Zubereitung des geschmorten Rinderherzens: Das Rinderherz von Fett, Sehnen und Adern befreien und 24 Stunden in Balsamico und Rotwein einlegen.
Die Schalotten und die Möhren waschen und grob schneiden.
Das Fleisch scharf anbraten, das Gemüse und die Gewürze zugeben.
Das Tomatenmark mit anrösten, mit dem Sud ablöschen und mit dem Rinderfond auffüllen. Je nach Größe des Herzes ca. 1–2 Stunden schmoren.

2. Zubereitung des Steaks vom Rinderherzen: Mit dem Herz wie oben vorgehen und in Steaks schneiden. Die Steaks mit Butterschmalz bepinseln.
Eine Grillpfanne aufheizen, die Steaks scharf anbraten und bis zu einer Kerntemperatur von 55 °C im Backofen bei 80 °C Umluft ziehen lassen. Bei Erreichen der 55 °C Kerntemperatur aus dem Ofen nehmen, mit Salz, Pfeffer und Rosmarin würzen, in Alufolie einwickeln und 10 Minuten ruhen lassen.

3. Zubereitung der Lavendeljus: Für die Lavendeljus den passierten Fond mit den Lavendelblüten aufkochen, erneut passieren und mit Butter aufmontieren.

4. Zubereitung des Babyspinats in Aprikosen-Sesam-Vinaigrette: Den gewaschenen Babyspinat kurz in Olivenöl schwenken und mit Salz würzen.
Die Schalotte und die Aprikose waschen, in kleine Würfel schneiden und in einem Esslöffel Traubenkernöl farblos anschwitzen. Mit den restlichen Zutaten vermengen und zu einer homogenen Masse mixen.

Zutaten

Für das geschmorte Rinderherz:
500 g Rinderherz
350 ml kräftiger, trockener Rotwein
75 ml dunkler Balsamico
Butterschmalz, 5 Schalotten, 2 Möhren
5 Wacholderbeeren, 1 Lorbeerblatt
10 schwarze Pfefferkörner
1 Knoblauchzehe
2 EL Tomatenmark, 350 ml Rinderfond

Für das Steak vom Rinderherz:
500 g Rinderherz, Butterschmalz
2 Zweige Rosmarin
grobes Meersalz, grober Pfeffer

Für die Lavendeljus:
300 ml Jus, frische Lavendelblüten
nach Geschmack, 50 g Butter

Für den Babyspinat in Aprikosen-Sesam-Vinaigrette:
400 g Babyspinat, Olivenöl
Salz, 1 Schalotte, 1 reife Aprikose
3 EL Traubenkernöl, 3 EL Reisessig
2 EL Brühe
1 EL geröstete Sesamsamen
Salz und Pfeffer aus der Mühle

Tour
Länge: 20,02 km
Dauer: 1:20 Std.
Verbrannte Kalorien: 296,49 Kcal

Schönes entdecken

In und um Beelen – Radtour mit Liz Kammann, Bürgermeisterin der Gemeinde Beelen

Liz Kammann, Jahrgang 1954, verheiratet, 11 Geschwister, ist seit 2004 hauptamtliche Bürgermeisterin von Beelen und wurde im Mai 2014 zum dritten Mal wiedergewählt. Sie ist gelernte Volljuristin und war zuvor in der von ihr gegründeten Anwaltskanzlei in Beelen zwanzig Jahre als Rechtsanwältin tätig. Die gebürtige Beelenerin ist mit Leib und Seele Bürgerin und Bürgermeisterin ihrer Heimatgemeinde, der kleinsten selbstständigen Gemeinde im Kreis Warendorf.
Beelen hat sich in den letzten Jahrzehnten hervorragend weiterentwickelt zu einer lebens- und liebenswerten Gemeinde, und es steckt noch viel Potenzial in diesem Ort.
Die Bürgermeisterin berichtet hier von einer ihrer Touren, die viel Schönes und Verborgenes entdecken lässt.

Beelen ist ein Ort, der im „Grünen" liegt, eingebettet in die Münsterländer Parklandschaft. Ein ideales Fleckchen für Pättkestouren.
Auf gut ausgebauten Rad- und Wanderwegen geht es an den Gewässern des Astbaches und des Beilbaches entlang, vorbei an historischen Orten, Bau- und Kunstwerken, Wegekreuzen und auch durch Feld und Flur. Dabei kann man viel Schönes und Sehenswertes entdecken.
Ich beginne meine Tour in der „guten Stube" Beelens, so wird der alte Kirchplatz mitten im Ortskern, auf dem vier Kirchengebäude erbaut worden sind, liebevoll von den Beelenern bezeichnet. Anhand von Grabungen konnten 1973 die Grundrisse aller vier Kirchen, die einst hier standen, rekonstruiert werden.

Die Grundrisse sind gut erkennbar, da die Umrisse der Kirchen auch heute noch durch die sehr gelungene Gestaltung des Platzes zum Ausdruck kommen. Im Innenbereich befindet sich das Ehrenmal zum Gedenken an die Gefallenen des Zweiten Weltkrieges. Am Volkstrauertag findet an diesem Ort die Gedenkfeier der Gemeinde statt.
Vom Kirchplatz geht es durch die Straße Osthoff an der neuen Kirche (1969 erbaut) vorbei, über die B 64 zum Villers-Ecalles-Platz, vormals Marktplatz. Auf diesem zentralen Platz findet jeweils am Donnerstagvormittag der kleine, aber feine Wochenmarkt statt. Der Name stammt von der französischen Partnergemeinde aus der Normandie. Seit 1988 pflegt die Gemeinde dank des Engagements des Deutsch-Französischen Freundschaftskreises eine intensive Partnerschaft mit Villers-Ecalles. Auf dem Platz sind vier sogenannte „Stolpersteine" verlegt, die die Beelener Gruppe „Aktiv gegen Rassismus", verantwortlich im Rahmen eines Projektes als Mahnmal für Beelen, möglich machte. Sie sollen an die jüdischen Mitbürger unseres Ortes erinnern.
Weiter geht es nach links in die Gartenstraße zum Haus Nr. 18, dem denkmalgeschützten Fachwerkbau Haus Heuer mit einem wunderschönen, kleinen Bauerngarten.
Dank der Mitglieder des Vereins Dorf-Gut Beelen e.V., der Gemeinde, vielen Spendern, Unterstützern und Gönnern, konnte das Haus vor dem Verfall gerettet werden und hat sich zum kulturellen und gesellschaftlichen Mittelpunkt Beelens entwickelt. Dieses Schmuckstück sollte man gesehen haben. An jedem ersten Sonntag ist es von 14.00 bis 18.00 Uhr geöffnet, und es wird auch eine Kaffeetafel angeboten. Anschließend quere ich erneut die B 64 und fahre zum Friedhof.
Auf dem alten Friedhofsteil wurde das Kindergrabfeld neu gestaltet, und dort ist die symbolhafte Skulptur des Everswinkeler Steinmetzes und Bildhauers Stefan Lutterbeck zu sehen. Es handelt sich um eine Doppelstele aus Ibbenbürener Sandstein mit aufliegenden Schmetterlingsfiguren und einem innenliegenden Farbstein.
Von hier aus führt der Weg über eine Brücke zum neuen Friedhofsteil, der terrassenförmig am Axtbach angelegt worden ist. Zunächst fällt das repräsentative Sandsteinkreuz ins Auge mit einer rotfarbigen Kugel in der Mitte, entworfen von der gebürtigen Beelenerin Barbara Hartmann-Röper. Der Weg führt weiter bis zur „Stele der Erinnerung", finanziert über die Kulturstiftung

❮ *Blick auf Beelen durch die „Stele der Erinnerung" von Klaus Güß*

der Sparkasse Warendorf. Sie wurde von Klaus Güß (Kassel) entworfen. Es handelt sich um eine mehrere Meter hohe Skulptur aus Corten-Stahl mit der Silhouette einer menschlichen Figur. Von diesem Platz am Ende des Friedhofs hat man einen wunderbaren Blick auf die Parklandschaft und auf den Ort.

Die Stele ist Ausgangspunkt für einen noch auszuschildernden Kunstpfad, der sich vom Friedhof über den Villers-Ecalles-Platz, den Kirchplatz und bis zum jüdischen Friedhof (steht unter Denkmalschutz) an der Neumühlenstraße erstrecken wird.

Ich fahre nun weiter entlang des Axtbaches in östlicher Richtung, quere den Harsewinkeler Damm und fahre über die Straßen Oester und Stroat bis zur Ostheide. Parallel, in circa 300 Metern Entfernung südlich von mir, begleitet mich „unser" Axtbach mit seinem Naturschutzgebiet „Axtbach-Niederung." Zur Einkehr bietet sich in der Ostheide die Traditionsgaststätte „Hemfelder Hof" an, in der man vorzüglich speisen kann. Am Herdfeuer des Restaurants können die romanischen Kopfkonsolen betrachtet werden, die der Eigentümer einst aus dem Bauschutt der alten Beelener Kirche retten konnte, als diese Ende der sechziger Jahre abgerissen wurde.

In Höhe der Grenze zwischen Beelen und Clarholz, gleichzeitig Grenze zwischen dem Kreis Warendorf und dem Kreis Gütersloh sowie den Regierungsbezirken Münster und Detmold, quere ich erneut die B 64 sowie die Bahnlinie Münster–Rheda. Nach einer kurzen Fahrt auf Clarholzer Gebiet erreiche ich die „Marke". Hier beginnt das aus Teilflächen der ehemaligen Allmende „Beelener Mark" hervorgegangene 148 Hektar große Feuchtwiesen-Schutzgebiet. Wer sich im März/April auf den Weg macht, kann dort eindrucksvolle Balzflüge und -gesänge des Großen Brachvogels genießen oder die mutigen Attacken bewundern, die brütende Vögel gegen Bussarde, Weihen oder Rabenkrähen fliegen, um sie zu vertreiben. Auch Teichhühner, Blesshühner, Nil- und Kanadagänse sind inzwischen heimisch geworden.

Weiter geht es über die Letter Straße bis in den Holtbaum. Dort empfiehlt sich das Landgasthaus „Koch" für eine Einkehr

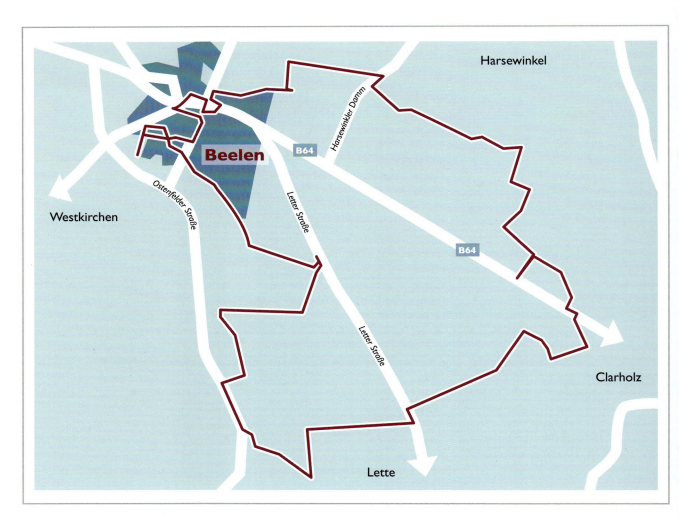

Zur Druckversion (1:25.000) www.naviki.org/kultouren

und eine angenehme Rast. Der Name der Gaststätte „Zum Holtbaum" mit dem bezeichnenden Schlagbaum auf der Grünfläche davor und die ehemalige Holtbaumschule an dieser Stelle weisen auf den schlagbaumbewehrten Durchlass durch den Landhagen hin, den ein Bischof von Münster im Mittelalter der Erzählung nach hatte anlegen lassen, um sein Bistum vor unkontrolliertem Besuch aus Südosten zu schützen. Die Landwehr war ein bis zu 35 Meter breites Wall-und-Graben-System.

Nach einer schmackhaften Stärkung geht es über den Plaskoart zurück zum Dorf. Hinter der kleinen Brücke geht es rechts ab auf den Fahrrad- und Wanderweg entlang des Beilbaches.

Am Beilbachsportplatz umrunde ich kurz den Sportplatz und betrachte die Findlinge, die dort am Wegesrand stehen. Es handelt sich um sechs in loser Folge liegende Sandsteine, die Beelener Bürgerinnen und Bürger im Rahmen einer Veranstaltung bearbeitet haben, und denen sie mit Tierfiguren, mit einer Sonne und mit Gesichtern eine Bedeutung gegeben haben. Im Hintergrund des Geländes sehen Sie einen Rodelberg, auf dem in schneereichen Wintern die Kinder sich beim Schlittenfahren austoben.

Zurück am Wanderweg finden Sie zunächst eine Tafel des Hegeringes Beelen, die Erläuterungen zur Tier- und Pflanzenwelt gibt. Auch ein Bienenhotel wurde mit Hilfe der Kinder der Grundschule errichtet. Der Beilbachsportplatz und das umliegende Gelände liegen bereits im Naturschutzgebiet „Östliche Emsaue/Beelen", auf das der dort liegende Gedenkstein mit einer Erinnerungsplakette hinweist.

Damit wird an die erste Baumpflanzung von Eichen erinnert, die im Zuge der Realisierung des Landschaftsplanes erfolgt ist. Dieser Landschaftsplan wird auf einer Fläche von 6900 Hektar(!) verwirklicht und umfasst Beelen sowie Teilbereiche von Warendorf (Bauerschaft Vohren) und Sassenberg (Bauerschaft Dackmar).

Der Beilbach mündet weiter westlich der Gemeinde in den Axtbach, der in der Nähe von Warendorf in die Ems mündet.

Ich begleite den Beilbach noch ein weiteres Stück flussabwärts, quere die Ostenfelder Straße, wechsele über die Brücke an der Alexe-Hegemann-Tagesstätte die Bachseite und fahre entlang einer Reihe von schönen Kopfweiden bis zur Westkirchener Straße. Dort mache ich noch einen Abstecher zur „Thiers Allee", die über das Gelände der Firma Feuersträter führt.

Am Ende dieser alten, wunderschönen und eindrucksvollen Eichenallee (Naturdenkmal) erreiche ich den früheren Rittersitz Grevinghof, der sich in Privatbesitz befindet.

Es handelt sich um eine ehemalige Wasserburg, die von breiten Burggräben umgeben war. Im Jahr 1188 wird der Grevinghof im Güterverzeichnis der Grafen von Dale erstmalig urkundlich erwähnt.

Im Laufe der Jahrhunderte wechselten sehr häufig die Besitzer.

Zurück durch die Eichenallee in Richtung Dorf biege ich vor dem „Nur-Dach-Haus" nach rechts in die Wohnsiedlung Seehusen ein und fahre zurück zur Brücke über den Beilbach an der Ostenfelder Straße.

Hier beende ich meine schöne und bevorzugte Tour in und um Beelen.

◂ *Fahrradgruppe bei Vohren*

▴ *Einmalig in der Region: Ein Gottesdienst in einem Fahrgeschäft auf der Beelener Kirmes „Jans to Beilen"*

▴ *Denkmalgeschütztes Bürgerhaus „Haus Heuer"*

▴ *Die italienischen Chianina-Rinder erfreuen sich immer größerer Beliebtheit bei den Bauern im Münsterland*

Tour

Länge: 25,68 km
Dauer: 1:42 Std.
Verbrannte Kalorien: 380,34 Kcal

Die Natur erkunden

Rund um Sendenhorst mit Heinrich Laumann, Gründer der VEKA AG

Heinrich Laumann, Jahrgang 1929, lebt seit 1969 in Sendenhorst. Im selben Jahr hat er auch VEKAPLAST übernommen, einen Hersteller von Rollladen- und Bauprofilen aus Kunststoff mit acht Mitarbeitern. Heute ist die VEKA AG weltweit führend als Hersteller von innovativen Kunststoff-Profilsystemen für Fenster, Türen und Rollläden sowie Platten aus Kunststoff – mit mehr als 5000 Mitarbeitern weltweit, davon 1300 am Stammsitz der Unternehmensgruppe in Sendenhorst. Der Ehrenbürger der Stadt hat drei Kinder und acht Enkel. Geschäftlich und privat ist Heinrich Laumann eng verbunden mit der Stadt Sendenhorst, deren Umgebung der Naturfreund auch gern mit dem Fahrrad erkundet.

Eine meiner Lieblingstouren führt über das hervorragend ausgebaute Radwegenetz rund um Sendenhorst. Die Vorteile dieser Wege genieße ich sehr. Es ist absolut ungefährlich, und man hat einen ungestörten Blick auf die herrliche Umgebung. Die flache Landschaft bietet einfach ideale Bedingungen zum Radfahren – für Familien mit Kindern ebenso wie für Senioren und natürlich für alle, die einfach gerne mit dem Fahrrad unterwegs sind. Sendenhorst ist ein idealer Startpunkt für kurze oder auch ausgedehnte Touren. Für die hier vorgestellte ist ein halber Tag ausreichend.

Wir brechen auf in Richtung Hoetmar. Nach circa fünf Kilometern mache ich gerne Halt. Bei der Firma Düpmann bietet sich die Gelegenheit, über die Anfänge unseres Unternehmens zu berichten. An dieser Stelle war nämlich die Tischlerei Venhues ansässig. Venhues stellte in kleinem Rahmen Kunststoff-Rollladenprofile her. Der erste Kontakt mit Herrn Venhues war eigentlich eine Beschwerde, da dort eine Aufhängeleiste für Rollladen nachgebaut wurde, die auch bei meinem damaligen Arbeitgeber Grotemeyer in Altenberge hergestellt wurde. Genau erinnere ich mich noch dieses Gespräch am 25. April 1969, das eine unerwartete Wendung genommen hat. Herr Venhues erzählte mir nämlich, dass er keine Lust mehr hätte, seinen Betrieb nach dem Tod seines Partners Kaup – Venhues und Kaup ergab übrigens den Firmennamen VEKA – weiterzuführen. Er war auf der Suche nach einem Nachfolger. Ein paar Tage später war dieser gefunden. Ich hatte mich entschlossen, die Firma zu übernehmen. Am 1. Mai 1969 wurde hier mit der Unterzeichnung des Kaufvertrages der Grundstein einer erfolgversprechenden Unternehmensgeschichte gelegt, wenn ich zu diesem Zeitpunkt auch die heutigen Dimensionen nicht für möglich gehalten hätte. 1972 wurde das erste Fensterprofil produziert und 1976 war eine Unternehmensgröße erreicht, die einen Neubau an anderer Stelle notwendig machte.

Nach dem Zwischenstopp an dem „Geburtsort" der VEKA AG geht es weiter über Hoetmar Richtung Everswinkel. Auf der linken Seite sieht man den Kettler Forst, ein großes zusammenhängendes Waldstück in der von Wiesen und Feldern geprägten Landschaft. Zum Bild der münsterländischen Bauerschaft gehören heute auch zahlreiche Windräder, die die ökologische Energiewende markieren.

◄ *Unter Denkmalschutz: Die St.-Martin-Kirche in Sendenhorst*

▲ *Das VEKA Betriebsgelände*

▲ *Begeisterte Münsterland-Radtouristen: Frau Maria Wissing-Hilke aus Düren und Freundin Helmi Dohmen aus Eschweiler (v. l.) nach einer Rast an der St.-Martin-Kirche*

Nach circa 11 Kilometern haben wir fast die Hälfte der Gesamtstrecke erreicht, und es bietet sich eine gute Gelegenheit für eine Kaffeepause auf dem Eichenhof von Frau Schlüter. In dem von alten Eichenbäumen umgebenen Bauerncafé gibt es auch Frühstück oder warme Speisen aus der münsterländischen Küche. Besonders gut ist hier das Steinofenbrot.

Die Geschichte des Cafés ist übrigens auch sehr interessant. Die Seniorchefin Maria Schlüter, schon früh verwitwet, bewirtschaftete allein mit ihren fünf Kindern den Hof. Nachdem die Kinder einen Beruf erlernt und das Haus verlassen hatten, entwickelte sich die Idee, für vorbeifahrende Radfahrer etwas zum „iärten und drinken" (essen und trinken) anzubieten. Gedacht, getan! Das war 1987 – und aus dem damals absoluten Geheimtipp entwickelte sich eines der ersten Bauernhofcafés der Region, heute ein beliebter Treffpunkt im Münsterland. Herdfeuer, große Eichentische mit schönen Tischdecken und Kerzenleuchtern, Bienenkörbe umgewandelt zu Lampenschirmen – die Atmosphäre ist ganz und gar persönlich. Auch wenn es hier noch so gemütlich ist, das Ende unserer Tour ist noch nicht erreicht.

Weiter geht es durch Everswinkel, vorbei an weitläufigen Sportanlagen. In diesem Ort sollte man sich die Zeit für den Besuch des Heimatmuseums „Up'n Hoff", das nach circa einem Kilometer auf der linken Seite liegt, nehmen. Hier gibt es bäuerliche Geschichte zum Anfassen und Mitmachen.

In Everswinkel kann man den Dreschflegel selbst schwingen und erlebt dabei auf anschauliche und unterhaltsame Weise, wie hart die Arbeit der Bauern früher war. So wird Geschichte zum Erlebnis. Neben einer ständigen Sammlung von – teilweise denkmalgeschützten – landwirtschaftlichen Geräten und Maschinen erzählen Mitmach-Angebote für Besuchergruppen vom Säen, Dreschen und Mahlen, vom Buttern, vom Rösten von Roggenkaffee und vom Brotbacken. Die Präsentation der Mitmach-Vorführungen orientiert sich individuell an der Zusammensetzung und Altersstruktur der Gruppen; es gibt z. B. auch ein „Juniorprogramm" für Kindergartenkinder. Auch bei einem geführten Rundgang durch die Dauerausstellung, den

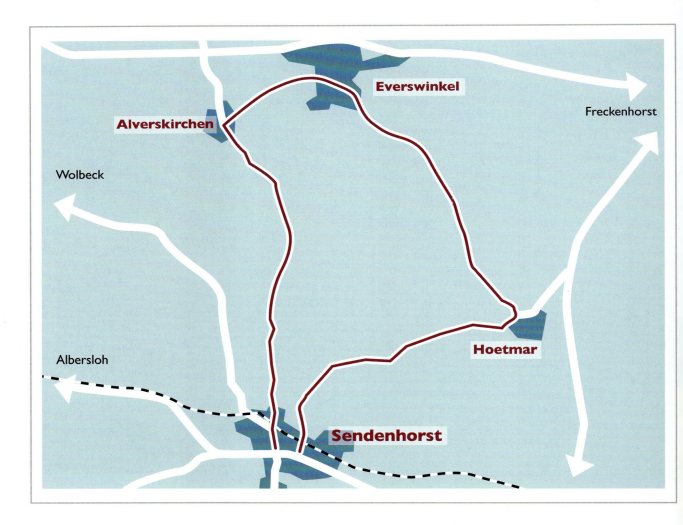

Speicher und die Backstube erfahren Sie viele Details aus der bäuerlichen Geschichte vergangener Tage. Während der Sommermonate von Mai bis September finden zusätzlich Sonderveranstaltungen statt, zu denen man spontan vorbeikommen kann. Neben dem Frühlingsfest und Erntedankfest im Herbst werden diese sogenannten „Aktionssonntage" in der Regel einmal im Monat veranstaltet. Sie sind jeweils einem besonderen Thema gewidmet. Für mich ist der Besuch dieses wunderbaren Museums immer ein Ausflug in die Kindheit, da ich vom Bauernhof komme. Als Jugendlicher habe ich mit den hier ausgestellten Geräten gearbeitet, oft schon vor der Schule.

Nach dem Ausflug in die Vergangenheit geht es wieder zurück aufs Rad Richtung Alverskirchen. 2008 ist dieser Ort im kreisweiten Wettbewerb als „Golddorf" ausgezeichnet worden. Symbolisch erinnert die immer wunderschön geschmückte Verkehrsinsel im Dorfkern an den Titel. Von dieser biegt man links nach Sendenhorst ab. Der Radweg neben der Straße führt an Spargel- und Erdbeerfeldern der Familie Schemann entlang. Nach circa fünf Kilometern überquert man die Angel, wo an einer Allee der Hof Schemann zu sehen ist. Anschließend führt uns der Radweg durch drei kleinere Waldstücke. Kurz vor dem Ortseingangsschild liegt auf der rechten Seite der Hof Hennenberg, ebenfalls bekannt für seinen Spargel- und Erdbeeranbau.

Nach insgesamt 27 Kilometern und einer reinen Fahrzeit von circa anderthalb Stunden ist unsere Rundtour beendet. In Sendenhorst gibt es zahlreiche Möglichkeiten für einen schönen Abschluss. Restaurants der gehobenen gutbürgerlichen Küche sind hier ebenso beheimatet wie gemütliche Cafés, rustikale Kneipen oder Biergärten. Wer übernachten möchte, hat auch die Qual der Wahl und kann schon am nächsten Tag zu einer neuen Radtour aufbrechen oder ins nahegelegene Münster fahren. Es lohnt sich also auf jeden Fall nach Sendenhorst zu kommen – nicht nur für Radfahrer.

▲ *Der Seniorenclub der VEKA AG vor dem Start zur Pättkestour rund um Sendenhorst*

◀ *Kurz hinter Sendenhorst auf dem gut ausgebauten Radwegenetz*

▼ *Typisch für das Münsterland: Fachwerkhäuser wie dieses in Hoetmar*

Gebratener Rehrücken
unter der Walnusskruste
an Johannisbeer-Cassis-Sauce mit Wirsinggemüse, Pfifferlingen und Kräuterschupfnudeln

Restaurant „Waldmutter"
Michael Arens ist 1984 in Ahlen geboren, fühlt sich aber immer schon als Sendenhorster. Ab 2000 absolvierte er im Restaurant Waldmutter seine Ausbildung zum Koch. Nach Stationen im Restaurant Feldmann in Münster und im Heidehotel in Telgte zog es ihn wieder nach Sendenhorst in das Restaurant Waldmutter zurück. Seit zwei Jahren ist er Küchenchef. Hier stellt er Ihnen eines seiner Rezepte vor:

1. Für die Sauce den Zucker karamellisieren und anschließend mit dem Johannisbeersaft und der Butter einreduzieren lassen. Die Jus aufgießen und mit dem Cassis Likör verfeinern.

2. Für die Walnusskruste die Butter schaumig aufschlagen, die gehackten Walnüsse und das Mie de Pain unterrühren und mit Salz und Pfeffer würzen.

3. Die Kartoffeln in Salzwasser kochen, abgießen, ausdämpfen lassen und durch eine Kartoffelpresse drücken. Ei, Eigelb, Mehl, Butter und Kräuter dazugeben und zu einem glatten Teig verarbeiten. Die Masse mit Salz und Muskat abschmecken und auf der mit Mehl bestäubten Arbeitsfläche zu einer langen Rolle formen. Mit einem Messer etwa 1 cm breite Stücke abschneiden und mit der Hand zu spitz zulaufenden Nudeln formen. Die Schupfnudeln in Salzwasser kochen und anschließend in etwas Butter anschwenken.

4. Den Wirsing vierteln und den Strunk entfernen. Den Wirsing in feine Streifen schneiden, kurz in Salzwasser blanchieren und in kaltem Wasser abschrecken. Speck und Zwiebeln in feine Würfel schneiden und in einem Topf mit etwas Butter auslassen. Anschließend mit der Brühe und der Sahne aufgießen und mit der Stärke abbinden. Den geschnittenen Wirsing dazugeben und mit Salz, Pfeffer und Muskat abschmecken.

5. Die Pfifferlinge putzen, anbraten und mit Salz und Pfeffer abschmecken.

6. Den parierten Rehrücken mit Salz und Pfeffer würzen und kurz von allen Seiten anbraten. Anschließend im Ofen bei 80 °C 10 Minuten weitergaren. Zuletzt den Rehrücken mit der Walnussmasse bestreichen und unter dem Grill überbacken.

Zutaten
Für das Fleisch:
600 g Rehrücken (ausgelöst und pariert)

Für die Kruste:
60 g Butter, 40 g Mie de Pain
60 g gehackte Walnüsse
Salz, Pfeffer

Für die Sauce:
25 g Zucker
200 ml Johannisbeersaft
2 cl Cassis Likör
250 ml Jus, 20 g Butter

Für die Schupfnudeln:
500 g mehlig kochende Kartoffeln
1 Ei, 1 Eigelb
160 g Mehl, 20 g Butter
Kräuter (Thymian, Schnittlauch und glatte Petersilie)
Salz, Muskat

Für das Gemüse:
1 kleiner Wirsing
100 ml Gemüsebrühe
200 ml Sahne
1 Scheibe durchwachsener Speck
1 Zwiebel, 400 g Pfifferlinge
etwas Butter, Kartoffelstärke
Salz, Pfeffer, Muskat

263

Tour
Länge: 41,69 km
Dauer: ca. 2:46 Std.
Verbrannte Kalorien: 617,38 Kcal

Eine Stadtradtour

durch Rheda-Wiedenbrück mit Bürgermeister Theo Mettenborg

Theo Mettenborg, geboren 1971 in Rheda-Wiedenbrück, ist verheiratet und hat zwei Kinder. Der Diplom-Verwaltungswirt hatte verschiedene Führungspositionen in der Stadtverwaltung Rheda-Wiedenbrück inne, unter anderem war er Leiter des Fachbereichs Immobilienmanagement. Seit 2009 ist Theo Mettenborg Bürgermeister der Stadt Rheda-Wiedenbrück (Wiederwahl im Mai 2014).

Liebe Besucher und Gäste der Stadt Rheda-Wiedenbrück!
Rheda-Wiedenbrück ist eine schöne und sehr attraktive Stadt - für die Menschen, die in ihr leben und für ihre Besucher. Ich bin hier gerne Bürgermeister und freue mich, Sie mit auf meine ganz persönliche Radtour durch Rheda-Wiedenbrück zu nehmen. Sie führt uns zu den schönsten Sehenswürdigkeiten.
Unsere Tour beginnen wir am Rathausplatz im Stadtteil Rheda. Dort befindet sich unser Kultur- und Tourismusbüro, die Flora Westfalica GmbH. Einen Kontrast zu dem modernen Rathaus stellt die jahrhundertealte evangelische Stadtkirche dar, die den Rathausplatz prägt. Von der Stadtkirche – die aufwändig geschnitzte Fürstenempore ist ein besonderer Blickfang – gelangen wir zur Berliner Straße. Hier biegen wir rechts ab, fahren am prächtigen alten Amtsgericht vorbei und erreichen den Doktorplatz. Dort laden die schönen Biergärten unter den großen Linden zum Verweilen ein.
Wir biegen rechts in die Kleine Straße und gelangen links abbiegend über den großen Wall zurück zum Doktorplatz. Der kleine Schwenk führt uns durch die engen Gässchen der Rhedaer Altstadt. Kleine Handwerkerhäuschen bestimmen das Bild. Hier lebten früher vor allem Leineweber, die mit ihrem Gewerbe die Stadt prägten. Das liebevoll geführte Leinewebermuseum der Familie Blomberg, Kleine Straße 11, hält diese Tradition lebendig.
Den Kontrast zur Handwerkerstadt bildet das Residenzschloss der Fürstenfamilie Bentheim-Tecklenburg, das wir über den alten Steinweg erreichen. Wir fahren an der wunderbar restaurierten Orangerie vorbei, die ein schöner Ort für hochkarätige Konzerte und auch für Trauungen in fürstlichem Ambiente ist. Ihr gegenüber liegt im verwunschen anmutenden Erlenbruchwald das Bleichhäuschen, das mit kleinen Ausstellungen und vielen Aktionen Kunst zum Erlebnis macht. Eine Besichtigung des Schlosses mit seiner berühmten zweistöckigen Kapelle im Torturm und seinem Kutschen- und Kostümmuseum lohnt sich sehr. An der Mühlenscheune dreht sich langsam das Wasserrad. Hier kann man wunderbar entspannen und sich von der Schönheit der Natur verzaubern lassen. Das gilt auch für den Schlosspark mit seinem alten Baumbestand, den wir über die weiße Brücke links vor dem Schloss erreichen. Nachdem wir nun erstmals die Ems überquert haben, können wir im malerisch gelegenen Emshaus einkehren. Dann geht es weiter zu den Schlosswiesen. Mit dem Schlosspark beginnt auch der Flora-Westfalica-Park. Das Gelände der Landesgartenschau von 1988 ist das zentrale Erholungsgebiet für alle Rheda-Wiedenbrücker. Mit seiner abwechslungsreichen Natur und

den vielfältigen Spielflächen ist es ein Magnet für Familien und Spaziergänger. Weiter in Richtung Wiedenbrück kommen wir zum Mittelpunkt des Parks. Hier befindet sich nicht nur die Stadthalle Reethus, sondern auch eine große Veranstaltungsfläche. Von einer Hollywoodschaukel aus kann man zuschauen, wie Familien die Anlage genießen. Während die Eltern auf der Wiese picknicken, entdecken die Kinder den Seilzirkus, den Motoriktrail, den Wasserspielplatz oder die Schaukelparade.

Der Marktplatz von Wiedenbrück, Treffpunkt für Jung und Alt

Theo Mettenborg im Flora Westfalica Park

Haus Aussel

Dann fahren wir weiter Richtung Wiedenbrück über die Oldenzaalbrücke, halten uns, am Emssee angekommen, links und kommen zu den drei Mühlrädern an der Langen Straße. Die ehemalige Hauptstraße des Stadtteils Wiedenbrück ist von prächtigen alten Fachwerkhäusern gesäumt. Liebevoll restauriert geben sie einen Einblick in das Leben der Kaufleute und Ackerbürger im 16. Jahrhundert. An der Langen Straße 27 sehen wir das älteste Fachwerkhaus der Stadt und das drittälteste Westfalens. Die Archäologen vermuten in ihm eine alte Pilgerherberge des Jakobsweges. Schräg gegenüber steht das Hansehaus Ottens, das größte Fachwerkhaus der Stadt. Hier biege ich ab, um auf den Marktplatz zu gelangen. Bei gutem Wetter brummt hier in den Biergärten, Cafes und Kneipen das Leben. Im Winter sorgt der Christkindlmarkt für die richtige Stimmung. Das Hansehaus, der benachbarte Ratskeller und das Historische Rathaus sind sehenswert. Die Inschriften und Bilder im farbenfrohen Fachwerk gewähren überraschende Einblicke. Der hohe Turm der Aegidiuskirche, der ältesten Kirche der Stadt, wacht über den Platz. Weiter geht es durch die Marienstraße bis zur Marienkirche, die im Volksmund „Paterskirche" genannt wird. Sie ist durch den Patersbogen über der Mönchstraße mit dem Franziskanerkloster verbunden. Wir fahren ein kleines Stück weiter und biegen auf der Rietberger Straße rechts in die Hoetger-Gasse ein. Dort befindet sich hinter einem weiteren prächtigen Fachwerkhaus in einer alten Altarbauwerkstatt das Wiedenbrücker-Schule-Museum. Es vermittelt lebendig die reiche Tradition von Kunst und Kunsthandwerk in unserer Stadt. Wir kommen nun zum Seniorenwohnheim und fahren dann weiter zur Reumont Promenade. Die Promenade führt am „Reckenberg" vorbei. Das barocke Amtshaus war einst eine fürstbischöfliche Wasserburg. Heute residiert hier die Kreisverwaltung. Wir fahren weiter über die Reumont Promenade und gelangen so zur Ems. Wir folgen dem Fluss stromaufwärts, wechseln am Schulzentrum die Fluss-Seite und gelangen zum Stadtholz. Wir fahren auf dem Pfad am Waldrand rechts bis zum Burgweg, überqueren die Brücke und biegen links in die

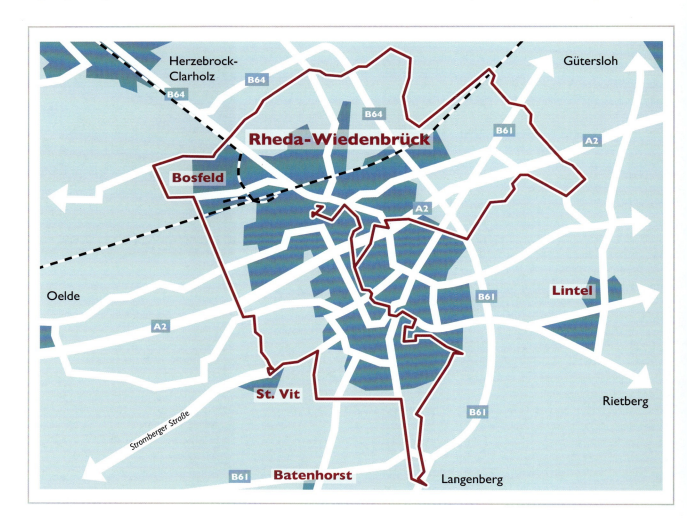

Straße Am Eusternbach ein, der wir bis nach Batenhorst folgen. Dort führt hinter der Bonifatius-Schule ein Radweg nach Langenberg, vorbei am Haus Aussel. Dieser gewaltige, reich verzierte Burgmannshof mit seiner malerischen Gräfte ist heute Ausstellungsraum der Firma WK Wohnen. Über die Brücke fahren wir zurück bis zur Lippstädter Straße und dann rechts über den Radweg Richtung Wiedenbrück. Nach rund 500 Metern führt von der linken Seite der Haxthäuserweg ab. Diesem folgen wir und fahren in Richtung des Dorfes St. Vit. An der Eusterbrockstraße geht es rechts ab zum „Verstärkeramt". Der unterirdische Fernmeldebunker ist heute ein Radio- und Telefonmuseum. Das gemütliche Café darüber ist ein beliebtes Ausflugslokal. Auch eine Galerie mit moderner Kunst gehört zu der herrlichen Anlage im Grünen. Rechts davon sieht man schon die alte Ziegelei Eusterbrock. Ein Gang durch den alten Ringofen ist ein spannendes Erlebnis. Am Ende der Straße fahren wir auf dem Radweg der Stromberger Straße links hinauf nach St. Vit. Schon von weitem sehen wir den schönen Turm der Barockkirche. Eine Besichtigung lohnt sich sehr, denn St. Vitus ist eines der schönsten Gotteshäuser in der Region. Wir fahren am Kindergarten in den St.-Viter-Busch und kommen am Haus Neuhaus vorbei, einem weiteren ehemaligen Burgmannshof. Am Wieksweg angekommen, halten wir uns links und biegen dann rechts in die Radheide ein. Von dort aus gelangen wir in den Hambusch. Wir folgen der Radheide bis zum Bosfelder Weg, der in das gleichnamige Dörfchen Bosfeld führt. Rechts liegt das Schlösschen Haus Bosfeld. Wir folgen dem Bosfelder Weg ortsauswärts und biegen dann rechts in die Alleestraße. Auf dem R 22 gelangen wir nun über die Heinrich-Heineke-Straße auf den Wöstering, der durch Nordrheda führt. Weiter geht es dann auf der Straße In den Brinken über die Umgehungsstraße und die Ems in den Rhedaer Forst. Im Wald biegen wir rechts in den Moorweg ein. Vorbei am Bänischsee und der Waldschule fahren wir zur Galerie im Mertenshof, dem größten Skulpturenpark in Ostwestfalen-Lippe. Vom Moorweg über die Sudheide kommen wir wieder auf den R 22 und biegen rechts in den Hilgenbusch. Über die Bielefelder Straße geht es durch den malerischen Forst um Gut Schledebrück über die Straßen Ritterbusch, Jagdweg und Kornstraße zum Linteler See. Vom Uferweg aus können wir Angler und Surfer beobachten. Für zahlreiche Wasservögel bietet der See einen Lebensraum. Über den Pappelweg fahren wir Richtung Wiedenbrück. Hinter der Umgehungsstraße geht es rechts in die Bernd-Hartmann-Straße, weiter über die Kreuzung und auf der Holunderstraße über die Autobahn zur Neuenkirchener Straße. Wir fahren links ab, dann sofort wieder rechts und kommen an der Straße Am Kleigraben zu den Schlosswiesen. Auf dem Radweg auf der linken Seite sind wir bald wieder am Seilzirkus und damit mitten im Flora-Westfalica-Park.

Auf dieser entspannenden und sehr abwechslungsreichen Radtour entdeckt man viele Sehenswürdigkeiten, auf die Rheda-Wiedenbrück stolz ist.

Ich hoffe, ich konnte Sie neugierig machen – es wartet noch mehr auf Sie. Kommen Sie, und erleben Sie Rheda-Wiedenbrück!

▲ Schloss Rheda: Mühle

▼ Wiedenbrücker Schule Museum

▼ Altstadt: Großer Wall

Jakobsmuscheln im Salamimantel
mit Noilly-Prat-Schaum auf Kaiserschotenstroh und Aprikosenchutney

Ratskeller Wiedenbrück

Dirk Frankrone, Chef de Cuisine im Ratskeller Wiedenbrück, hat in 27 Jahren viele Stationen durchlaufen und zahlreiche Auszeichnungen erworben. Das Romantik Hotel Ratskeller Wiedenbrück freut sich daher besonders, dass er den Weg zu seinem ehemaligen Ausbildungsbetrieb zurückgefunden hat. Obwohl das Haus bereits im Jahre 1560 erbaut worden ist, lässt es keinen modernen Komfort vermissen. Die Gäste lieben und schätzen vor allem die anheimelnde Atmosphäre der historischen Gasträume. Nach einer schönen Radtour kann man dort bei Kerzenschein, einem leckeren Gericht und einem kühlen Bier den Tag ausklingen lassen. Dirk Frankrone stellt Ihnen hier eines seiner besonderen Rezepte vor:

1. Zubereitung des Aprikosenchutneys: Die Aprikosen waschen, 200 g davon in feine Würfel schneiden und beiseite stellen. Die übrigen Aprikosen grob würfeln. Die halbe Vanilleschote auskratzen, die Schalotten pellen und fein würfeln. Die Schalottenwürfel, die Vanille und die restlichen Aprikosen in Butter anschwitzen. Den Zucker hinzugeben und leicht karamellisieren. Mit weißem Balsamico und Weißwein ablöschen. Alles zusammen weich kochen, fein pürieren und durch ein feines Sieb passieren. Das passierte Püree mit den feinen Aprikosenwürfeln vermischen und beiseite stellen.

2. Zubereitung des Noilly-Prat-Schaums: Fischfond, Weißwein und Noilly Prat zusammen auf 1/3 einreduzieren. Den eingekochten Fond durch ein feines Drahtsieb passieren und nochmals aufkochen. Crème double und Sahne dazugeben und mit Maldon Sea Salt und Piment d`Espelette abschmecken. Kurz vor dem Anrichten die Sauce noch einmal aufschäumen.

3. Zubereitung der Jakobsmuscheln: Die Jakobsmuscheln mit Salz, Pfeffer und Limonensaft würzen. Die Salamischeiben nebeneinander legen, die Muscheln darin einwickeln und mit Küchengarn zusammenbinden. Die eingewickelten Jakobsmuscheln von allen Seiten leicht in Olivenöl anbraten. Zum Servieren in Scheiben schneiden und noch einmal mit Piment d`Espelette und Maldon Sea Salt würzen.

4. Zubereitung der Kaiserschoten: Die Kaiserschoten putzen und in feine Streifen schneiden. Dann kurz in kochendem Salzwasser blanchieren und in Eiswasser abschrecken. In heißer Butter schwenken. Kurz vor dem Anrichten mit Maldon Sea Salt und Zucker abschmecken.

Zutaten für 6 Personen

Für das Aprikosenchutney:
400 g Aprikosen, 50 g Schalotten
½ Vanilleschote
25 ml weißer Balsamico
70 ml Weißwein
10 g Butter, 25 g Zucker

Für den Noilly-Prat-Schaum:
1 l Fischfond, 150 ml Weißwein
50 ml Noilly Prat, 200 g Crème double
200 ml Sahne, Maldon Sea Salt
Piment d`Espelette

Für die Jakobsmuscheln:
6 Jakobsmuscheln
12 Scheiben Fenchelsalami
Olivenöl, Maldon Sea Salt
Pfeffer, Piment d`Espelette
Limonensaft

Für die Kaiserschoten:
200 g Kaiserschoten
20 g Butter, Maldon Sea Salt
Zucker

Für die Dekoration:
1 Schale Erbsenkresse
6 violette Kartoffelchips
Maldon Sea Salt, Piment d`Espelette

Tour

Länge: 27,03 km
Dauer: 1:48 Std.

Max. Steigung: 4 %
Verbrannte Kalorien: 534,32 Kcal

Die Zementroute mit 14 spannenden Stationen, schönen Rastplätzen und Aussichtspunkten führt durch alle vier Ortsteile. Man kann die Informationen im wahrsten Wortsinn auf 27 Kilometern durch abwechslungsreiche und bezaubernde Landschaften „erfahren". Die Zementroute kreuzt sowohl den WERSE RADWEG als auch die 100-Schlösser-Route, ist also leicht zu variieren. Es gibt einen sehr guten Übersichtsplan, geführte Tagestouren und viele Tipps auf der Fahrradtour. Die Route ist familienfreundlich. Man sollte drei Stunden dafür einplanen.

Mehr über das Sehenswerte in Beckum erfahren Sie im Video

Von smaragdgrünen Seen und Zementriesen

Beckums Bürgermeister Dr. Karl-Uwe Strothmann auf den Spuren der Zementindustrie

Dr. Karl-Uwe Strothmann, Jahrgang 1965, zwei Kinder, seit 2004 Bürgermeister der Stadt Beckum, ist gelernter Jurist und war zuvor drei Jahre lang Kämmerer der Stadt Beckum. Der gebürtige Bielefelder ist heute Beckumer mit Leib und Seele, unter anderem deshalb, weil die Stadt im Aufwind ist und immer l(i)ebenswerter wird. Hier berichtet er von einer seiner bevorzugten Fahrradrouten, der Zementroute Beckum:

Die Innenstadt, die an diesem Morgen noch ruhig und besonders beschaulich ist, verlasse ich über den Westenfeuermarkt, einen Park mit Weiher, Wasserfontäne, imposantem Denkmal und Spielplatz. Hier ist der Beckumer Startpunkt für die Zementroute, bei der ich mich auf die überall wahrnehmbaren Spuren der Beckumer Zementindustrie begebe. Ich fahre in westlicher Richtung. Das Schild mit dem roten Fahrrad auf weißem Grund und das Logo der Zementroute weisen mir entlang der gesamten Strecke den Weg. Ich biege also, dem roten Fahrrad folgend, vor Köttings Mühle und der Fischtreppe ab, um ein kurzes Stück an der naturhaft umgestalteten Werse entlangzufahren. Die Wassermühle aus dem 14. Jahrhundert beherbergt heute das Zementmuseum, entstanden aus privaten Initiativen einzelner Beckumer und des Heimat- und Geschichtsvereins. Es gibt einen guten Einblick in die Geschichte der Beckumer Zementproduktion. Ich genieße an diesem heißen Sommertag den ruhig neben mir plätschernden Fluss – die Vögel zwitschern, und die Bäume bieten angenehmen Schatten.

Ich muss hier nicht viel treten, denn es geht leicht bergab. Bald höre ich auch Wespen und Hummeln summen, die Sonne brennt, und unzählige Schmetterlinge flattern über die blühenden Wiesen am Wegesrand. Dann habe ich den ersten, eindrucksvollen Höhepunkt der Tour auch schon erreicht: Vor mir liegt der Steinbruch West, durch den mich mein Weg führt. Hinter dem südlichen Steinbruch-Hang stehen die Häuser der Solarsiedlung und unten schimmert die türkisfarbene Wasseroberfläche. In der Mitte des zweigeteilten Steinbruchs sehe ich, wie klar das Wasser des hier entstandenen Sees ist. Wen wundert es, dass der See auch „Blaue Lagune" genannt wird. Heute ist der Steinbruch, in dem bis 1996 Kalkstein abgebaut wurde, auf der einen Seite ein Biotop und auf der anderen ein Landschaftssee mit Bademöglichkeit. Ein Bad wäre jetzt genau das Richtige. Vor allem wird der nahegelegene Freizeitsee Tuttenbrock als natürlicher Badesee genutzt. Dort kann man neuerdings sogar Wasserski fahren. Auch dieser kristallklare, blaugrün schimmernde See ist aus einem ehemaligen Steinbruch entstanden. Heute werden dort sicher wieder viele Erholungssuchende erwartet. Ich fahre jedoch weiter in Richtung Roland, vorbei am alten Hof Linnenbrink mit seinem denkmalgeschützten Fachwerkspeicher. Es riecht nach frischem Getreide. Schon bald steigt mir auch der Duft des nahegelegenen Waldes in die Nase. In der Ferne sehe ich über weiten Ackerflächen die Türme des ehemaligen Zementwerks Dyckerhoff, ein stattliches Zeugnis der Beckumer Industriekultur.

◂ *Die historische Windmühle auf dem Höxberg*

▴ *Dr. Karl-Uwe Strothmann*

▴ *Brunnen auf dem Beckumer Marktplatz*

Ich fahre durch die freundlichen Wohnstraßen in Roland, einem noch jungen Stadtteil, der seinen Namen und seine formale Gründung im Jahr 1960 einem Zementwerk verdankt. Am Rastplatz vor dem Rolandsee nutze ich die Gelegenheit eine Trinkpause einzulegen und gehe einige Schritte über den gut zwei Kilometer langen Rundwanderweg. Ein Haubentaucher zieht auf dem stillen Wasser seine Runden, während ich weiter auf einem schmalen, schattigen Pfad entlang der Bahntrasse Richtung Neubeckum fahre. Inmitten dieser Idylle taucht überraschend ein Koloss aus Beton und Eisen direkt vor mir auf. Station 12 der Route schildert die Entwicklung des Dyckerhoff-Werks in Beckum, das heute stillgelegt ist. Wenig später höre ich links neben mir Gabelstapler und Maschinen arbeiten. Die Eternit AG produziert Faserzementbauteile aus dem in Beckum hergestellten Portlandzement. Doch dann erwartet mich ein stilles Kleinod: Der Dyckerhoff-See liegt verwunschen in einem Waldgebiet. Auch hier lädt ein schöner Rastplatz zum Verweilen ein.

In Neubeckum, in dem es noch alte Arbeiterhäuser aus den Anfängen der Zementindustrie mit den typischen kleinen Gärten gibt, mache ich einen Abstecher in die Hauptstraße mit ihrem vielfältigen Angebot. Ein Eis oder ein Croissant würde jetzt nicht schaden. Mein Weg führt mich vorbei am Bahnhof, dem eine besonders tragende Rolle in der Zementgeschichte zukommt und dem Neubeckum seine Entstehung verdankt. Hier ist auch Station 1 der Zementroute. Der Neubeckumer Karnevalsverein heißt nicht umsonst „Wir vom Schienenstrang". Vorbei an der Pfarrkirche St. Joseph mit ihrem mächtigen Turm führt meine Tour zu Polysius, wie das Werk immer noch im Volksmund genannt wird. Heute heißt es offiziell Thyssen Krupp Industrial Solutions GmbH – ein hochmodernes Unternehmen der Anlagentechnologie. Am Rande eines Neubaugebiets mit gewundenen Wegen und schönen Spielplätzen geht es jetzt entlang dem Hellbach und vorbei am Naturschutzgebiet Steinbruch Vellern nach Vellern. Unser „Golddorf" ist eine Perle münsterländischer Dorfidylle mit Fachwerkhäusern, Kirche, historischem

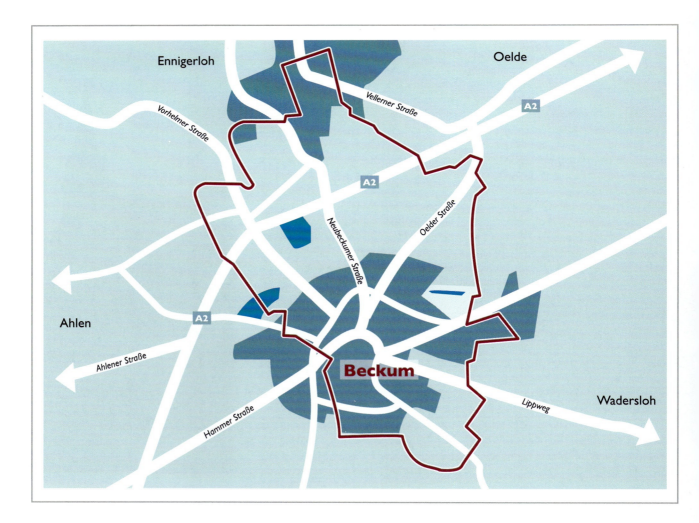

Zur Druckversion (1:25.000) www.naviki.org/kultouren

Kalkofen und altem Pfarrhaus. Wieder südlich auf Beckum zufahrend, komme ich an Station 4 der Zementroute vorbei. Hier bietet ein Aussichtsturm „tiefe" Einblicke in einen ehemaligen Steinbruch mit den verschiedenen Gesteinsschichten und in einen aktiven Steinbruch der Firma Cemex, mit Lastwagen, großen Baggern und wenigen Arbeitern. Die Steinkühler vor hundert Jahren hatten es beim Abbau von Kalkstein mit ihren Spitzhacken wesentlich schwerer. Übrigens produzieren die zwei noch bestehenden Zementwerke heute mehr als die ehemals 33 Werke zusammen.

Es geht wieder leicht abwärts, denn ich fahre in einen ehemaligen Steinbruch, der ganz anders aussieht als die „Blaue Lagune". Der Aktivpark Phoenix, benannt nach dem zweiten aktiven Zementwerk nebenan, ist heute eine gelungene Mischung aus Biotop und Freizeiterlebnis. Hier kann man klettern, skaten, picknicken und Ball spielen oder auch im Biotop spazieren gehen. Ein vorbeihuschendes Eichhörnchen zeugt von diesem intakten Lebensraum. Auch wenn ich schon weit mehr als die Hälfte der Strecke hinter mir habe, liegt jetzt noch eine Hürde vor mir. Zunächst fahre ich neben der Bahnlinie an mehreren international erfolgreichen Maschinen- und Anlageunternehmen sowie einem weiteren stillgelegten Zementwerk vorbei. Dann führt mich mein Weg hinauf zum Höxberg, und die Mühe wird sich lohnen, denn die Aussicht hat gleich mehrere Attraktionen zu bieten. Ich kann von hier aus auf ganz Beckum schauen. Aus dem Panorama ragen neben den Kirchtürmen auch deutlich die Bauten der Zementindustrie hervor. Auf der anderen Seite der Stadt steht die historische Windmühle, von wo aus man bei gutem Wetter einen beeindruckenden Weitblick bis zum Haarstrang hat. Heute ist die Sicht perfekt. Viele Ausflügler besteigen auch den nahegelegenen Turm der Soestwarte, um diese tolle Aussicht von einem höheren Punkt aus zu genießen. Mehrere Gastronomiebetriebe und ein Tiergehege sorgen dafür, dass hier die Stunden wie im Fluge vergehen. Nun ist – im wahrsten Wortsinn – wirklich der Höhepunkt der Route erreicht, ich befinde mich nämlich auf 162 Metern über Normalnull.

Die sogenannte Pflaumenallee bietet auf meinem gemütlichen Weg den Berg hinunter in die Beckumer Altstadt eine herrliche Kulisse. Und auch danach geht es an Wildblumenwiesen, Gehölzen und Bächen vorbei sehr idyllisch weiter. Die Innenstadt nähert sich jetzt merklich, in der Nähe höre ich Kinderstimmen und lustiges Treiben aus dem gut besuchten Freibad. Ich fahre vorbei am alten Ständehaus und dem heutigen Rathaus zum Beckumer Marktplatz, der jetzt im Schatten der vier Platanen liegt. Das historische Rathaus ist ein architektonischer Schatz aus dem 15. Jahrhundert. Es beherbergt heute unser viel beachtetes Stadtmuseum. Natürlich widmet sich ein Teil der Dauerausstellung auch der Geschichte des Beckumer Zements. In den Sonderausstellungen wird moderne Kunst präsentiert, außerdem gibt es einen Karnevalsraum, spannende Informationen zum Fürstengrab und vieles mehr – bei freiem Eintritt. Der Brunnen auf dem Marktplatz bringt angenehmes Plätschern und ein wenig Erfrischung. Wie viele andere Werke thematisiert auch er die Beckumer Anschläge, die vergleichbar mit den Schildbürgerstreichen sind. Hinter dem alten Rathausgiebel ragt der Turm der Propsteikirche St. Stephanus hervor. Sein Geläut ist im weiten Umkreis zu hören. Für mich wird es jetzt wirklich Zeit für ein kühles Getränk im Biergarten eines der traditionsreichen Lokale. Anders als heute Morgen sind hier jetzt viele Menschen unterwegs und genießen wie ich die schöne nachmittägliche Atmosphäre in Beckums guter Stube.

▲ *Das Ständehaus am Westenfeuermarkt*

▲ *Das „Brauhaus Stiefel Jürgens" im alten Pulortviertel*

▲ *Tiergehege auf dem Höxberg*

▲ *Blaue Lagune*

Gefüllte Pfannkuchenröllchen
mit Möhrengemüse und grünem Kartoffelstampf

Gastronomie & Hotel bei Kliewe im Westfälischen Hof

Vom Ackerbürgerhaus zum 40-Betten-Haus oder vom gelernten Koch zum Hotelbetriebswirt – beide Überschriften haben unmittelbar mit Thomas Kliewe zu tun. Bevor er den Betrieb, dessen Gründung auf das Jahr 1781 zurückgeht, im Jahr 1991 in Beckum übernahm, hatte er schon zahlreiche Erfahrungen auf Sylt, in Ahlen, Rheine, Freiburg, Pinneberg, Dortmund, Beckum und am Möhnesee gesammelt.

Hier stellt er Ihnen ein traditionelles westfälisches Rezept vor, die gefüllten Pfannkuchenröllchen mit Kartoffelstampf.

1. 50 g Mehl, 1 Ei, 100 ml Milch und eine Prise Salz zu einem dickflüssigen Teig verrühren und in der Pfanne zu einem hellen Teigfladen ausbacken.

2. 200 g gewürztes Rinderhack auf dem Fladen verstreichen, einrollen, in 2 cm breite Rollen schneiden und ausbacken.

3. Geschälte, gestiftelte und blanchierte Möhren in Butter anschwenken und mit Salz und etwas Zucker nachziehen lassen.

4. Für den grünen Kartoffelstampf 500 g geschälte Kartoffeln kochen und stampfen. 50 g gehackte Petersilie, 200 ml Brühe, etwas Milch und 50 g Butter hinzufügen. Den Kartoffelstampf mit Salz, Pfeffer und Muskat abschmecken.

Guten Appetit wünscht Ihnen Familie Kliewe!

Zutaten
Für die Pfannkuchenröllchen:
50 g Mehl
1 Ei
100 ml Milch
200 g gewürztes Rinderhack
Möhren
Butter
Salz
Zucker

Für den Kartoffelstampf:
500 g geschälte Kartoffeln
50 g gehackte Petersilie
200 ml Brühe
50 g Butter
Milch
Salz, Pfeffer
Muskat

Tour
Länge: 31,36 km
Dauer: 2:05 Std.
Verbrannte Kalorien: 464,52 Kcal

Mehr über das Sehenswerte in Wadersloh erfahren Sie im Video

Unterwegs in Wadersloh
Mit Bürgermeister Christian Thegelkamp durch eine Landschaft voller Geschichte(n)

Christian Thegelkamp, Jahrgang 1966, verheiratet, ein Sohn, seit 2009 parteiloser Bürgermeister der Gemeinde Wadersloh. Der gebürtige Beelener ist Verwaltungsfachwirt und war zuvor für die Wirtschaftsförderung der nahegelegenen, 46 000 Einwohner zählenden, Stadt Rheda-Wiedenbrück zuständig. „Wir haben uns in dieser schönen und wachsenden Gemeinde mit ihren drei Ortsteilen und den sympathischen Menschen, die hier leben, sehr gut eingelebt", sagt Christian Thegelkamp stolz über sein Wadersloh, das schnell zum Mittelpunkt für ihn und seine Familie geworden ist.

Radtouren durch meine Gemeinde sind eine meiner Leidenschaften. Ich liebe es, mich an einem sonnigen Sonntagmittag auf mein Fahrrad zu setzen. Für dieses Buch bin ich gebeten worden, eine Radtour aufzuschreiben, die Sie, werte Leserinnen und Leser, ganz einfach nachradeln können.
Ich wähle die ehemalige Abtei Liesborn als Startort, denn hier liegen historische Wurzeln. Aber wie war das eigentlich genau? Während ich darüber nachdenke, kommt mir die Idee, dass ich jemanden auf meine Radtour mitnehmen sollte, der sich damit richtig gut auskennt.
Gedacht, getan! Ich entschließe mich, die Vorsitzenden unserer drei örtlichen Heimatvereine einzuladen, mich zu begleiten. Wir verabreden uns auf dem Kastanienplatz vor dem Museum Abtei Liesborn. Während ich dort warte, erfreue ich mich am Anblick des soeben neu gestalteten, barocken Gartens, liebevoll „Pastors Garten" genannt. Aus der Kirche weht Orgelmusik zu mir herüber. Viele Musikkenner bringen Liesborn mit Musik in Verbindung. Jedes Jahr im Frühling findet hier das mit internationalen Künstlern besetzte „Kammermusikfestival Liesborner Museumskonzerte" statt. Inzwischen sind die drei Heimatvereinsvorsitzenden eingetroffen. Wilhelm Plümpe gibt uns eine Einführung in die Liesborner Geschichte: Mit der Gründung des Klosters Liesborn um 800 begann die Siedlungsgeschichte. Rund 1000 Jahre war die Abtei geistiger und kultureller Mittelpunkt. Heute sind noch die gotische Hallenkirche und das barocke Abteigebäude erhalten, in dem sich das Museum befindet. Einen Besuch heben wir uns für unsere Rückkehr auf.

Dann geht's auf's Rad. Wir fahren über die Königstraße bis zur Ampel, biegen links ab und folgen von nun an den Pfeilwegweisern, die ein rotes Fahrradsymbol mit einem Richtungspfeil auf weißem Grund zeigen. Da es im Kreis Warendorf ein gut ausgeschildertes Netz an Radrouten gibt, können wir uns auf den nächsten Kilometern daran orientieren.

Unser Weg führt über die Lippstädter Straße aus dem Ort hinaus, doch schon nach wenigen hundert Metern biegen wir am Straßenschild „Lippstädter Straße 40" nach rechts in die Bauerschaft Hentrup ab. In Höhe von Gut Hollenhorst erregt eine Herde Hausgänse unsere Aufmerksamkeit. Das Gut wurde bereits um das Jahr 815 als einer der vier Oberhöfe genannt, die etwa zeitgleich mit dem Kloster gegründet wurden.
Ein kleines blaues Schild, auf dem ein Römerhelm und ein Fluss-Symbol abgebildet

Bürgermeister Christian Thegelkamp (2. v. r.) und die drei Heimatvereinsvorsitzenden, Wilhelm Plümpe (Liesborn), Gabi Kohlstedde (Diestedde) und Herbert Fortmann (Wadersloh), vor dem Museum Abtei Liesborn

sind, macht uns darauf aufmerksam, dass wir uns von nun an auf der Römer-Lippe-Route befinden. Dieser folgen wir bis hinunter zur Lippe. Ein kurzes Stück führt unser Weg über den Radweg entlang der L 822. An der Ausschilderung Benninghausen biegen wir nach links ab, rollen über die Lippe-Brücke und legen an ihrem Ende unseren ersten Stopp ein.
Etwas versteckt wartet der Lippe-Aussichtsturm darauf, entdeckt zu werden. Mit geräuschvollem Geschnatter fliegen einige Enten davon, als wir auf den Turm steigen. Von oben blicken wir auf die idyllische Flussaue und entdecken am Ufer sogar einen Fischreiher.
Wir radeln über die Brücke zurück, um dann nach links in Richtung Liesborn-

Die Kirche St. Margareta ist ein weit sichtbares Wahrzeichen der Gemeinde Wadersloh

Göttingen abzubiegen. Diese Bauerschaft verdankt ihre frühe Entwicklung den Heerzügen der Römer entlang der Lippe.

In Höhe der alten Schule biegen wir nach rechts in die Göttinger Brede ein. Nach circa zwei Kilometern schwenken wir links in die Böntruper Straße ein und biegen nach etwa 500 Metern bereits wieder rechts ab. Wir folgen den Pfeilwegweisern bis zur Herzfelder Straße, in die wir links einbiegen. Nach circa 800 Metern verlassen wir in Höhe des Buswartehäuschens die Herzfelder Straße in Richtung Lemkerberg und folgen wieder den Pfeilwegweisern. Am Gasthof Nordhaus, wo man im Biergarten bei leckeren Wildgerichten & Co. auch eine schmackhafte Pause einlegen kann, biegen wir – jetzt allerdings entgegen dem Richtungspfeil – nach links in die Winkelhorster Straße ein, um bei nächster Gelegenheit nach rechts in die Steinackerstraße abzubiegen.

Über diese geht es nun direkt hinein in den Ortsteil Diestedde. Nach Überqueren der Münsterstraße folgen wir der Ausschilderung Schloss Crassenstein und radeln über die Lange Straße durchs Dorf.

Bevor wir jedoch zum Wasserschloss kommen, machen wir einen Abstecher zur Nikolauskirche. Pfarrer Johannes Klein hat hier ein besonderes Kleinod geschaffen, den Diestedder Kirchenpark. Von verschiedenen Künstlern gefertigte Skulpturen bilden einen Kreuzweg. Sein unterer Abschnitt grenzt an den Naturpark Hangkamp.

Hier ist Gabi Kohlstedde in ihrem Element. Der Naturpark mit Wildblumen- und Streuobstwiese, einem Bienenhaus und Bauerngarten wurde nämlich vom Heimatverein angelegt. Und auch die Sichtachse, die von der Langen Straße den freien Blick auf das Schloss ermöglicht, ist der Initiative des Heimatvereins zu verdanken. Ein Schwenker nach rechts auf die Straße Am Schloss und gleich wieder nach links auf den Mühlenweg führt uns um die Gräfte des Schlosses Crassenstein herum hinter das Schloss. Hier erwarten uns ein kleines Tiergehege, eine Fischtreppe und ein denkmalgeschütztes Mühlengebäude mit Mühlrad.

Apropos Rad – uns drängt es weiter! Es geht über die Winkelstraße und dann rechts in den Mühlenweg hinein. Nach ei-

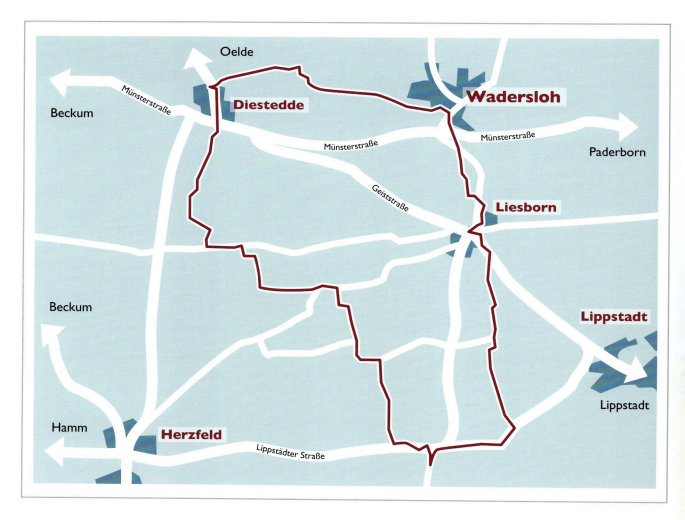

Zur Druckversion (1:25.000) www.naviki.org/kultouren

ner Weile ist der Wadersloher Kirchturm in der Ferne zu erkennen. Diesem Wahrzeichen und im weiteren Verlauf wieder den roten Pfeilwegweisern folgen wir bis zum Marktplatz vor der Margaretenkirche. Hier angekommen, berichtet uns Herbert Fortmann, dass die Kirche Ende des 19. Jahrhunderts in nur vier Jahren Bauzeit (1890–1894) anstelle der alten Dorfkirche errichtet wurde. Besonders sehenswert ist der Taufstein im Kirchenportal aus dem 15. Jahrhundert.

Bevor es noch einmal auf's Rad geht, müssen wir uns einmal mehr stärken. Die Gastronomiebetriebe rund um die Kirche geben uns hierzu beste Gelegenheit. Zufrieden treten wir in gemütlichem Tempo unsere Schlussetappe an.

Wir fahren über die Wilhelmstraße auf die Liesborner Straße. In Höhe des Wanderparkplatzes biegen wir rechts auf einen Spazierweg ein. Auf diese Weise streifen wir noch das Liesborner Holz. Über eine Holzbrücke fahren wir in das Wäldchen hinein, biegen unmittelbar wieder nach links ab und radeln am Rottbach entlang wieder zum Museum.

Wir kommen überein, noch die einmalige Kruzifixsammlung mit mehr als 800 Kreuzigungsdarstellungen zu besichtigen, zu der auch Werke von Chagall und Dali gehören. Einen weiteren Teil des Museums schaffen wir heute nicht mehr: Er zeigt neben mittelalterlichen Kunstwerken auch eine volkskundliche Sammlung. Darüber hinaus sind Exponate von Künstlern aus der Region ausgestellt.

Übrigens veranstaltet die Gemeinde Wadersloh alle fünf Jahre ein Bildhauersymposium am Museum. Zahlreiche Skulpturen, die in diesem Rahmen entstanden sind, finden sich im Ortsbild wieder und sind in einem Flyer zusammengefasst. Im Sommer 2014 ist es wieder soweit.

◄ *Nikolauskirche mit Streuobstwiese*

▲ *Museum Abtei Liesborn*

◄ *Wasserschloss Crassenstein*

▼ *Museum Abtei Liesborn, moderner Erweiterungsbau vom Architekt Prof. D. G. Baumewerd, Münster*

Weißer Blumenkohl-Flan
mit gebackenem Ei und Sherry-Nussbutter

Ringhotel Bomke

Jens Bomke ist überzeugter Westfale und mit Leib und Seele Koch. Seine Idee von guter Küche basiert auf Bodenständigkeit und Regionalität, die Bomke souverän mit französisch-mediterranen Akzenten spickt und damit spannende und interessante Geschmackseindrücke schafft. Ein kreativer Kopf im münsterländischen Wadersloh, zu finden in den historischen Mauern einer ehemaligen Poststation, in denen heute das schick eingerichtete, renovierte Hotel Bomke untergebracht ist.

1. Die Blumenkohlröschen abschneiden und zunächst zur Seite legen. Den Blumenkohlstrunk und die Blumenkohläste klein schneiden. Die Schalotten würfeln und zusammen mit dem Blumenkohl anschwitzen. Anschließend mit Milch bedecken und köcheln lassen. Den Blumenkohlstrunk und die -äste herausnehmen. Den Fond portionsweise mit dem Blumenkohlstrunk und den -ästen mixen.

2. Eine Form mit Klarsichtfolie auslegen. Das Blumenkohlpüree mit Eiweiß im Verhältnis 1:1 mischen. Mit Salz, Muskat und Tabasco abschmecken. Die Form ca. 1 cm hoch füllen und mit Klarsichtfolie abdecken. Bei 85 °C ca. ½ Stunde in den Backofen stellen.

3. Blumenkohlröschen und Romanesco blanchieren und in Eiswasser abschrecken. Anschließend in Butter anbraten. Eigelb in Butter bei 65 °C 10 Minuten garen.

4. 50 g Butter aufschäumen und bräunen, sodass die Molke gerinnt. Mit 3 cl mildem Sherry und 20 ml flüssiger Sahne ablöschen. Anschließend salzen, pfeffern und erneut aufschäumen. Mit Kerbel und Sonnenblumenkernen dekorieren.

5. **Anrichten:** Den Flan auf einem Teller anrichten und in eine kleine Mulde das Eigelb setzen. Blumenkohlröschen und Romanesco um den Flan setzen. Mit Sherry-Nussbutter beträufeln und zum Schluss geriebenen Blumenkohl auf den Flan streuen.

Zutaten für 4 Personen

Für den Blumenkohl-Flan:
- 1 Blumenkohl
- 1 Romanesco (grüner Blumenkohl)
- 1 Schalotte
- Butter
- Milch
- Eiweiß
- Salz
- Muskat
- Tabasco

Für das gebackene Ei:
- 1 Ei
- Butter

Für die Sherry-Nussbutter:
- 50 g Butter
- 3 cl milder Sherry
- 20 ml Sahne
- Kerbel
- Sonnenblumenkerne

Tour
Länge: 17,88 km
Dauer: 1:11 Std.
Verbrannte Kalorien: 264,75 Kcal

Rund um Drensteinfurt

Lieblingsradtour von Carsten Grawunder, Bürgermeister der Stadt Drensteinfurt

Carsten Grawunder, Jahrgang 1967, Diplom-Verwaltungswirt, seit 2014 Bürgermeister der Stadt Drensteinfurt, davor in der Landesverwaltung NRW, zuletzt im Polizeipräsidium Münster tätig. Der gebürtige Münsteraner ist Vater von vier Kindern und wohnt im Ortsteil Drensteinfurt. Seine Lieblingsradtour führt bis in den südlichen Drensteinfurter Ortsteil Walstedde.

Die vielfältige Natur- und Kulturlandschaft rund um Drensteinfurt lässt sich in dieser zweistündigen Radtour erkunden. Wir starten in der Drensteinfurter Stadtmitte. Das Bürgerhaus Alte Post (Mühlenstraße 15) ist als großes Fachwerkhaus aus dem 17. Jahrhundert ein besonderes Denkmal. Dem Erbauer hat es wahrscheinlich als Lagerhaus für Getreide gedient, um von hier aus die Versorgung des Westfälischen Friedenskongresses in Münster (1643–1648) zu unterstützen. Im Zeitraum von 1851 bis 1917 war in dem Gebäude die Drensteinfurter Poststation untergebracht. Seit seiner 1980 vollendeten Sanierung finden hier Trauungen, Kulturveranstaltungen und Ratssitzungen statt. Es ist auch Ausgangspunkt eines historischen Stadtrundgangs mit 19 Tafeln in der Drensteinfurter Innenstadt. Sehenswert ist hier besonders die katholische Pfarrkirche St. Regina von 1785.

Der Weg der in Drensteinfurt beginnenden Radtour ist von der Alten Post bis Rinkerode mit dem Werseradweg identisch (beschildert). Die Werse fließt von Beckum und Ahlen weiter nach Drensteinfurt und mündet nordwestlich von Münster in die Ems. An der Drensteinfurter Schlossallee liegt zunächst die Schlossmühle und einige Meter weiter, von der Werse und von Gräften umfasst, Haus Steinfurt (Privatbesitz). Das Haupthaus wurde 1706–1709 erbaut. Älter ist das große Renaissance-Torhaus von 1581–1591.

Durch die Drensteinfurter und Rinkeroder Bauerschaften gelangen wir am Südrand von Rinkerode zur Allee vor Haus Göttendorf (nicht zugänglich, Privatbesitz). Am östlichen Ortsrand von Rinkerode quert unser Weg die 1848 eröffnete Bahnlinie Münster–Hamm. Das Gasthaus Lohmann lädt ein, hier zu rasten. Sehenswert ist auch in Rinkerode die im 18. Jahrhundert erbaute katholische Kirche, die dem „Eisheiligen" St. Pankratius geweiht ist. Sein Gedenktag ist der 12. Mai. Die weiteren Eisheiligen sind St. Servatius am 13. und St. Bonifatius am 14. Mai. An diesen Tagen können letzte Nachtfröste auftreten. Dass Rinkerode jedoch von der Sonne verwöhnt ist, legen die drei historischen Sonnenuhren an der Ost-, Süd- und Westseite der Kirche nahe.

In und um Rinkerode können Sie dem Historischen Ortsrundgang Rinkerode mit 21 Tafeln folgen und auf diese Weise viel Wissenswertes zur Orts- und Höfegeschichte erfahren. Es gibt einen innerörtlichen Rundgang (zu Fuß empfehlenswert) und weitere Tafeln im Außenbereich.

Der Ortskern Rinkerodes entstand um den Pröbstinghof, der sich im Besitz des

münsterschen Dompropstes (Vorsteher der Domgeistlichkeit) befand. Auf seinem Grund wurde die mittelalterliche Pfarrkirche gebaut. Der ehemalige Pröbstinghof wurde vor hundert Jahren als Krankenhaus genutzt und ist heute Pfarrzentrum. Das westliche Nachbarhaus ist das Pfarrhaus.

Die Häuser Borg und Bisping (beide Privatbesitz) am Westrand von Rinkerode sind als herausragende Beispiele münsterländischer Wasserburgen weit über Westfalen hinaus bekannt. Haus Borg ist ein bedeutender ehemaliger Rittersitz, dessen frühneuzeitliche Gebäude durch die Sanierung im 20. Jahrhundert gerettet werden konnten. Vom südlich benachbarten Haus Bisping, wo Fürstbischof Christoph Bernhard von Galen (1606–1678) geboren wurde, ist noch das von seinem Bruder Heinrich erbaute Renaissance-Torhaus erhalten. Die ehemalige Torchdurchfahrt ist später zugemauert worden, aber noch erkennbar. Vorläufer von Haus Bisping war

‹ St. Pankratius im Stadtzentrum

ein mittelalterlicher Bauernhof im Besitz des münsterschen Bischofs. Der Name hat sich von Bischoping zu Bisping verändert.

An der B 54, der alten Landstraße von Münster nach Werne, die heute von einem gut ausgebauten Radweg begleitet wird, befindet sich eine 1810 errichtete ehemalige Windmühle, die später als Dampfmühle weiter betrieben wurde. Hier können Sie das privat geführte Mühlen- und Gerätemuseum besichtigen. Durch Feld und Wald gelangen Sie zurück nach Drensteinfurt.

Auf dem zweiten Teil der Tour erreichen Sie nach der Durchquerung der Drensteinfurter Innenstadt, bei der Sie den kurzen Fußweg zur ehemaligen Synagoge (19. Jahrhundert) nicht auslassen sollten, am südöstlichen Ortsrand von Drensteinfurt den ehemaligen jüdischen Friedhof. Auf diesem seit 1826 als Friedhof genutzten, inzwischen städtischen Grundstück sind noch einige Dutzend jüdische Grabsteine des 19. und 20. Jahrhunderts erhalten. Sie sind mit hebräischen und zweisprachigen Inschriften versehen.

Durch die Walstedder Bauerschaft Nordholt erreichen Sie den Ortsanfang von Walstedde. Überörtlich bekannt ist Haus Walstedde, das 2003 gegründete Gesundheitszentrum für Kinder, Jugendliche und junge Erwachsene. Bedeutend ist auch in Walstedde die katholische Kirche, die dem heiligen Lütticher Bischof Lambertus geweiht ist. Den Kirchenraum des 18. Jahrhunderts betritt man durch einen mächtigen mittelalterlichen Wehrturm. Bekannt ist Walstedde auch durch die Erzeugnisse der im Ortskern ansässigen Brennereien Eckmann und Northoff.

Westlich von Walstedde liegt die Bauerschaft Ameke. Sie hat einen dorfähnlichen Siedlungskern und wäre mit ihrer St.-Georgs-Kapelle fast zum eigenständigen Dorf geworden. Vermutlich fehlte der Bauerschaft für bedeutenderes Wachstum die nötige Verkehrsanbindung. Durch den Kurricker Berg von Süden geschützt, blieb Ameke jedoch klein und still, wovon man sich auf dem kleinen Platz im Häuserkranz rund um die Kapelle jederzeit überzeugen

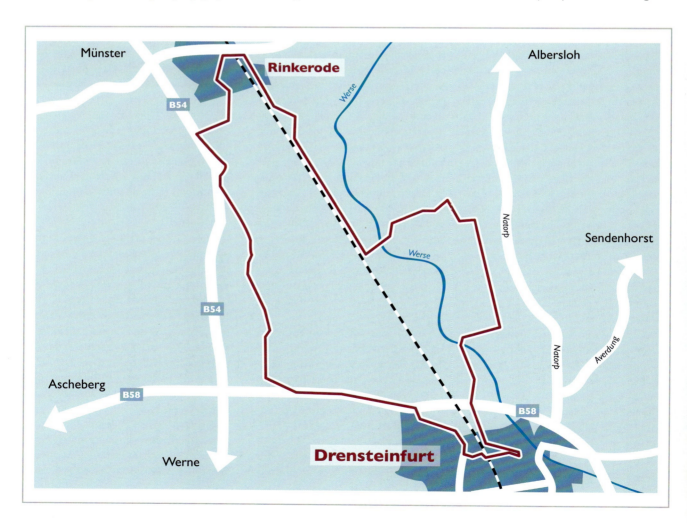

Zur Druckversion (1:25.000) www.naviki.org/kultouren

kann. Am nördlichen Ortsrand von Ameke lädt das Bauernhofcafé May zur gemütlichen Rast ein. Ameke hat auch Bahnanbindung. Der Bahnhof Mersch ist nicht weit entfernt.

Die Weiterfahrt vom Bauernhofcafé May zurück nach Drensteinfurt führt durch Pastors Busch. Dieses Waldstück ist parallel zur historischen Landwehr zwischen Drensteinfurt und Walstedde entstanden. Landwehren waren besonders im 14. Jahrhundert verstärkte, durch Wall und Graben befestigte Grenzanlagen, die vor allem den Viehdiebstahl des mittelalterlichen Fehdewesens unterbinden sollten.

Am südlichen Ortsrand von Drensteinfurt, vorbei an dem durch seine Renntage (Trabrennen im August) bekannten Erlfeld, erreichen Sie das beliebte Drensteinfurter Familienfreibad Erlbad. Es lädt mit einer Wassertemperatur von 24 Grad zu Erholung, Sport und allerlei Badefreuden ein.

Zurück in Drensteinfurt haben Sie einen Radweg in Form einer 8 vollendet. Drensteinfurt liegt im südlichen Münsterland und bildet eine räumliche Brücke zwischen Münster im Norden und Hamm im Süden. Meine hier beschriebene Lieblingsradtour gibt vielleicht Anregungen zu vertiefenden Erkundungen der Ortsteile oder der Natur- und Kulturlandschaften zwischen dem Drensteinfurter Norden (Ortsteil Rinkerode mit Randgebieten von Davert und Hoher Ward) und Süden (Ortsteil Walstedde mit Kurricker Berg).

◁ *Die alte Post in Drensteinfurt*

▲ *Das Schloss mit Gräfte*

◁ *Trabrennen auf der Rennbahn am Erlfeld, erster Sieger im Kochstar Rennen 2014, Ali B*

Westfälisches Rindfleisch
mit Zwiebelsauce

Hotel-Restaurant-Café Lohmann

Bernadette Lohmann absolvierte eine Ausbildung zur Köchin und Hotelkauffrau in namhaften Häusern, bevor sie 2005 das Hotel-Restaurant-Café Lohmann in Rinkerode von ihren Eltern übernahm. Sie setzt somit die lange Tradition des Hauses fort.
Bernadette Lohmann serviert ihren Gästen regionale, internationale und saisonale Spezialitäten. Hier stellt sie Ihnen eines ihrer Rezepte vor:

1. Das Rindfleisch in 2 l Wasser aufkochen. Zwischendurch abschäumen. Den Lauch, die Zwiebeln, die Möhren und 1 TL Salz hinzugeben und ca. 2–3 Stunden bei schwacher Hitze ziehen lassen.

2. Anschließend das Fleisch herausnehmen und warm stellen. Die Brühe beiseite stellen.

3. Die Zwiebeln fein würfeln, in der Butter andünsten und mit ¼ Liter der Rindfleischbrühe aufgießen.

4. Die Sauce 45 Minuten ziehen lassen. Die übrige Brühe abgießen, und dann die Zwiebeln mit dem Mehl bestäuben und anschwitzen. Die Flüssigkeit wieder hinzugeben, und die Sauce mit Zucker, Salz, Essig und scharfem Senf abschmecken.

5. Zur Verfeinerung kann man mit einem Eigelb die Sauce legieren.

6. Als Beilage empfehlen wir Petersilienkartoffeln und einen gemischten Salat.

Zutaten
Für das Rindfleisch:
1 kg Rindfleisch aus der Brust
Lauch
Zwiebeln
Möhren
1 TL Salz

Für die Zwiebelsauce:
1 kg Zwiebeln
50 g Butter
200 g Mehl
Zucker
Salz
Essig
scharfer Senf
evtl. 1 Eigelb

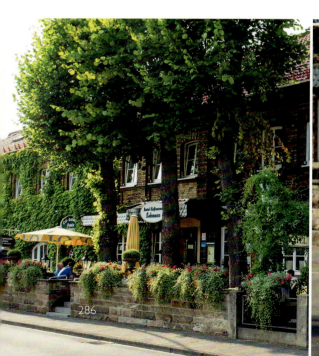

Brot mit Dinkelmehl

Die Kornbrennerei Eckmann

Mit Hilfe von Hefe wird Zucker in Alkohol umgewandelt. Dieses Gesetz machte sich Anton Eckmann zunutze, als er 1836 die Kornbrennerei Eckmann in Drensteinfurt-Walstedde gründete. Die mehrfach von der DLG ausgezeichneten Kornbrände und Liköre werden heute von Theo Brüggemann hergestellt und vertrieben.

Ein besonderes Erlebnis sind die Besichtigungstouren durch die Brennerei mit anschließender Verköstigung. Wer schon einmal die „Wälster Kornbrennerplatte" im benachbarten Landgasthof Kessebohm probiert hat, wird gerne bestätigen: „Typisch westfälisch!"

Das Brot für diese Kornbrennerplatte wird von Frau Kessebohm selbst gebacken, und ihr Rezept ist „kinderleicht", wie sie selbst sagt.

1. Das Mehl, das Salz, den Zucker, die Hefe und eventuell Haferflocken o. Ä. in eine Schüssel geben und vermischen. Mineralwasser und Öl hinzufügen und die Mischung rühren und kneten. Den Teig an einem warmen Ort ca. 2 Stunden gehen lassen.

2. Den Teig erneut kneten, in eine gut gefettete Kastenform geben und erneut ½ Stunde gehen lassen.

3. Nun den Teig in der Kastenform im vorgeheizten Backofen bei 180 °C Ober- und Unterhitze ausbacken. Wer keine Kruste mag, pinselt die Oberfläche hin und wieder mit Wasser ein.

4. Zum Schluss macht man den Stäbchentest: Man nimmt ein kleines Holzstäbchen und sticht damit in den Brotlaib. Wenn kein Teig am Stäbchen kleben bleibt, ist das Brot fertig gebacken.
Das Brot eine kurze Zeit ruhen lassen und dann zum Auskühlen aus der Form lösen.

Zutaten für 2 Brote a 750 g
300 g Weizenvollkornmehl
200 g Dinkelmehl
500 g Weizenmehl Typ 405
2 TL Salz
1 TL Zucker
2 Päckchen Hefe
evtl. 150 g Sonnenblumenkerne,
Sesam, Haferflocken,
Schwarzkümmel o. Ä.
750 ml Mineralwasser
mit Kohlensäure
(macht den Teig locker)
3 EL Öl (z. B. Oliven-, Raps-,
Sesam- oder Leinöl)
Fett für die Form

Tour
Länge: 45,88 km
Dauer: 3:03 Std.
Verbrannte Kalorien: 679,51 Kcal

Mehr über das Sehenswerte rund um Ahlen erfahren Sie im Video

Vielfältig und spannend

Bürgermeisterroute per Rad durch Ahlen mit Benedikt Ruhmöller, Bürgermeister der Stadt Ahlen

Benedikt Ruhmöller wurde 1960 in Ostbevern geboren. Der gelernte Jurist war ab 1991 zunächst bei der Stadt Cloppenburg tätig und wurde 1999 erstmals zum hauptamtlichen Bürgermeister von Ahlen gewählt. Auch 2004 und 2009 gaben ihm die Bürgerinnen und Bürger das Vertrauen. Somit setzt sich Ruhmöller schon seit über 15 Jahren leidenschaftlich für die Interessen „seiner" Stadt und ihrer Bevölkerung ein.

Urbanes Leben, eine Fährfahrt, Anstiege, die die Waden spüren lassen und eine reizvolle Parklandschaft, die den Blick in die Weite schweifen lässt – das alles bietet die viertgrößte Stadt im Münsterland an nur einem Tag. Bei uns an der Werse verschmilzt das ländliche Münsterland mit dem industriell geprägten Ruhrgebiet zu einer ganz besonderen Mischung, die nicht nur einen unverwechselbaren Menschenschlag hervorgebracht hat – auch städtebaulich schlagen in dieser Stadt wenigstens zwei Herzen. Vielfältig, abwechslungsreich, spannend: Das ist Ahlen!

Ein Auto braucht man nicht, um Ahlen kennen zu lernen. Stellen Sie es ab auf einem der großzügigen Parkplätze am Rathaus. In der ansehnlichen Kulisse unseres Marktplatzes stimmen Sie sich nach Belieben bei einem heißen Kaffee oder einem kühlen Getränk auf die vor Ihnen liegenden Kilometer ein. Eingerahmt von der stattlichen St.-Bartholomäus-Kirche, dem Alten Rathaus sowie schmucken Fassaden, die den Aufstieg Ahlens vom Ackerbürgerstädtchen zum geschäftigen Zentrum des südöstlichen Münsterlandes bezeugen, halten Sie sich hier am Start- und Zielpunkt der Tour auf.

Gestärkt machen Sie sich auf Richtung Süden, immer entlang der Werse, die beide Stadthälften wie ein grünes Band verbindet. Aus dem großen Hochwasser im Mai 2001 hat die Stadt ihre Lehren gezogen und die Sünden der Vergangenheit behoben. Der künstlich begradigte Fluss wurde an vielen Stellen zurück in sein natürliches Bett verlegt. So auch am Berliner Park, wo das bürgerliche Ahlen in das vom früheren Bergbau geprägte übergeht.

Die Kohle hat Ahlen groß gemacht! Vor über 100 Jahren begannen fleißige Arbeiter auf der Zeche Westfalen, das „schwarze Gold" aus dem münsterländischen Boden zu gewinnen. Aus allen Teilen Deutschlands kamen Männer allein oder mit ihren Familien nach Ahlen, um in einer der schönsten Zechensiedlungen des Ruhrbergbaus ihr Glück zu finden. Ab den 1960er Jahren waren es dann überwiegend Zuwanderer aus Südeuropa, die dem südöstlichen Stadtteil und besonders der „Kolonie" einen bis heute unübersehbaren Stempel aufgedrückt haben. Die hier gelebte kulturelle Vielfalt lohnt einen Abstecher – nicht nur wegen der hübschen Zechenhäuschen, die heute auf der Denkmalliste stehen.

Zwischen Zechengelände und Bergehalde, der mit 90 Metern zweithöchsten Erhebung im Kreis Warendorf, verlassen wir das Ufer der Werse und nähern uns über die ehemalige Zechenbahntrasse dem südlichen Ortsteil Dolberg. Zu Zeiten des Bergbaus rumpelten hier die schier unendlichen Kohlenzüge zum Uentroper Hafen,

von wo Koks und Kohlen in die Stahlwerke an Rhein und Ruhr verschifft wurden.

Heute aber liegen rechts und links keine schwarzen Kohlenbrocken mehr am Wegesrand. Bauernhöfe und grüne Wiesen säumen den wichtigen Radweg, der das Münsterland mit dem Ruhrgebiet verbindet. Auf halber Strecke zwischen Ahlen und Dolberg lädt eine Aussichtsplattform ein, zur verdienten Rast das Landschaftspanorama zu genießen. Am Ende des Horizonts ragen die Türme der Beckumer Zementindustrie in den Himmel, gen Süden zeichnen sich die Höhenzüge des Haarstrangs ab.

In schneller Fahrt rollen die Räder nun den Henneberg hinab. An der Uentroper Straße verlassen Sie den komfortablen Radweg und fahren auf Dolberg zu. Namensgeber Edelherr Richert von Thuleberh erhebt sich auf einem Brunnen am Kirchplatz, zu seinen Füßen der besiegte Drache als Zeichen des Bösen. Heimathaus und St.-Lamberti-Kirche geben

Die Zeche in Ahlen

Zeugnis von der viele Jahrhunderte alten Siedlungsgeschichte dieser Grenzregion. Über den Haarener Weg geht es durch die grünen Lippeauen auf die alte Grenzstelle zu. Längst vergessen die Zeiten, als sich hier die Soldaten des Fürstbischofs von Münster und jene des preußischen Königs gegenüberstanden und eifrige Zöllner den Tribut für den schwunghaften Handel von Ufer zu Ufer kassierten.

Der Grenzsicherung des Münsterlandes verdankt das Schloss Oberwerries, welches sich westlich aus den Auen der Lippe erhebt, seine Errichtung. Das Herrenhaus erreichen Sie nach kurzer Fahrt durch ein in den letzten zehn Jahren renaturiertes Landschaftsschutzgebiet. Starke Arme sind gefragt, um zurück auf das nördliche Ufer zu wechseln. Zum Ausgleich für die Beinarbeit der letzten Kilometer heißt es jetzt: „Alle Mann anpacken!" Die „Lupia", eine muskelbetriebene Fähre, lässt Radfahrer und Spaziergänger zwischen April und Oktober trockenen Fußes übersetzen. Aber keine Sorge: Wenige Züge an der Eisenketten reichen, schon hat die „Lupia' das Ufer erreicht. Spätestens jetzt hat man sich im Innenhof der barocken Schlossanlage eine Erfrischung verdient.

Gut gestärkt geht es nach diesem Zwischenstopp wieder nach Dolberg. Beinkraft ist vonnöten, um an der Twieluchtstraße die „alpine" Steigung zu bewältigen. Auf dem Halberg angekommen, fahren wir entlang der Dolberger Straße und durch die kleine Possenbrock-Siedlung auf die Werse zu – in Sichtweite immer der blaue Wasserturm, eines der großen Ahlener Wahrzeichen. Der „Blaue" hat schon lange ausgedient, genauso wie die jetzt wieder auftauchenden Fördergerüste auf dem Zechengelände.

Noch einmal geht es die schon bekannten gut zweihundert Meter am Südrand des Zechengeländes entlang. Wo wir vorhin den Weg geradeaus fortsetzten, biegen wir nun links ab Richtung Zeche. Im Jahre 2000 wurde das Bergwerk „gedeckelt", seitdem hat sich hier eine rasante Entwicklung vollzogen. Heimisch geworden sind in der historischen Bausubstanz nicht nur Handwerker und eine sehenswerte Werkstatt, in der schnelle Autos den letzten Schliff verpasst bekommen. Innovative

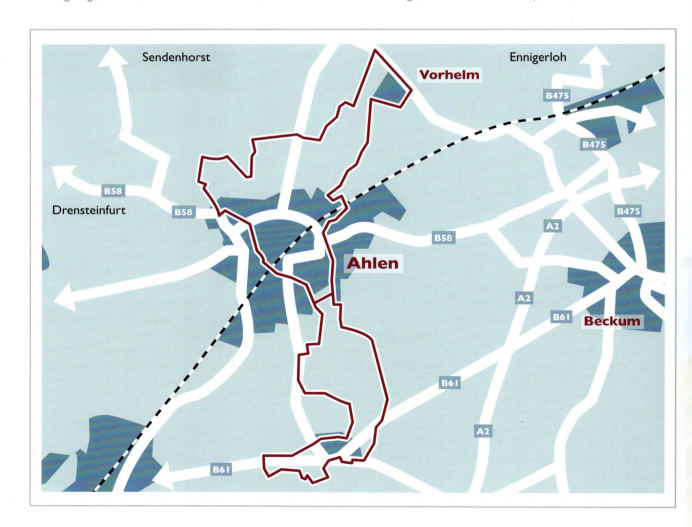

Zur Druckversion (1:25.000) www.naviki.org/kultouren

IT-Firmen haben ihr Herz für diesen einzigartigen Standort ebenso entdeckt wie eine Pflegeschule und das von früheren Bergleuten liebevoll geführte Museum der Grubenwehr. Ein Ausgleich zum Radfahren gewünscht? Dann kommen Sie in die „Kletterkaue". An Hochseilen und Kletterwänden kann man sich bis zu 22 Meter in die Höhe hangeln.

Auch innerstädtisch hat Ahlen die frühere Zechenbahntrasse zu einer wichtigen Radverkehrsverbindung ausgebaut. Im Vorbeifahren fällt der Blick immer wieder zu beiden Seiten in private Gärten, ehe der Weg am früheren Güterbahnhof sein Ende findet. Nicht mehr lange wird diese Brache nutzlos bleiben, denn hier entsteht ein moderner Baubetriebshof. Nach den Eindrücken des Gewerbegebietes empfinden Sie das Durchfahren der Bahnunterführung wie die Rückkehr ins ländliche Münsterland. Im Naherholungsgebiet Langst tummeln sich sommertags Familien zum fröhlichen Wochenendausflug mit Kind und Kegel auf der Wiese am Teich.

Über den gut ausgebauten Radweg an der Kreisstraße 1 (Dorffelder Straße) nähern Sie sich Ahlens nördlichem Ortsteil. Vorhelm ist auch bekannt als „das Wibbelt-Dorf". Der Theologe und Heimatdichter Augustin Wibbelt kam hier zur Welt und wurde nach seinem Tod auf dem Familienanwesen zur ewigen Ruhe gebettet. Ende des 19. Jahrhunderts erlebte Vorhelm eine wahre „Goldgräberzeit", als hier und in der Umgebung das Mineral Strontianit abgebaut wurde. Zeugnisse dieser Ära finden sich heute nicht mehr. Ganz im Gegensatz zur der Periode, in der die Höfe des Umlandes dem Hause Vorhelm abgabenpflichtig waren. Von der Alten Mühle aus, wo sich heute junge und junggebliebene Paare das Jawort geben, führt die radtouristische Mühlenroute entlang des Hellbachs zum ansehnlichen Wasserschloss, das heute Graf Schall-Riaucour bewohnt.

Die Mühlenroute weist durch Wiesen und Felder den Weg zurück nach Ahlen. Immer wieder fallen an den Hofzufahrten hübsche Wegekreuze und teils jahrhundertealte Bildstöcke auf. Sie berichten von Freud und Leid und sind ein ganz typisches Wahrzeichen für das katholische Münsterland. Verlieren Sie aber auch nie den schwarz-weiß gestreiften Wasserturm auf dem Galgenberg aus den Augen. An ihm geht's vorbei. Zur Rechten und Linken strecken sich die Mühlen unserer Zeit in den blauen Himmel. Gewaltige Windräder stillen hier wie andernorts im Münsterland unseren stetig wachsenden Energiehunger. An Vehrings Mühle stoßen Sie wieder auf die Werse. Nur wenige hundert Meter sind jetzt noch zu fahren, bis der Ausgangspunkt der Radtour erreicht ist und ein abwechslungsreicher Tag zu Ende geht.

▲ Ein Highlight in Ahlen: Das Kunstmuseum Ahlen in Trägerschaft der Theodor-F.-Leifeld-Stiftung

▲ Luftbild von Haus Vorhelm

◄ Marktplatz

▼ Einzigartig in der Region, die „Lupia" Fähre über die Lippe bei Schloss Oberwerries

Barbarie-Entenbrust
mit Sesam-Kruste auf buntem Asia-Gemüse und Lila-Curry-Sauce

Zutaten für 4 Personen
4 Barbarie-Entenbrüste
Salz, Pfeffer

Für die Sesamkruste:
50 ml Geflügel- oder Gemüsebrühe
80 g Honig, 75 g Butter
100 g Sesamsaat
2 EL Sojasauce, 1 Prise Salz
Cayennepfeffer

Für die Lila-Curry-Sauce:
1 Schalotte, 1 Knoblauchzehe
Ingwer, geschält und fein gewürfelt
1 TL Butterschmalz
1–2 EL Purple Curry
50 ml Sake (japanischer Reiswein)
50 ml Hon Mirin
(süßer japanischer Kochwein)
100 ml Geflügel- oder Gemüsebrühe
200 ml Kokosmilch, 100 ml Sahne
1 EL Mango-Chutney, Salz, Pfeffer,
Honig, 1 EL Rote-Bete-Pulver
(nach Belieben für eine kräftigere Farbe)

Für das Asia-Gemüse:
2–3 EL Pflanzenöl
je 50 g buntes Gemüse (z. B. Zucchini,
Paprika, Champignons, Schalotten,
Zuckerschoten, Mungosprossen)
50 g Cashewkerne (in einer Pfanne
ohne Öl leicht anrösten)
je 2 EL Sojasauce und
Sweet-Chili-Sauce
etwas Koriandergrün und
Schnittlauch, fein geschnitten

Restaurant „Haus Wibbelt"

Der in Hamm geborene Sven Wibbelt absolvierte seine Ausbildung im Hotel Mövenpick in Münster. Eigentlich wollte er nach bestandener Prüfung im Jahr 2003 in die weite Welt, doch die Umstände und die Pläne der Eltern leiteten seinen Weg direkt nach Ahlen an den berühmten heimischen Herd.
Hier kocht er seither zur Zufriedenheit seiner Gäste Gerichte aus der nationalen wie internationalen Küche. Sven Wibbelt stellt Ihnen hier eines seiner Rezepte vor:

1. Den Backofen auf 140 °C vorheizen.

2. **Zubereitung der Sesamkruste:** Alle Zutaten für die Sesamkruste in einem Topf unter Rühren so lange einköcheln lassen, bis eine dickflüssige Masse entstanden ist.

3. **Zubereitung der Lila-Curry-Sauce:** Knoblauch, Schalotte und Ingwer in einem Topf mit Butterschmalz leicht andünsten, Purple Curry hinzugeben und 1 Minute mit angehen lassen. Dann mit Sake und Mirin ablöschen. Brühe, Kokosmilch und Sahne angießen und auf die Hälfte einkochen lassen. Mango-Chutney dazugeben, nochmals köcheln lassen und dann mit einem Pürierstab mixen, durch ein feines Sieb passieren, mit Salz, Pfeffer und Honig abschmecken und warm halten.

4. **Zubereitung der Entenbrüste:** Die Entenbrüste waschen, trocken tupfen und die Hautseite rautenförmig einschneiden, salzen und in einer beschichteten Pfanne ohne Fett auf der Hautseite anbraten, bis diese eine schöne Bräune aufweist. Wenden und 1–2 Minuten weiterbraten. Dann vom Herd nehmen, pfeffern und für 12–14 Minuten im Backofen garen. Die fertigen Entenbrüste in der Pfanne kurz ruhen lassen, die Hautseite mit der Sesamkruste bestreichen und unter dem Backofengrill gratinieren, bis sie goldbraun ist.

5. **Zubereitung des Asia-Gemüses:** Alle Gemüse in feine Streifen schneiden und in einer Pfanne oder im Wok braten. Mit Salz, Sojasauce und der Sweet-Chili-Sauce abschmecken. Vor dem Anrichten Cachewkerne, Koriander und Schnittlauch hinzugeben und einmal zusammen mit dem Gemüse durchschwenken.

6. Asia-Gemüse auf einem vorgewärmten Teller anrichten, die Entenbrust nach Belieben aufschneiden und auf das Gemüse setzen. Die Sauce mit ein paar kalten Butterflocken (zur Bindung) und dem Rote-Bete-Pulver schaumig aufmixen und um das Gemüse geben. Mit Koriander und Schnittlauch ausgarnieren.
Zur Ente passen gebratene asiatische Nudeln oder auch Basmatireis.

Fahrradrouten im Münsterland

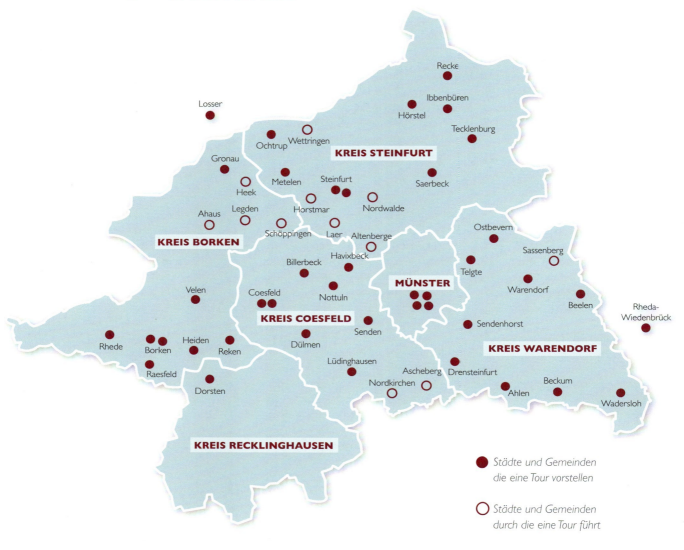

● Städte und Gemeinden die eine Tour vorstellen

○ Städte und Gemeinden durch die eine Tour führt

Alle Angaben zur Streckenführung, Länge und Dauer sowie der Kalorienverbrauch basieren auf dem Fahrrad-Routenplaner NAVIKI. Alle Fahrradrouten, die Druckversion und die App finden Sie auf folgender Website zum Download unter www.naviki.org/kultouren

Münster
Markus Lewe, Oberbürgermeister 9
Svenja Schulze, NRW-Wissenschaftsministerin 17
Hans Rath, Präsident der Handwerkskammer Münster 25
Matthias Löb, Direktor des LWL 29

Senden
Alfred Holz, Bürgermeister 43

Lüdinghausen
Richard Borgmann, Bürgermeister 53

Dülmen
Lisa Stremlau, Bürgermeisterin 63

Dorsten
Tobias Stockhoff, Bürgermeister 71

Nottuln
Peter Amadeus Schneider, Bürgermeister 79

Coesfeld
Heinz Öhmann, Bürgermeister 85
Konrad Püning, Landrat 91

Reken
Heiner Seier, Bürgermeister 97

Heiden
Heiner Buß, Bürgermeister 105

Raesfeld
Andreas Grotendorst, Bürgermeister 113

Billerbeck
Marion Dirks, Bürgermeisterin 119

Velen
Dr. Christian Schulze Pellengahr, Bürgermeister 127

Borken
Rolf Lührmann, Bürgermeister 133
Dr. Kai Zwicker, Landrat 141

Rhede
Lothar Mittag, Bürgermeister 147

Steinfurt
Andreas Hoge, Bürgermeister 153
Thomas Kubendorff, Landrat 157

Ibbenbüren
Heinz Steingröver, Bürgermeister 161

Metelen
Gregor Krabbe, Bürgermeister 169

Gronau
Sonja Jürgens, Bürgermeisterin 177

Losser
Michael Sijbom, Bürgermeister 189

Ochtrup
Kai Hutzenlaub, Bürgermeister 197

Saerbeck
Wilfried Roos, Bürgermeister 205

Riesenbeck
Constantin Freiherr Heereman von Zuydtwyck 213

Recke
Eckhard Kellermeier, Bürgermeister 221

Tecklenburg
Stefan Streit, Bürgermeister 227

Telgte
Wolfgang Pieper, Bürgermeister 235

Warendorf
Dr. Olaf Gericke, Landrat 241

Ostbevern
Wolfgang Annen, Bürgermeister 249

Beelen
Liz Kammann, Bürgermeisterin 255

Sendenhorst
Heinrich Laumann, Gründer der VEKA AG 259

Rheda-Wiedenbrück
Theo Mettenborg, Bürgermeister 265

Beckum
Dr. Karl-Uwe Strothmann, Bürgermeister 271

Wadersloh
Christian Thegelkamp, Bürgermeister 277

Drensteinfurt
Carsten Grawunder, Bürgermeister 283

Ahlen
Benedikt Ruhmöller, Bürgermeister 291

Adressenverzeichnis der Restaurants*

Restaurant „Zur Barriere"
Legdener Straße 99, 48683 Ahaus
Tel.: 02561/3800
www.enning-barriere.de

Haus Wibbelt
Warendorfer Straße 255
59227 Ahlen
Tel.: 02382/2979
www.haus-wibbelt.de

Hotel-Restaurant Stüer
Laerstraße 6-8, 48341 Altenberge
Tel.: 02505/9331-0
www.hotel-stueer.de

Hotel „Westfälischer Hof"
Weststraße 33
59269 Beckum
Tel.: 02521/3369
www.bei-kliewe.de

Restaurant-Hotel „Domschenke"
Markt 6, 48727 Billerbeck
Tel.: 02543/93200
www.domschenke-billerbeck.de

Hotel-Restaurant Weissenburg
Gantweg 18, 48727 Billerbeck
Tel.: 02543/750
www.hotel-weissenburg.de

Hotel-Restaurant „Haus Waldesruh"
Dülmener Weg 278, 46325 Borken
Tel.: 02861/94000
www.haus-waldesruh.de

Gasthof Enning
Hauptsraße 26
46325 Borken-Weseke
Tel.: 02862/1203
www.gasthof-enning.de

Restaurant „Casino"
Osterwicker Straße 29, 48653 Coesfeld
Tel.: 02541/9260233
www.casino-steakhouse.de

Kornbrennerei Eckmann
Nordholter Weg 2
48317 Drensteinfurt-Waldstedde
Tel.: 02387/470
www.brennerei-eckmann.de

Restaurant Freiberger
im Gasthaus Schnieder-Bauland
Sirksfeld 10, 48653 Coesfeld
Tel.: 02541/3930
www.restaurant-freiberger.de

Hotel-Restaurant Lohmann
Albersloher Straße 25,
48317 Drensteinfurt-Rinkerode
Tel.: 02538/203
www.lohmann-hotel.de

Landgasthaus Kessebohm
St.-Lambertus-Kirchplatz 16
48317 Drensteinfurt-Waldstedde
Tel.: 02387/444
www.landgasthaus-kessebohm.de

Restaurant „Goldener Anker"
Lippetor 4, 46289 Dorsten
Tel.: 02362/2255
www.bjoern-freitag.de
*Rezept aus Björn Freitags „Mein WDR-Kochbuch", erschienen im Zabert Sandmann Verlag, mit freundlicher Genehmigung.
Fotos: Zabert Sandmann Verlag/Jo Kirchner*

Restaurant „Zum Blauen See"
Luisenstraße 42, 46284 Dorsten
Tel.: 02362/62357
www.zum-blauen-see.de

Restaurant-Café „Haus Waldfrieden"
Börnste 20, 48249 Dülmen
Tel.: 02594/2273
www.haus-waldfrieden.de

Grosse Teichsmühle
Borkenbergestraße 78
48249 Dülmen-Hausdülmen
Tel.: 02594/94350
www.grosse-teichsmühle.de

Hotel-Restaurant „Driland"
Gildehauser Straße 350, 48599 Gronau
Tel.: 02562/3600
www.driland.de

Hotel–Restaurant Schepers
Ahauser Straße 1, 48599 Gronau
Tel.: 02565/93320
www.hotel-schepers.de

Restaurant „Heidehof"
Amtsvenn 1, 48599 Gronau-Epe
Tel.: 02565/1330
www.restaurant-heidehof.de

Hotel-Restaurant Verst
Gronauer Straße 139, 48599 Gronau-Epe
Tel.: 02565/1258
www.hotelverst.de

Annette-von-Droste-zu-Hülshoff-Stiftung
Cafe & Restaurant Burg Hülshoff
Schonebeck 6
48329 Havixbeck
Tel.: 02534/1052
www.burg-huelshoff.de

Landhotel-Restaurant Beckmann
Borkener Straße 7 a, 46359 Heiden
Tel.: 02867/97470
www.landhotel-beckmann.de

Gasthof „Grunewald"
Borkener Straße 33, 46359 Heiden
Tel.: 02867/97181
www.gasthof-grunewald.de

Parkhotel Surenburg
Surenburg 13, 48477 Hörstel-Riesenbeck
Tel.: 05454/93380
www.parkhotel-surenburg.com

Restaurant „Haus Leugermann"
Osnabrücker Straße 33
49477 Ibbenbüren
Tel.: 05451/935-0
www.hotel-leugermann.de

Café-Restaurant „Lions"
Kanalstraße 2
49477 Ibbenbüren

Restaurant „De Oude Apotheek"
Teylersstraat 4, 7581 AH Losser, Niederlande
Tel.: 0031 53/5362490
www.oude-apotheek.nl

Landgasthaus „Kastanienbaum"
Elvert 6, 59348 Lüdinghausen
Tel.: 02591/940300
www.kastanienbaum.de

Naundrups Hof
Dülmenerstraße 24
59348 Lüdinghausen
Tel.: 02591/8002
www.naundrupshof.com

Am Viehtor
Viehtor 2, 48629 Metelen
Tel.: 02556/3149452
am.viehtor@gmx.de

Alexianer Café am Sinnespark
Alexianerweg 49, 48163 Münster
Tel.: 02501/966222
www.alexianer-werkstätten.de

Hotel–Restaurant Feldmann
An der Clemenskirche 14
48143 Münster
Tel.: 0251/414490
www.hotel-feldmann.de

Restaurant „Gourmet 1895"
Bahnhofstraße 14, 48143 Münster
Tel.: 0251/41780
www.gourmet1895.de

Club-Restaurant „Heaven"
Hafenweg 31, 48155 Münster
Tel.: 0251/6090585
www.heaven-muenster.de

Grosser Kiepenkerl
Spiekerhof 45, 48143 Münster
Tel.: 0251/40335
www.grosser-kiepenkerl.de

Altes Gasthaus Leve
Alter Steinweg 37, 48143 Münster
Tel.: 0251/57837
www.gasthaus-leve.de

Dorfkrug im Mühlenhof
Theo-Breider-Weg 1, 48149 Münster
Tel.: 0251/981200

Hotel-Restaurant-Café „Steverburg"
Baumberg 6, 48301 Nottuln
Tel.: 02502/9430
www.hotel-steverburg.de

Restaurant und Gästehaus „Chalet"
Gronauer Straße 113
48607 Ochtrup
Tel.: 02553/72470
www.chalet-das-gaestehaus.de

Althoff's Landgasthaus
Metelener Damm 14
48607 Ochtrup
Tel.: 02553/1500
www.Althoffs-Landgasthaus.de

Hotel-Restaurant Mersbäumer
Loburg 47
48346 Ostbevern
Tel.: 02532/5180
www.mersbaeumer.de

Restaurant Wasserschloss Raesfeld
Freiheit 27 (Schlosshof), 46348 Raesfeld
Tel.: 02865/20440
www.restaurant-schloss-raesfeld.de

Restaurant-Landhaus „Bad Steinbeck"
Bad 14, 49509 Recke-Steinbeck
Tel.: 05453/8280
www.restaurant-bad-steinbeck.de

Berghotel Hohe Mark
Werenzostraße 17, 4873 Groß Reken
Tel.: 02864/9519595
www.berghotel-hohemark.de

Alter Garten
Dorfstraße 14, 4873 Klein Reken
Tel.: 02864/1053
www.altergarten.de

Hotel „Ratskeller Wiedenbrück"
Lange Straße 40 – Markt 11
33378 Rheda-Wiedenbrück
Tel.: 05242/9210
www.ratskeller-wiedenbrueck.de

Restaurant-Café Kamps
Burloer Diek 2, 46414 Rhede
Tel.: 02872/948551
www.cafe-kamps.de

Schloss Harkotten-Korff
Schloss Harkotten 2
48336 Sassenberg-Füchtorf
Tel.: 05426/2638

Gasthaus Ruhmöller
Sinningen 40, 48369 Saerbeck
Tel.: 02572/151015
www.ruhmöller.de

Gasthaus „Markt 23"
Marktstraße 23, 48369 Saerbeck
Tel.: 02574/888356
www.markt23.info

Hotel-Restaurant Stegemann
Westladbergen 71, 48369 Saerbeck
Tel.: 02574/9290
www.hotel-stegemann.de

Restaurant „Friesen Stube"
Münsterstraße 20, 48308 Senden
Tel.: 02597/7706
www.friesenstube.de

Hof Grothues-Potthoff
Hof Grothues-Potthoff 4–6
48308 Senden
Tel.: 02597/696410
www.hof-grothues-potthoff.de

Hotel-Restaurant „Venner-Moor"
Venne 3, 48308 Senden-Ottmarsbocholt
Tel.: 02598/409
www.venner-moor.de

Hotel-Gasthaus „Waldmutter"
Hardt 6, 48324 Sendenhorst
Tel.: 02526/93270
www.waldmutter.de

Hotel-Restaurant „Mutter Siepe"
Treppken 1, 59348 Seppenrade
Tel.: 02591/8191
www.muttersiepe.de

Hotel „Drei Kronen"
Landrat-Schultz-Straße 15
49545 Tecklenburg
Tel.: 05482/225
www.hoteldreikronen.de

Historische Gaststätte Franz
Dorfstraße 22
49545 Tecklenburg-Brochterbeck
Tel.: 05455/96004387
www.gaststätte-franz.de

Heidehotel „Waldhütte"
Im Klatenberg 19, 48291 Telgte
Tel.: 02504/9200
www.heidehotel-waldhuette.de

SportSchloss Velen
Schlossplatz 1, 46342 Velen
Tel.: 028632030
www.sportschlossvelen.de

Hotel Bomke
Kirchplatz 7, 59329 Wadersloh
Tel.: 02523/92160
www.hotel-bomke.de

Hotel „Im Engel"
Brünebrede 37, 48231 Warendorf
Tel.: 02581/93020
www.hotel-im-engel.de

* in alphabetischer Reihenfolge nach Orten